平成の社会保障

ある厚生官僚の証言

中村秀一
NAKAMURA Shuichi

目次

忘れえぬ人びと

はじめに

平成の社会保障 ――私的な回想――

平成の終わりに

はなはだ私的なことであるが、昨年（２０１８年）11月3日に公表された秋の叙勲の栄に浴した。11月7日には厚生労働省で勲記・勲章の伝達を受け、引き続き皇居で天皇陛下に拝謁した。公務員の場合、仕事は組織で、チームプレーで行われる。個人の功績というより、一緒に仕事したメンバーによる達成であると思いつつ、当日に臨んだ。

陛下のご退位が決まっているので平成も終わりが近い。受章を契機に、この30年の仕事を振り返ることが増えた。誠に私的な回想であるがお付き合い願いたい。

ＧＤＰ1・29倍、社会保障給付費2・59倍

平成の間に、社会保障を巡る環境も、そして社会保障自体も大きく変化した。

平成最初の年の89年は、この年の合計特殊出生率が１・57で66年の丙午《ひのえうま》の１・58を下回り、少子化問題が「発見」された年であった。総人口は、89年に１億２３２０万人であったものが、２００８年（平成20年）の１億２８０８万人をピークに、昨年は１億２６４２万人まで減少している。他方、高齢化については、１９９０年（平成２年）の高齢化率は12・１％で、まだ「高齢社会」にはなっていなかったが、現在は28・４％と世界に比類のない超高齢社会となっている。社会保障給付費は89年度では45兆５５４億円、対ＧＤＰ比は10・83％であったものが、決算が出ている２０１６年度（平成28年度）には１１６兆９０２７億円となり、対ＧＤＰ比は21・68％へ上昇している。

同じ期間にＧＤＰは４１５兆８８５２億円から５３９兆２５４３億円へと１・29倍となった。これに対し社会保障給付費は２・59倍となっている。

国の予算では、１９９０年度（平成２年度）の一般会計の歳出総額69兆６５１２億円に対し社会保障関係費は11兆５４４６億円で、歳出総額の16・６％を占めていた。２０１８年度では歳出総額97兆７１２８億円に対し、社会保障関係費は32兆９７３２億円で、歳出総額の33・７％を占めるに至っている。

人口の高齢化が進行する中での人口減少社会への突入と、経済の長期的低迷の下での社会保障給付費の継続的な増大、そして国家財政における社会保障関係費の拡大、これが平成の社会保障であった。

見送られた老人保健法改正（1990年〈平成2年〉）

89年、平成の初めは勤務地であった札幌で迎えた。当時、北海道庁水産部の漁政課長をしており、昭和天皇が亡くなった1月7日は土曜日で、当日は漁政課の新年会で午後からバスを仕立てて札幌の奥座敷である定山渓《じょうざんけい》で1泊する予定だった。まだ週休2日ではなく、職員の半分は午前中に出勤する体制であった。その朝、昭和天皇が亡くなられた。さすがにこの日の夜に温泉で宴会はまずいだろうと、急遽取りやめることとし、自宅にいる職員への中止の連絡に追われたことを覚えている。

その4月に厚生省老人保健福祉部に戻り、夏の異動時に企画官となった。

老人保健施設ができ始めたころで、早速、部内の有志で群馬県の老人保健施設に見学に行ったりした。

当時、87年の老人保健法改正で老人医療費拠出金の案分率が100％に引き上げられ、被用者保険の拠出金の負担が重くなっていた。その改正の際、3年後見直しの規定が入っていたので、老人保健法の改正が老人保健福祉部の最大の課題であった。私は企画官として、法改正の準備作業チームの責任者とされていた。

ところが、89年7月23日の参議院選挙で社会党が躍進し、自民党が参議院で過半数を割り、与野党の議席が逆転した。4月に導入された消費税が国民に大不評であったためである。

老人保健福祉部としては、翌年の通常国会に法案提出すべく、老人保健福祉審議会での審議を続けていたが難航した。課題であった高齢者の患者負担の引き上げには抵抗が強かった。拠出金負担の軽減については、被用者保険と国保側が対立せず、さらには診療側の要望が一致する国庫負担引き上げの方向に議論が向かっていた。これは、政府としては受け入れ難いものであった。

年末も押し詰まってから、大蔵省から法案の提出を見送るようにという申し入れがあった。野党が参議院で多数を占めている状況では、老人医療の患者自己負担増の法案は通らないどころか、逆に現在の自己負担も維持できなくなるかもしれず、リスクが大きいというのだ。代替策として大蔵省は1兆５０００億円の基金を用意するので、その運用益を使って、健康保険組合など被用者保険に対する財政支援を実施してほしい、という話であった。

一方で、厚生省内では大臣官房主導でゴールドプラン（高齢者老人保健福祉推進10か年戦略）の構想が進行中であったこともあり、老人保健福祉部としては苦渋の選択であったが、省全体の方針に従って、老人保健法改正は断念した。

1兆５０００億円の基金については、背景がある。国の財政が厳しい時期に、本来、国が負担すべき年金の国庫負担金を繰り延べしており、国（一般会計）が厚生保険特別会計（年金勘定）

に89年時点で1兆3480億円を返済する義務があった。89年当時はバブル期で税収が上がり、財政状況がよかったこともあり、大蔵省は本来年金勘定に返さなければならない資金を老人保健の保険者対策に利用することにした。そこで、厚生保険特別会計法を改正し、1兆5000億円を「特別保健福祉事業資金」として積み立て、その運用益（90年度は923億円）の一部である750億円を使って保険者支援策を講ずることとなった。老人保健法の改正がなくなり、一転、この資金の配分方策を作成するのが企画官としての私の仕事となった。

89年12月の予算編成で、厚生、大蔵、自治三大臣でゴールドプランの策定が決まった。老人保健福祉部では、老人保健法の改正がなくなったので、ゴールドプランの推進体制の整備のための老人福祉法の改正に取り組むこととなった。私が老人福祉法の改正作業に従事することになったのは、年が明けて90年になってからである。大蔵省と自治省との協議が難航して法案提出時期は遅くなったが、「老人福祉法等の一部を改正する法律」は国会において全会一致で可決、成立した（福祉八法改正）。

この法改正で、全市町村に老人保健福祉計画の策定を義務付けることとなったので（3年後の施行）、そのマニュアル作りをしろということになり、部内で昇格して老人福祉課長となった。

このとき、本来の予定どおり老人保健法の改正法案を国会に提出できていたとすると、老人保健福祉部で同時に2本の法案を抱えることは困難であったので、福祉八法改正はこの年には行われなかった可能性が高い。その場合、福祉八法の改正によって全国で老人福祉計画を策定し、それを受けて新ゴールドプランをつくり、さらにその後の介護保険制度の創設に繋がっていったという歴史が、あるいは変わっていたかもしれない。そう考えると、89年の老人保健法の提出見送りは、介護保険制度の実現に予期せぬ貢献をしたとも言えよう。

2度の政権交代の下での年金法改正（1994年〈平成6年〉）

老人福祉課長として満2年が経とうとしているころ、庁内で古川貞二郎官房長（後に厚生事務次官、内閣官房副長官）とすれ違った。「中村君、君は年金の経験はないよね」と呼び掛けられた。突然だったので、「ありません」とややぶっきらぼうにお答えした。しばらくして古川官房長から、年金課長に異動させるという内示を受けた。そのとき、「君は年金の経験がないので年金課長にするので、そのことを忘れないように」という不思議なコメントが付いていた。後にその事情も分かったが、いずれにしても「好きにやってよい」ということだと都合よく解釈して、92年の夏から3年間年金課長を務めた。

年金制度の歴史をひもとくと、80年代初頭から厚生年金の支給開始年齢を60歳から65歳に引き上げることが課題とされてきた。89年の年金改正で年金局は支給開始年齢引き上げにチャレンジしたが、完敗であった。従って、年金課長として臨む5年後の94年改正では、支給開始年齢引き上げが最大のテーマとされていた。

山口剛彦年金局長の下で年金審議会も順調に運営されていたところ、国会では93年6月に宮沢喜一内閣の不信任決議案が可決され、衆議院の解散総選挙となった。その結果、自民党は過半数割れし、非自民8会派からなる細川護煕連立政権が成立した。いわゆる「55年体制」の崩壊である。89年改正で支給開始年齢の引き上げに反対した社会、公明、民社の3党が与党となったので、支給開始年齢の引き上げに暗雲が立ち込めた。

永田町・霞が関では、それまで38年間続いた自民党政権下での政策決定しか経験がない。8会派の連立政権下での政策決定をどうするのか、年金改正は、前例のない中での政府全体の最初のテストケースとなった。与党年金改正プロジェクトチーム（ＰＴ）が設置され、そこで政策決定が行われることとなった。その後、連立政権で多用されたプロジェクトチーム方式の最初である。

この与党ＰＴで厚生年金の定額部分の支給開始年齢を60歳から65歳に引き上げる「部分年金」方式の採用が決まり、94年の通常国会に年金改正法案を提出した。しかし、同じく国会に提出されていた食事の自己負担を求める健保改正法の審議が優先された結果、年金のほうは継続審議となった。この間、同年6月30日には自民党、社会党、さきがけ3党の連立政権である村山富市内閣が誕生し、年金改正法案は提出時の野党が与党になり、与党の一部が野党となって、つまり攻守所を変えて国会で対峙することとなった。

自民党は野党になった際に、基礎年金の国庫負担の2分の1への引き上げを主張していた。その自民党が与党に戻ると、今度は逆に野党・新進党から国庫負担を引き上げるよう法案修正を求められることとなった。厳しい修正協議の中で、国庫負担引き上げに関する検討規定が盛り込まれることとなった。これが基礎年金国庫負担2分の1引き上げ問題のスタートであった。

それから20年近くが経過し、2012年8月に成立した「社会保障と税の一体改革関連法」において、消費税率を引き上げることとなった。14年4月の消費税率8％への引き上げにより、ようやく国庫負担の2分の1に必要な財源を確保することができた。私は内閣官房社会保障改革担当室長として、この問題の決着にも関与でき、94年改正の経緯を思い起こし感慨深いものがあった。


なお、年金課長3年目の3月に、年金通算協定でドイツを訪問した（当時、先方の担当部門はまだベルリンに移転せず、ボンでの交渉だった）。私はかねてから日本はどの国とも年金通算協定が締結されていないこと、長年ドイツと交渉しているが成果が上がらないことを不思議に思っていた。その交渉に参加するチャンスが与えられたので、従来の対処方針を全面的に見直し、ドイツ側に提示した。ドイツ側の態度も一変し、もう一度、交渉に来るようにと言うので、極めて異例であったが5月にボンを再訪した。

交渉はさらに前進した。先方は、ホワイトカラー年金の保険者が所在するベルリンと、日本と年金通算協定が締結された場合に担当することになるブルーカラーの年金の保険者の所在地であるブラウンシュヴァイクまで案内してくれた。

実際に日独年金協定が締結されるまでにその後数年を要したが、20年近くほとんど進展がなかった交渉を大きく前進させることができ、手応えを感じた一件であった。

財政対策に追われた健保法改正（1997年〈平成9年〉と2002年〈平成14年〉の改正）

94年の年金改正では、厚生年金の保険料は実質2・5％の引き上げ（2段階引き上げで合計の引き上げ幅は2・85％）で、過去最大の引き上げ幅であった。当時は89年12月29日の東証株価をピークに株価は下がっていた。しかし、景気後退は一時的なものであり、長期に続く構造的なものとは思っていなかった。99年の年金法改正では保険料の引き上げが凍結されたので、94年改正で引き上げられた保険料率は2004年改正まで10年適用される結果となった。

96年の夏に保険局企画課長に異動した。医療保険財政は92年以降、赤字に転じ、政管健保では97年に積立金もマイナスになる見通しだった。このことから97年の健保法改正は絶対に必要とされた。97年改正は、健保本人一部負担の1割から2割への引き上げ、外来薬剤の別途負担の導入、老人医療費の定額自己負担の大幅引き上げ、という誠に厳しい「負担増」の内容となった。

審議会での審議の最終段階に差し掛かった96年11月に事務次官が収賄で逮捕されてしまった。急遽《きょ》、山口剛彦保険局長が事務次官に昇格し、後任の保険局長には高木俊明児童家庭局長（後に社会保険庁長官）が就任した。新局長に局内の検討案を説明したところ、「負担増むき出しの案だな」とあきれられるありさまであったが、それでも突き進まざるを得ない状況だった。

この時も自社さ政権の時代で、与党医療保険改革協議会での合意形成が大変だった。与党協で何とか合意に至ったとしても、自民党厚生部会の承認を取り付けるのが難航した。社会党やさきがけの主張する医療改革の方向と、自民党の支持基盤である医療界の意向との間に、相いれない面があったからである。

厚生大臣は小泉純一郎氏であり、国会審議は「医療費の財源は、保険料と税と自己負担しかない」という答弁で、長時間の国会審議を乗り切った。答弁で全くぶれない大臣に、並はずれた芯の強さを感じた。98年度の予算編成は、橋本龍太郎内閣が財政構造改革法を成立させた直後で、医療費の自然増が6000億円と見込まれるのに対し、予算のシーリングでは1800億円増しか認められず、4200億円の削減が求められた。このため98年4月の診療報酬改定は、84年以来のマイナス改定となった。以後、ほぼ10年間続く「マイナス改定の時代」の幕開けとなった。

苦労して実現した健保法の97年改正であるが、その効果は一時的なものであり、2000年代初頭にはさらなる改革が必須であった。98年夏の人事異動で大臣官房政策課長を務めた後、01年1月、厚生労働省発足の際の異動で保険局担当の審議官に就任、再び医療保険改革を担うこととなった。同年4月26日には小泉内閣が成立、「小泉構造改革」の第一弾が医療保険改革という巡りあわせになった。

抵抗勢力との対決を辞さず、「自民党をぶっ壊す」と叫ぶ首相の下での改革である。02年の医療保険改革は「首相官邸対自民党（厚生労働族）」という構図になり、法案提出前の与党調整に本当に苦労した改革であった。政府・与党間でようやく決着した健保本人3割負担についても、「必要な時に」という文言が付いていた。政府は03年度から実施という方針に対し、自民党厚生労働族は実施時期は未定というスタンスであった。03年度予算案の大綱が自民党総務会で議論された際、この文言の解釈を巡り、財務省出身の竹島一彦内閣官房副長官補（後に公正取引委員会委員長）が3割負担の03年度実施を訴える熱弁を振るい、保険局一同は感激しきりであった（総務会では指名されない限り役人は発言しないので、竹島発言は極めて異例のことで波紋を呼んだのである）。

この健保法改正法案には、提出する前に与党の注文で多くの「検討規定」の附則がつけられた。3割負担が実施される前に、すなわち02年度内に医療保険改革の基本方針を策定することをはじめとして、「2年後」、「3年後」、「5年後」などの期限をつけてさまざまな改革メニューが列記され、その検討と実施が求められた。「新たな高齢者医療制度」の創設などがその典型である。後期高齢者医療制度の創設、政府管掌健康保険の廃止と全国健康保険協会の設立、社会保険病院等の地域医療機能推進機構への再編、国民健康保険の保険者の都道府県単位化、診療報酬におけるDPCの導入など、平成の後半期における医療保険改革は、この附則の義務を果たすことであったと言えよう。

『2015年の高齢者介護』(2005年〈平成17年〉の介護保険法改正)

02年の夏に老健局長に就任した。全国老人クラブ連合会設立の40周年記念式典に天皇、皇后両陛下に御臨席いただくというので、局長就任早々、長尾立子全老連会長(当時)と御進講に伺うことになった。経験豊かな長尾さんからは「中村さんは初めて?」と言われ、宮中で案内された控えの間で侍従長や女官長にご挨拶いただいた時も、「あの方は○○」と長尾さんに解説していただいた。いよいよ両陛下のおられる部屋に向かう際も、長尾さんの後からおずおずとついて行くかたちであったが、両陛下が待たれる部屋の前まで行くと、なぜか長尾さんがさっと横に移られた。部屋のドアが開いており、そこには両陛下がお立ちになっておられ、私がその正面に相対するかたちになり本当に驚いてしまった。

この老人クラブの式典は日比谷公会堂で開催された。式典は、老人クラブの役員が大会宣言を読み上げた後、両陛下が退場されて終了という手はずであった。ところが、大会宣言を読み上げた北海道の男性役員が席に戻った後、発作を起こして椅子の上で倒れてしまった。それを両陛下が心配そうにご覧になりながら退場されるという事態となった。控室に戻られた両陛下は心配されて、控室からお出にならない。式典には総理大臣、衆議院・参議院議長なども出席されていたが、両陛下がお帰りになる前に会場を離れられない。総理秘書官からは何とかしろと矢の催促である。

式典に出席していた坂口力厚生労働大臣に「ご説明に上がりましょう」と申し上げ、大臣と2人で両陛下がおられる控室に参上した。救急車が到着した旨、病状などについては分かり次第侍従を通じて報告する旨をご説明し、皇居にお戻りいただいた。皇后陛下が本当に心配そうにされていたこと、大臣がさすがに医師らしく質問に答えられていたことが忘れがたい。これが両陛下にお目にかかった最初であり、この「事件」のため、思い出深いものがある。

その後も両陛下とお目にかかる機会は何回かあった。両陛下は毎年、9月の敬老の日前後に都内の老人福祉施設を訪問される。老健局長は施設でお出迎えをするので、在任中3度お出迎えをした。また、皇后陛下のお求めで、介護保険の実施状況について御進講申し上げたこともある。その後に就いた社会・援護局長としては、民生委員制度90周年記念式典にご臨席いただくために、斎藤十朗全社協会長（当時）と参内した。また、毎年8月15日に行われる武道館での全国戦没者慰霊式典は政府主催であり、社会・援護局が担当するので厚生労働大臣とともに両陛下をご先導する役目があった。

さて、老健局長としてのミッションは、介護保険法成立の際に約束した「施行5年後の見直し」を行うことであった（介護保険法施行は２０００年）。そのための準備作業として有識者で構成する「高齢者介護研究会」で検討し、『２０１５年の高齢者介護』という報告書を取りまとめた（03年6月）。法案作成の前には審議会という手続きが必要であるが、関係団体の代表が出席する審議会ではどうしても利害調整が前面に出る。その前に、専門的、中立的な立場での整理が必要であると考え、高齢者介護研究会を組織したのである。そこでは、当時必ずしも介護業界の主流ではないが、注目すべき取り組みをしている事業者を招いてヒアリングをした。残念なことに急逝された長岡福祉会の小山剛氏もその一人であった。幸いなことに『２０１５年の高齢者介護』は現在でも好評で、「参考にしています」とか、「現在でも通用します」などと言われることがある。

05年の介護保険法の改正では、サービス提供体制面では地域密着型サービスの創設、小規模多機能介護の追加、地域包括支援センターの創設とその財源として地域支援事業の制度化が実現できた。「痴呆性老人」という用語については、04年に設置した「用語見直しの検討会」の提言を受けて、「痴呆」を「認知症」に改めた。その時の初代認知症対策室長が、大島一博現老健局長だ。認知症施策の一層の進展を祈りたい。

現在進行中の医療・介護提供体制の関係で言えば、「地域包括ケアシステムの構築」を提案した行政関係の文書は『２０１５年の高齢者介護』が最初であり、地域包括ケアシステムの原点はここにあると言えよう。

内閣官房社会保障改革担当室長になるまで（２００５～10年〈平成17～22年〉まで）

05年の通常国会で介護保険法の改正が実現したが、同時に国会に提出していた障害者自立支援法案は廃案となってしまい、臨時国会に再提出することとなった。この国会審議を担当せよとの命を受けて、社会・援護局長に就任した。原則、定率1割の利用者負担を規定した障害者自立支援法案は「天下の悪法」と国会で野党から難詰され、臨時国会で成立した後も民主党のマニフェストでは廃止の対象とされた。しかし、法制定当時は５０００億円程度であった障害福祉サービスなどの予算は、18年度では1兆３８１０億円となった。そして、従来障害種別によって格差があった障害者福祉が、身体、知的、精神の3障害を一つの法律の傘の下で一元化され、進展してきたことは誠に喜ばしい。

社会・援護局長時代は、貧困・格差問題がクローズアップされた時期であった。生活保護では、保護率の上昇が続いていた。国と地方の関係を見直す「三位一体改革」の中で、生活保護の見直しが課題とされ、国と地方の協議の場が設定されていた。また、5年に一度の生活扶助基準の見直しの時期にも当たっていた。

「三位一体改革」についても、「生活扶助基準」の見直しについても、社会・援護局として改革案を取りまとめて提示したが、政治判断で実施が見送られた。特に、三位一体改革では国と地方の協議の最前線で交渉に当たっていたが、生活保護の見直しを取り下げてくれれば何でも応じるという先方の呼びかけに大臣が応じてしまい、「梯子を外された」決着となった。担当者としてはむなしさだけが残った仕事であった。

福祉人材の確保も課題であった。介護福祉士などの資格法の改正を行うとともに、93年に策定されて以来そのままになっていた人材確保指針の見直しを行った。04年7月の介護保険部会の意見書や、05年介護保険法改正の国会審議で、これからの介護は「介護福祉士を基本とする」と指摘されており、介護の質の向上を図りつつ、それに見合う処遇の向上を図るべき、というのが資格法見直しの動機だった。その際、介護の現場を「一生働ける場」としていくことが必要であり、介護職のキャリアラダーの開発の必要性も感じていた。

そのような折に、これからの社会福祉法人の経営のあり方を考えたいという全社協の経営者協議会からの申し入れがあった。そこで、「社会福祉法人経営研究会」を組織し、『社会福祉法人経営の現状と課題』を取りまとめた。また、介護保険法の見直し以来、支援を必要とする人を在宅でどう支えるかは大きな課題であったので、「これからの地域福祉のあり方に関する研究会」を設置し、報告書「地域における『新たな支え合い』を求めて」を取りまとめた。

この2つの研究会の報告書については、自分の局長時代に具体的な政策にまでつなげることはできなかったが、その後の社会福祉法人改革や、地域包括ケアシステム・地域共生社会づくりに向けての準備作業にはなったのではなかろうか。例えば、「地域における『新たな支え合い』を求めて」では、中学校区単位でのフォーマルサービスとインフォーマルサービスの現状を示し、生活圏域で考えていくことの必要性を提起している。

当時の思い出深い仕事としては、1948年（昭和23年）に制定されて以来、実質的な改正がないまま60年近くが経過していた生協法の改正があるが、詳細は割愛する。[注1]

2008年（平成20年）に厚生労働省を退官し、同年9月に社会保険診療報酬支払基金理事長に就任した。当時から支払基金は規制改革会議などで改革の対象として俎上に載っていたが、民主党政権では長妻昭厚生労働大臣の下で「省内事業仕分け」の対象となり、大臣の面前で公開討論に引っ張り出された。当時の大臣官房総括審議官が「検事役」であり、支払基金側を告発するという構図であったが、審査の本質が分かっていない論議であったので、徹底的に反論した。なお、当時の事務次官以下、局長、課長が傍聴するという、誠に奇妙なイベントであった。

徹底的に反論したせいではないだろうが、理事長2年の任期満了の際には「公募」の対象となった。「継続を」という役所の意向もあり、公募に応じ、選考委員会の審査を経て、理事に再任されることとなった（理事長は理事の互選）。しかし、理事は大臣の認可事項であり、長妻大臣は認可しなかった。支払基金の理事会は、診療側代表、保険者代表、被保険者代表、支払基金側（公益代表）の理事という4者構成であり、大臣の決定に対して各側の理事は「民間団体に対する大臣の不当な介入だ」と憤慨した。その直後、大臣には細川律夫副大臣が昇格したが、前大臣が決めたことを覆せないので、「再公募すれば認める」ということになった。

全く筋の通らない話であり、私は再公募には応じず、支払基金を去ることになった。現在、支払基金はまたしても改革の俎上に載せられている。2年間の在任期間中は精いっぱい仕事をしたつもりではあるが、もう少し続けていれば現在とは違う状況が開けたのではないかと、複雑な思いに駆られている。〔注2〕

09年9月に民主党政権が成立し、支払基金理事長として1年間、厚生労働省を外から見ていた。当時の厚生労働省の事務方は、「省内事業仕分け」や「天下り」退治について、無理筋の話にも、大臣に抵抗するどころか一緒になって推し進めているようであった。少なくとも外にいた私にはそう思え、極めて残念に思った。

大臣が自ら設定したルールさえ守られないことがあった。このため、職に就けなかったり、職から追われたりする知人があり、憤慨に堪えなかった。しかも、その時の事務方であった高官は自分が退官した際には、再就職口が決まるまで「つなぎ」である民間団体から顧問料を受け取っていたことを知り、一層情けない思いがした。

これら当時の体験は、私が退官し、厚生労働省の外部にいた時のことである。もし、仮に当時、現役として厚生労働省で働いていれば、どう行動したであろうか、果たして大臣に抵抗できたであろうかということは、その当時も考えたし、今でも考え続けているテーマである。

10年に支払基金を辞めた際、仙谷由人官房長官から社会保障改革を行うので内閣官房に来て手伝えと言われ、同年10月29日に内閣官房に新設された社会保障改革担当室長に就任した。

内閣官房で担当した「社会保障と税の一体改革」やマイナンバー制度については、前著『社会保障制度改革が目指しているもの――内閣官房社会保障改革担当室長として考えてきたこと』（2016年11月、年友企画）で書かせていただいたので、ここで触れる必要はないだろう。

終わりに

ここまで私的な回想にお付き合いいただいた読者に感謝したい。

菅直人内閣、野田佳彦内閣の2代の民主党内閣を内側から経験できたことは、個人的には誠に有意義だった。政権交代後の第2次安倍晋三内閣でも社会保障制度改革国民会議は継続し、その事務局長として仕事を続けた。

内閣官房という立場で仕事ができ、官邸サイドから厚生労働省を見つめることができたのも、現役時代には経験しなかったことで、ありがたかった。さらに、これまた現役時代には直接仕事では関係しなかった与謝野馨特命担当大臣に、なんと民主党政権下でお仕えすることもできた。このように、一度退官した公務員としては異例の経験を重ねることができた。

社会保障の仕事をしてきた人間として、

・社会保障を政争の具とはせず、党派を超えて合意して（3党同意）、
・負担を先送りせず（消費税率を引き上げ、社会保障の財源とする）、
・必要な改革を実施する（高齢期集中の社会保障から全世代対応型の社会保障へ）

という「社会保障と税の一体改革」に従事できたことは大変幸せであった。

消費税率10％への引き上げは、当初より4年遅れてしまい、平成の時代に完了することはできなかったが、19年10月に実施された。社会保障と税の一体改革の枠組みは達成され、これをもって平成の社会保障改革は完了した。

新たな時代にふさわしい社会保障の姿を描くことが、令和における課題である。厚生労働省の後輩諸君の活躍を期待したい。

〔注1〕生協法改正については「週刊社会保障」2007年5月28日号及び6月4日号に「現代社会における生協の意義と役割――生協法改正を担当して――」を執筆した。

〔注2〕この点に関しては、MEDIFAX web 2019年5月16日号「支払基金、見直し議論への違和感」を参照願いたい。

平成の社会保障への証言（オーラルヒストリー）

厚生行政オーラルヒストリー

第1回　ヒアリング

日　時　２０１８年８月29日（水）　13時30分～17時10分

場　所　医療介護福祉政策研究フォーラム

聞き手　土田　武史（早稲田大学　名誉教授）

岩永　理恵（日本女子大学人間社会学部）

深田耕一郎（女子栄養大学）

田中聡一郎（関東学院大学経済学部）

第1回　質問表　1970～80年代の厚生行政および福祉八法改正に関する質問表

入省から福祉八法改正に関わる事柄についてお伺いしたいと思います。なるべく当時、ご一緒にお仕事をされた方々（上司・同僚・部下）の名前を挙げてお話頂きますと大変有難く存じます。

入省からスウェーデンへの出向

1　入省の頃（48年4月：社会局老人福祉課・施設課、49年6月：水質保全局水質規制課主査、51年7月：大臣官房総務課審査係長、55年6月：公衆衛生局地域保健課補佐）

・厚生省入省までの経緯。大学での学びやご経験。
・当時の老人医療費無料化に関する理解、オイルショック後の社会福祉施設緊急整備5カ年計画の改訂作業、「福祉元年」という言葉（省内で使っていたのか？）。
・環境庁での主な業務内容、法令審査の実際やプロセス（印象深い法案審査などあれば）。
・保健所のあり方の変化（「第1次国民健康づくり運動」など、感染症対策から地域保健行政への移行期とも言われる）、老人保健法の形成過程との関係。

2　スウェーデンでの調査（56年4月：在スウェーデン日本国大使館書記官）

・テーマ設定や調査がその後のお仕事に与えた影響。厚生省内での海外派遣の位置づけ。

1980年代の厚生行政

1 診療報酬改定およびMOSS協議（59年8月：保険局医療課補佐）

・昭和60年、61年の診療報酬改定の状況（診療報酬の引き上げ・薬価の引き下げ、健保法改正後の影響、特定療養費の政令作成）。

・MOSS協議の対応。

2 精神保健法の立案（61年6月：保健医療局企画課補佐）

・精神保健法の立案（国内外の批判と厚生省、法理念、任意入院や精神保健指定医の検討、社会復帰施設のイメージ）。

・エイズ予防法の立案（「エイズパニック：松本、高知、神戸」、エイズや対応の情報収集、政治過程など）。

・痴呆性老人対策本部の設置の意図。

3 北海道庁でのご経験（62年5月～元年3月：水産部国際漁業課長、漁政課長）

福祉八法改正について

1 政策意図や環境（老人保健福祉部企画官、老人福祉課長、老人福祉計画課長：平成元年4月～4年6月）

・省内の改正への動き・温度差（老人保健福祉部／児童家庭局）、ゴールドプランや省内の介護保険論議との関係。

2　改革内容

・省内での検討プロセスや役割分担（リーダシップを発揮した方、タコ部屋、対外的な調整役）。

・改革内容（措置事務の市町村への移譲、在宅福祉サービスの法定化、老人保健福祉計画）の立案時の意図や困難。

・将来的課題（マンパワー対策、計画の実効性、「措置制度」の見直しの可能性、在宅サービスの必須事務化、財源確保や市町村格差）。

3　立案過程

・「二段ロケット方式」の発案、政府内での交渉（大蔵省と自治省）、与党・野党との関係、審議会での議論、法制局との調整（当初、法案名は「地域における社会福祉の基盤整備を促進するための関係法律の一部を改正する法律」）関係団体との関係（自治労、地方団体・市長会、町村会や医師会や福祉団体）。

以上

厚生省入省からスウェーデンへの出向

厚生省入省

土田　本日は、厚生省に入られてからスウェーデンに行って帰ってくるまでの期間をお伺いしたいと思います。質問表を書いておりますが、こだわりなくご自由にお話しいただきたいと思います。

中村　入省からスウェーデンの出向までということですが、1973年4月に厚生省に入りました。もう父は亡くなりましたが勤務医で、祖父が開業医でした。というのがあって、配布した資料は、長野県埴科《はにしな》郡の医師会の会報です。祖父は、皆保険になる直前に亡くなったのですが、埴科郡医師会の2代目の医師会長を務めた人でした。私が保険局の審議官をしている時に、当時の埴科郡医師会で医師会館に歴代会長の写真を飾ろうというイベントがあって、その式典に、父と共に招かれました。その時の写真が、この医師会報に掲載されています。父と写っていますが、父は岩手県釜石市で、当時の富士製鉄、後に新日鉄に変わりましたけれども、そこの製鉄所の附属病院の外科の医長として赴任しました。その後、病院長となり、新日鉄が直営の病院を医療法人に移管するというので、父はその医療法人の理事長を亡くなる前の年まで務めていました。

曾祖父は松代藩の御典医という家系で、私が医者になっていると7代目ということだったのですが、子どもの頃から、例えば、花火をする時も「あなたは7代目の医者だから、手を怪我しては駄目だ」とか、さんざん祖母から煩いことを言われて、すっかり嫌になって法学部に行くことにしました。その時は、父は、自分も医者になりたくなかったから「それはよくわかる」と言って、私は文科系に行かせてもらったのですが、5歳下の弟がいますが、弟には「絶対に医者にする」ということで、弟は必ずしもなりたくなかったようですが医者になり、いま岩手医大で放射線科の教授をしています。

私の大学時代はちょうど学園紛争の最中でして、もっとも講義を受けないで卒業した世代ではないかと思います。就職もいろいろ考えましたけれども、公務員が第一志望ということではなかったです。しかし、もし公務員になるのであれば、厚生省かなと思いました。それは、勤務医の父が「日本の医療保険制度はおかしい」とか「下手な医者ほど儲かるようにできている」とかいろいろ言っていまして、制度にずいぶん矛盾があることを聞いておりました。小学生の頃からそういう話を聞いていましたから、学生のわりには医療行政には関心があったのです。それから60年代には、健保法改正は国会で対決法案になって、ニュースでもけっこう報じられていました。武見（太郎）会長にいつも負けている役所があるなと思っていまして、若気の至りですが「ああいう役所であれば、自分が入れば少しは貢献できるのではないか」、改革の余地が大きいのではないかと思って厚生省に入省したという経過です。

入省する前年に有吉佐和子さんの『恍惚の人』がベストセラーになったり、それから美濃部（亮吉）都政が老人を大事にする政策をいろいろ打ち出すという時期でした。老人問題がよく取り上げられて、老人福祉の立ち遅れが指摘されていました。厚生省に入省して最初の配属先が社会局の老人福祉課でした。

当時、厚生省は10局ほどありましたが、キャリアの1年生はだいたい各局の筆頭課（名称は局によって企画課、総務課、庶務課など異なります）に配置されます。そこの課長はキャリアの課長で、補佐にもキャリアの補佐がいて、同様に係長もいます。通常、人事異動は夏ですから、夏までは3年生の事務官がいて、1、2、3年生と並んだラインのもとで新入生は躾けられます。社会局は庶務課が筆頭課ですが、私の場合、老人福祉課に配属になったこともあって、スタートとしては珍しいケースでした。

振り返りますと、私の経歴の特徴として、入省時を手始めに「現課育ち」とか、「技官の上司が多かった」など、少し変わった育ち方をしており、自分ではあまりオーソドックスな教育を受けたほうではないと感じています。老人福祉課の直属の係長は、当時大蔵省から出向していた44

年入省の太田省三さんで、後に関税局長をされた方でした。彼が、私の最初のお兄さんというか、いわば「刷り込み」の対象でした。太田さんにしつけられた影響は非常に大きかったと思います。厚生官僚ではなくて、大蔵省の気配を感じたスタートでした。

老人福祉課・施設課での業務

中村　ご質問にありますが、昭和47年（1972年）の国会で老人医療費無料化の法案が成立していました。70歳以上の老人の医療費の自己負担分を、税で肩代わりする制度でした。その「税で肩代わり」する分を「老人医療費として支給する」という仕組みですが、これは老人福祉法の改正によって行われました。老人福祉法は社会局の所管です。1972年の国会に提出した老人福祉法の改正法案は、山口新一郎老人福祉課長のもとで大塚（義治）さんがその条文を書きました。私が入省した時に、大塚さんはまだ老人保健課の主査として社会局にいまして、老人福祉課も併任されていました。太田さんと大塚さんが私のいわば教育係だったのです。入省した時に、老人医療費の無料化が始まったということはもちろん知っていましたし、大塚さんから老人医療費無料化の条文の構造とかそういうことは聞かされました。しかし、医療費の問題は社会局ではぜんぜん関心がないというのが実情でした。社会局にいて医療費について意識したことはありませんでした。

当時の老人福祉課は、皆さんがヒアリングをされた苅安（達男）さんが課長補佐で、予算獲得に奮戦していました。ところが、7月になったら人事の都合で隣の施設課にすぐに異動になりました。施設課では館山不二夫（昭和31年入省）さんというキャリアの課長と、1年生の私がポツンといる感じで、そういう孤独な育ち方をいたしました。

個人災害救済法と呼ばれていましたが、災害で亡くなった方に対する災害弔慰金の支給や住宅が壊れた人に対する災害援護資金の貸付けを行う制度（災害弔慰金の支給等に関する法律）が議員立法で成立していました。施設課は災害救助法を所管していたため、この法律も厚生省では施設課が担当することになりました。私が施設課に異動してきたときは、国会で法律が成立した直後で、法律を施行するための政令をつくらなければなりませんでした。そこで、早速、政令作成に携わりました。自然災害の被災者の方々は、誰の責任を問うこともできないので、国が救済・支援するという法律です。議員立法ですからあまり細かい規定はなく、救済対象となる自然災害の範囲など、多くのことが政令に委ねられていました。救済対象は、一定程度、大規模な災害による被害でなければならないという法律でしたが、例えば、ゴルフ場で雷に当たった人は救うのか救わないのかとか、議論しだすと様々な論点が出てきました。「なるべく広く救え」という立法者である議員の意向に立った総理府中央防災会議の主張と、できるだけ範囲を絞ろうとする大蔵省と、それから「とにかく地方負担が増えては困る」という自治省と、その3者の間に入り、調整に本当に苦労しました。

先ほど申し上げましたように、厚生省がなぜ担当するかというと災害救助法を所管していたということだけで、本件はぜんぜん当事者ではないのですが、1年生の私が泣く泣く、半年くらいその政令作成作業に従事しました。各省調整は、結局、「災害救助法が発動される災害を対象とする」という形で決着しましたが、今度は内閣法制局では、厚生省出身の藤田恒雄参事官（昭和31年入省）でしたが「法制的にいって、どうして大規模災害の被害者は救えて、ゴルフ場で雷に当たった人は救えないのか」とか、いろいろ法律の議論を持ち出してずいぶん厳しく審査されました。最後は、館山施設課長が参事官と入省同期だったので、課長に内閣法制局に行ってもらい、何とか認めてもらいました。入省1年目で得難い経験をいたしました。

73年の秋にオイルショックに見舞われました。施設課というのは、社会福祉施設の施設整備費や措置費の取りまとめをしているところで（児童福祉施設は児童家庭局企画課が取りまとめでした）、社会局では、老人福祉課は特別養護老人ホームを所管というように各課がそれぞれ施設を所管しているのですが、施設課が施設整備費や措置費について、全体の整合性をとるべく、横断的に調整していました。オイルショックが勃発すると、農水省は漁船の油が欲しいとか、各省が石油の取り合いになりました。館山施設課長が、とにかく施設の暖房の油がないから油を回せと通産省に対して吠えていたのを覚えています。就職した人はみんなそうだと思いますが、とにかく1年目は何をやっているか足が地に着いていないようなことで、後から考えると何をしていたかわからないようなフワフワした感じの中で過ぎていきました。

環境庁水質保全局水質規制課での業務

中村　2年目に入ったら、今度は環境庁に行けということで、74年の夏に環境庁に異動しました。当時、環境庁に水質保全局という局がありまして、そこの水質規制課というところに行きました。工場排水を規制する課でした。当時の環境庁は1971年に発足してまだ数年ということで、公害対策において「正義の味方」として脚光を浴びていました。当時の環境行政には勢いがありました。環境庁がプロパーの採用を始めたのは、1972年からですので、プロパーはまだ2年生だというので、多くのスタッフが各省から環境庁に出向して来ていました。各省の寄り集まりですが、そこでは各省の中でいちばん緩いルールが適用されていました。典型的なのは、例えば、厚生省で決済を回す時は、ちゃんと書類に穴を開けて紙縒《こよ》りで綴じないと叱られるということで、その起案書の書き方や紙縒りで綴じることに1年生は苦労するのですが、環境庁に行ったらパチン、パチンとホチキス留めでOKでした。各省の作法が違って、若い人にとっていちばん楽なルールが適用されるという世界でした。そのようなこともあって、若手が元気でした。

水質保全局は、局長は農水省の事務官、筆頭課長は建設省の事務官、筆頭課の総括課長補佐は農水省の事務官、筆頭係長は通産省または建設省の事務官というように、各省のバランスを配慮した配置になっていました。水質規制課では、課長は通産の技官、筆頭補佐は河川局から来ている建設の技官、次席の補佐は農水の技官、それから3席の補佐は通産の技官というように、技官ばかりの「多民族国家」のところに事務官の私が1人でポンと置かれた形でした。彼らはある意味で各省の利害を背負って来ていて、通産の課長や通産の技官は工場排水を規制されたら困るということで、あまり規制が厳しくならないように動きがちになるし、建設は建設で、農水は農水でいろいろあるということを経験しました。

当時の水質規制課は、排水規制の対象となる事業所の範囲を拡大していくことが課題でした。私が着任した時には、病院や旅館の排水を規制すべく、適用事業所に加えようとしている時期でした。医療法も旅館業法も厚生省の所管です。厚生省は規制されたくないというので、私は親元の厚生省と戦う羽目になりました。厚生省側から「おまえ、あまりやると厚生省には帰さないぞ」と言われて、「いや、帰らなくてもいい。環境庁はおもしろいから、ここで骨を埋めてやる」とか言ってやりあったのが、環境庁時代であります。

国会答弁も、他に書く人がいない課だったので、自分が書きましたし、同僚の技官の書く答弁の添削もしました。水質規制課長について国会の委員会に行って、課長が答弁するのをサポートするということで、2年生ながらフルコースを経験しました。そういう意味では、ここで役人としての基本動作が身についたように思います。

大臣官房総務課での業務

中村　そのようにして2年間、環境庁で過ごしていましたら、厚生省に帰ることになりまして、大臣官房の総務課審査係というところに帰りました。私はその後3年間総務課に塩漬けになったのですが、1年目の総務課長が吉村仁さん（昭和28年入省）で、2年目、3年目が幸田正孝さん（昭和29年入省）でありました。それぞれすごい総務課長だったので、鍛えられて勉強になりました。皆さんには、ちょっとわかりにくいかもしれませんが、大臣官房総務課はもちろん官庁の課としてフォーマルな仕事もありますが、もう一方でインフォーマルな仕事があり、若手のキャリア官僚のいわば取りまとめ役を行っていました。

また、新規の職員採用はどの組織でも重要な仕事ですが、新人職員（キャリア）の採用の窓口は、当時は総務課審査係がしていました。私は、例えば、昭和53年入省――山崎史郎君、栄畑潤君、島崎謙治君、尾形裕也君たちの採用担当でした。彼らに最初に面接するのが私の役目で、採用候補者をピックアップするという仕事をしていました。

土田　落とすこともあるんですよね。

中村　もちろんです。入省志望者が多いので、絞り込みが必要になります。それで、我々がいいと判断した入省希望者を課長補佐に会わせます。その時は山口剛彦さん（昭和40年入省）が課長補佐でしたので、山口さんに会ってもらい、それでオーケーだと人事課長に会わせました。事実上、そこで採用が決まる（内定）ということでありました。

それから審査係は、名前を見ると法令などの審査をする係のようですが、それだけではありません。官庁は外部から何らかのインプットがあって、それに官庁として反応してアウトプットするというシステムです。旧厚生省の場合、情報の伝達経路、いわば神経系統が3つありました。第一は、役所は国会答弁を書かなければいけません。国会業務です。現在は「国会連絡室」と言っていますが、当時は「政府員室」と言われた各省の出先が国会内にありました。そこからの国会情報が官房総務課に入ります。この情報の省内の伝達経路はどうなるかというと、旧内務省の伝統を引いていて、各局の局長室の前、筆頭課の横に書記室があって、その書記室に「こういう国会質問が出ている」という情報が入ります。書記室がその情報を局内の各課に回すことになります。もちろん答弁は、書記室が書くわけではなくて、各課でそれぞれキャリアが書いたりしますが、そのようにして機能するのが国会答弁のルートです。

第二の流れは、予算業務ですね。これは大蔵省とのやりとりがあって、それは官房会計課が窓口になります。会計課が今度は書記室の経理係を通じて各局各課に仕事を依頼し、取りまとめた結果は、そのルートで逆走して返されるということになります。

厚生省の場合の第三の流れは、当時「法令ルート」と呼ばれていたものです。一言でいえば、閣議案件を処理するルートです。日本国憲法で行政権は内閣にあり、内閣法で「内閣がその職権を行うのは、閣議によるものとする」とされています。その閣議に関係する案件はぜんぶ官房総務課の審査係を通るわけです。例えば、法案を国会に提出するためには、閣議決定が必要になります。そこで、厚生省から提出法案の閣議を求めます（閣議請議）。税制も閣議決定されますのでこのルートとなります。それから、各省からの法律案が出てくると（各省から厚生省に協議がありますす）、これも閣議案件ですから、厚生省として賛成・反対という態度決定をしなければいけない。それから、例えば、規制改革とか行政改革などの案件も、最終的には閣議で決まるから、これはどこの仕事かという法令ルートに乗せる必要があります。

このような形で仕事が行われています。その法令ルートを動かす仕事が大臣官房総務課の審査係になりますので、審査係長はけっこう「偉い」とされ、係長としては最高年次の人間がやります。また、その係長は法令ルートを動かすものですから、各局の補佐まではその係長が仕切ることになるので、私は73年（昭和48年）入省ですけれども、審査係長当時の補佐、例えば、年次で10年上の岡光（序治）さん（昭和38年入省）や、岡光さんより2〜3年上の、多田（宏）（昭和37年入省）さんとかもうちょっと上の人たちまでは、生意気だけれども、私が対応しました。審査係長というポストがそうさせました。その当時は、補佐以下のキャリア全員を知っているし、審

「あの人はできる」とか「あの人はどうも」という評価ができてしまうわけです。別に評価しようと思わなくても、人間ですから、仕事を頼んで応答・反応の良い人・早い人、ぜんぜん駄目な人などが自然に見えてしまう、そういうポストでした。

要するに閣議にかかる案件はぜんぶ審査係が処理するので、例えば、大臣まで決済をもらいにいくとか、事務次官会議が閣議の前日にありますから、次官に、「木曜日の事務次官会議にはこういう案件がかかりまして、厚生省としてはこういう対処方針になっていますから」ということを説明するという役目でした。そういう仕事なので、省内の官僚としての仕事ぶりがだいたい見えるし、そういうポジションにいますので組織のあり方とか、厚生省の長所・短所などについてもいろいろ考えさせられた、非常に良い機会でした。

どういう法案が審査していて印象に残っているかというご質問ですが、もちろん、年金とか医療保険の法案もないことはなかったですが、それらの法律はむしろ年金局や保険局のほうがプロとして作成していますから、審査としてそんな大変なことはないのです。むしろ、審査するほうがよくわからないので、煙に巻かれたりするということはあると思います。私がやっていた時にいちばん大変だったのは医薬品副作用被害救済制度でありまして、これは、無過失の医薬品の副作用による被害を救済する制度でした。過失がある場合は製薬会社が賠償すればよいのですが、そうではない医薬品の副作用で被害を受けた人に対しては、医薬品メーカーが拠出した資金から救済のための給付をします。現在は、ＰＭＤＡ（医薬品医療機器総合機構）がその仕事を担当していますが、その制度をつくるという法案でした。当時、中野（徹雄）薬務局長（昭和26年入省）、下村健企画課長（昭和31年入省）がこの制度を法制化すべく、奔走されていました。審査係としては、どういう根拠で企業に資金を負担させることができるのかという法律論を議論していると、下村さんに「つべこべ言わず早く通せ」と怒られたりしたのが記憶に残っています。法制局は森仁美参事官（厚生省出身・昭和37年入省）が担当でしたけれども、森参事官は、胃潰瘍で本当に手術するような体調をおして、法案の審査をしていただきました。

コラム

丸山てるさんを悼む

丸山てるさんが11月17日に亡くなった。享年68歳。彼女は、平成3年に定年退職されるまでの40年以上にわたる厚生省勤務中、昭和20年代の広報連絡課勤務の3年間を除き、その全てを大臣官房総務課に勤められ、我々にとっては「審査係の丸山さん」として忘れ難い人であった。

キャリアの1年生は、各局筆頭課の企画法令係の末席に配置され、毎日総務課審査係に通うことになり、そこで丸山さんに出会う。丸山さんにお世話になり、あきれられ、また慰められながら、スタートの1年を送るというパターンが、歴代繰り返されてきた。私自身は最初の配属が現課であり、総務課との連絡員は務めず、この「丸山さん体験」はないのであるが。

しかし、昭和51年夏から3年間、審査係でご一緒することとなった。驚いたことには、先輩は皆知り合いで、我々などには目もくれない大幹部が、彼女には、にこにこと挨拶していくことが幾度となくあった。彼女にせがみ、諸先輩の若い時代を聞かせてもらうたび、「審査係にいる特典」を感じたものだ。

礼儀正しさ（立ち止まりお辞儀する姿）、几帳面（次官会議や閣議資料の完璧な整理、保管）、達筆（総務課の壁に張られる提出法案の審議経過）などなど、その姿は眼前に浮かぶのだが、そのような丸山さんは、何よりも厚生省を支える総務課、その中心である審査係にプライドを持ち、心から愛していたのだと、今にして思う。そして、当時若かった我々を、はらはらしながら見守っていたのだろうとも。

先日、丸山さんからラ・フランスを送っていただいた。私の結婚のとき以来の、彼女からの2度目の贈り物なので、ややいぶかしい思いをしつつ、11月4日に御礼の電話をしたところ「ラ・フランスを作っている友人ができたので」ということだった。それが丸山さんとの最後の会話になってしまった。

（「週刊社会保障」1998年12月14日号　コラム「交差点」に掲載。当時、筆者は大臣官房政策課長）

公衆衛生局地域保健課での業務

中村　それで、審査係の3年が終わって公衆衛生局の地域保健課に異動になり、課長補佐になりました。この課は旧保健所課です。保健所は、終戦直後は結核対策など大きな成果を上げたという輝かしい歴史をもっていました。しかし、昭和30年頃から早くも保健所黄昏論が出ていて、私が地域保健課に行った時には、たそがれっぱなしだな、と言われる状況でした。しかし、私が変わる1年前、1978年（昭和53年）の厚生省予算の目玉が「国民健康づくり対策」でした（後に「第一次健康づくり対策」と言われるものです）。この時の厚生大臣は渡辺美智雄大臣でした。ちょうど老人医療費が伸び、老人医療費無料化の見直しが問題となっていた時ですが、渡辺さんは「健康づくりが重要だ」と熱心に主張され、大臣が主導する形で「健康づくり元年」となりました。

この健康づくりは保健所にも影響を及ぼしました。施設課で上司であった館山さんが健康づくり元年の時の公衆衛生局の筆頭課長（企画課長）でした。館山さんが大蔵省と話をつけて、主導した改革でした。館山さんは「もう保健所では駄目だ。兵站《へいたん》線が長すぎる。だから、対人保健サービスは市町村の時代だ」と言って、市町村保健センターを整備し、保健師（当時は保健婦）が予防活動をする拠点をつくりました。現在では全国の市町村に置かれています。それから、当時、保健婦は基本的には保健所に配置されていました。保健所は都道府県と保健所設置が認められた大きな市（保健所設置市）に置かれています。その保健所に保健婦が配置されていたのです。当時、市町村には国民健康保険の保健婦（国民健康保険の事業としての保健活動をする保健婦）がいることはいたのですが、館山課長は新たに市町村に保健婦を配置して市町村における保健指導体制の確立を図ったのです。要するに、対人サービスは保健所ではなく、身近な市町村で行うという枠組みをつくりました。

厚生省内の医系技官は保健所育ちの人が多く、例えば、当時の公衆衛生局の大谷（藤郎）さんは、保健所に勤めた後に厚生省に来た人です。そのように、公衆衛生の医師はみんな保健所から育っている。したがって、公衆衛生の人たちからしてみると、館山さんの路線というのは異端のように受け取られていました。私が地域保健課に来た時には地域保健課内に保健指導室ができていましたが、室長さんが大坂（多恵子）さんという国保保健婦の親玉だった人で、補佐が湯沢

（布矢子）さんといって保健所保健婦の代表の人で、しょっちゅう対立しているんですね。私は双方から加勢を頼まれて、これがなかなか大変でした。当時、市町村保健婦は制度ができたばかりで、数的には圧倒的に保健所保健婦が多かったですが、現在は逆転しています。そういう変わり目の時でした。

それから、当時の大きな話としては、結核医療費の問題がありました。結核医療は、財源が税である公費負担医療として行われていました。ですから、大蔵省から「公費負担医療で税金が多く投入されている。こんなに医療保険が普及したのだから、結核も保険優先にしたらどうか」とずいぶん言われ、館山さんの後任の企画課長が彼自身もやりたくて大蔵省と「保険優先」で合意しました。しかし、局長以下の医系技官がみんな反対で、局内のコンセンサスが得られず、「結核医療費の保険優先」は挫折したということがあります。これは、仕事を進める時にはコンセンサスを得ないと中から崩壊するということで、よい教訓になりました。ただ私は、81年まで2年間、公衆衛生局の課長補佐をしていたことになっていますが、後半の1年間はスウェーデンに赴任のための外務研修などもあって、あまり貢献できなかったというのは少し残念に思います。

スウェーデン大使館への出向

中村　そのあと81年から84年までスウェーデンの大使館に行きました。日本からのスタッフは10

人という小規模の大使館でした。10人の中で、大使、参事官は別格です。警備の担当者がいる、庶務・会計の担当者がいる、防衛庁から来ている武官がいる、あと電信官がいるというので、書記官として働くのは4人しかいませんでした。その4人のうち1人はスウェーデン語を専攻した文化担当の女性です。残り3人の書記官のうち、1人はスウェーデンの外交を、もう1人は経済を担当していました。そうすると、スウェーデンの内政をカバーするのは私しかいないということなので、日本の内政官庁から来る注文（調査訓令など）はみんな私が処理するということになりました。原子力とか宇宙開発とか、海洋汚染とか男女平等とか、日本では扱わなかった分野を引き受けました。

外務省の人は、中立国スウェーデンの外交や防衛には一定の関心がありますが、スウェーデンの政治の仕組みとかにはぜんぜん興味がないのです。しかし、私は非常に興味があったので勉強していました。そうしましたら、日本の参議院で比例代表制を採用するという法律が成立しました。そこで、各国の中で、最直近で比例代表制の国政選挙があるのが1982年のスウェーデンということがわかって、日本からドッと調査団が来ることになりました。その時に、大使館内でスウェーデンの選挙制度を知っているのは私だけだったので、それで参議院の委員会から、自民党から、あるいは総評からなどと、日本から来る各視察団を案内していました。自民党の一行は穏健連合党（保守党）に案内するとか、総評の一行は社会民主党やＬＯ（労働組合）に案内いたしました。自分としても非常に勉強になりました。
そんなことで、厚生省から仕事上の注文はほとんど来ないので、厚生省関係の仕事は大使館時代の仕事の5%というのも言い過ぎで、3%ぐらいの感じでした。それで、大使館では何もしなくても誰も怒る人はいないのですが、それではもったいないというので自分で外回りをすることにしました。昼間はできるだけ大使館内にいないで、取材に出掛けるということをやっていました。つまり、「こんなことしなくてもいい」ということで、「しない理由」、「断る理由」はいくらでも立ちますけれども、そうではなくて、なるべくするようにしようと努めました。そのような仕事に取り組む姿勢というか、「やる癖」がこの時についたと思います。とにかく外務省の人間ではないので、スウェーデンには3年しかいられない、「外国勤務は2度とない」と思い、その限られた時間でどう仕事をするかということが身についたように思います。

大学時代の学び

土田 どうもありがとうございました。それでは、質問がありましたらご自由にどうぞ。

田中 東大の法学部には、公法と私法と政治があると思うのですが。

中村 私は政治です。法律は嫌いでしたから。

田中 ゼミはどちらだったのですか？

中村　私は、坂本義和先生のゼミでした。

田中　国際政治とか平和学とか、そういう感じですね。

中村　そうですね。丸山（眞男）先生が元気ならば丸山先生のところに入りたいと思っていました。東大闘争もありましたし、それはかないませんでした。高校生の頃、丸山さんを信奉する丸山ゼミの卒業生（新日鉄社員）に出会ったことがあって、ですから、それでたぶん政治コースに行ったのだと思います。

田中　ご友人とかで、厚生省に入った人とかいらっしゃいますか。

中村　私たちのクラスは全共闘派が多数派のクラスでした。官庁に行ったのはいますけれども、海上保安庁の長官になった岩崎（貞二）君とか、それから金融庁の長官になった五味（廣文）君とかいますけれども……。

田中　厚生省に入省した時の同期は、どうですか。

中村　10人ですね。厚生省は採用人数が非常に少ない役所でした。昭和30年代なんかひどくて、4人くらいの時もありました。みんなを偉くするみたいな非常に「優しい」官庁で、（笑）。だからあまりたくさん採用しない、という省の雰囲気を感じました。特に、昭和30年代はまだ社会保障も大きくないし、弱小官庁という感じですかね。昭和40年くらいから、比較的多く採るようになってきました。多く採るといっても20人には達しませんでした。その後、仕事が拡大していく、特に73年以降拡大していく中で、人手不足ということは非常に感じましたね。もっと人がいればもっと仕事ができるのに、どうしても年金や医療保険に多くの人材を張り付けなければならない。そうすると、他の分野はほとんど手薄になっていると感じましたね。言葉は悪いけれども、たくさん採って使い捨てにするという体質ではないので、働いている人には優しいのかもしれないけれども、国民のためを考えると、もっと仕事をさせたほうがいいのではないかと、若い頃はずいぶん思っていましたね。

田中　当時は、入省された方に環境行政をやりたいという人が、わりと多かったというような。

中村　そうですね。例えば、昭和45年が公害国会で、昭和46年に環境庁ができました。公害行政が花形の時期でしたから、行きたいという人が多かったと思います。45、46年入省の人たちには公害行政を希望した人も多かったのかもしれませんが、47年から環境庁採用が始まりましたから、そういった人は、環境庁をまず本命にするということになり、我々の年次くらいになると、もう落ち着いてきていました。しかし環境庁は3～4人しか採らない狭き門ではあったので、厚生省に来て採ってもらって環境庁で働けるという人も、あるいはいたかもしれませんが。

環境庁は厚生省が母体になってつくったし、環境庁の半分ぐらいは厚生省が中心ということがありました。厚生省には自然保護局の母体になった国立公園部があったし、厚生省の公害部が環境庁の大気保全局とか企画調整局の母体になりました。厚生省が直接やっていなかったのが、私が行かされた水質保全局でした。この局は利水官庁が母体となりましたので、農水、建設、運輸、通産など多民族国家でした。もちろん、水道があるから厚生省も関与していました。

老人医療費無料化の評価――保険局と社会局の違い

田中　先ほどのお話だと、老人福祉課に配属されて、社会局の人はあまり医療費の問題には関心がなかったと。私どもが田中荘司さんにお話を伺った時は、無料化が結構よかったというふうに伺ったのですが。ただ、保険局のほうは一方で……。

中村　保険局はもともと無料化に反対していましたが、政治主導で押し切られたのです。医療費が伸びて苦労するのは保険局です。社会局は、医療保険財政には、ぜんぜん関係ないので、「老人医療費の支給」分の予算さえもらえればいいわけですが、これは義務的経費ですから寝ていても入ってくるわけで、社会局的には苦労も何もないのです。

田中　急激に上昇してという局面でも、社会局の中ではわりと静観というか。

中村　例えば、医療費が伸びるから社会局の他の予算を削られるという構造ではないですよね。「老人医療費の支給」に要する国庫負担分は義務的経費ですから、老人医療費が増えれば、自己負担分の肩代わり費用は自動的に増えるわけです。医療費が伸びて保険料が高くなって困るのは保険局だし、政管健保の財政が均衡を失って困るのは社会保険庁です。そういう構造ですから、保険局の問題なんですね。もともとの経過としては、本来、老人医療費の無料化などは医療保険でやるべきだけれども、医療保険で無料化することについては保険者がうんと言わないということがあって、コンセンサスを得られなかったのです。そこで、いわばバイパスとして老人福祉法を使ったということです。税金で埋めるという、いちばん安易な方法です。このことに反対する人は、財政当局を除いて誰もいないわけですね。税金で埋めることについては、当然、大蔵省は嫌がります。そして、老人医療費が増えて国保財政が苦しくなることの問題の処理は保険局の責任です。社会局は、座敷を貸しているだけで何もしていないわけです。だから、社会局長はぜんぜん痛くも痒くも感じないと思いますよ。

これってやっぱり、行政としてまずい構図です。美濃部革新都政、大阪と京都の革新府政、横浜市にも飛鳥田（一雄）革新市政が出現し、そういう革新自治体を中心に全国で老人医療費の自己負担の軽減や無料化が行われる。これでは選挙が危ないという危機感をもった自民党が、国としても無料化するということで実施した政策です。このように、老人医療費無料化は政治の要請があってぜひやらなければいけないことになった。当時の国民健康保険課長は反対を唱えていたけれども、押し切られたということで、保険局の本音は反対だったのです。

このような無料化を医療保険でやろうとするとコンセンサスが得られないから、老人福祉法でやったということなので、社会局はそういう意味では実質的な当事者ではないと思います。これは私の解釈ですけれども。また、当時1年生でそういうことがわかったわけではありませんが。

田中 いつも私たちの間で謎になっているのは、「福祉元年」はいったい誰が言い始めたのかというのがよくわからないのですが。幸田さんに聞いてもわからないというお話だったんですけれども。

中村 あまり記憶にないですね。

田中 省内で使っていたということもなかったですか。

中村 うーん……。

土田 年金関連でしたよね。

田中 「年金の年」と言われていたみたいですけど。

施設課での課題——特養の整備や超過負担

岩永 施設課にいらっしゃったというのが、当時の福祉のある意味、業界のことがよく見えるような位置かなと思いますけれども、後で医療・介護に携われたことを考えて、その時に何となく福祉のイメージというか、中村さんの中で何かお持ちになったことがあれば教えていただきたいなと思います。

中村 まず、老人福祉課に2〜3ヵ月いたのですが、その時に必死になって、とにかく通知集などを読みました。なぜかというと、5月にもう出張に行けと言われて、電電公社の技術畑のかなり偉い人と一緒に松本市に出張に行きました。その電電公社の人は、老人向けの福祉電話を開発したいというので、「厚生省の人も行ってくれ」と頼んだらしいのですね。「みんな忙しくて行けないから、1年生の君がちょっと行ってくれ」というのです。行く以上は、専門家の顔をしなければいけないというので、それで勉強しました。その時に松本市にある養護老人ホームや、それから民家の土蔵で独り暮らしをしているおばあさんとか、そういうところを回りました。養護老人ホームは、畳の和室の大部屋で、10人ほどが朝になると布団を上げてというようなところでした。特別養護老人ホームはまだ少なくて、養護が900ヵ所くらいあるのに特養はまだ350ヵ所という時代でした。特養の措置費の単価は高いし、私は「特別養護老人ホームって、先輩たちが言っているように普及するのだろうか」と思ったことを覚えています。老人福祉法ができて10年目でしたけれども、まだそんな状況だったのです。

それから、田中荘司さんの上に森幹郎さんという老人福祉専門官がいました。森さんとずいぶんいろいろな話をしたりしたので、森さんの謦咳に接したのはよかったなと思います。彼は当時の北欧3ヵ国を回って、ホームヘルプ制度が重要だということを言っていましたけれども、我々はそういう話を聞いてもなかなかピンとこなかったというのが本当のところでした。

最初に老人福祉課で措置費ということを学んで、それで施設課に行って、私はちょっとつまらない政令のほうに精力をとられていたのですが、周りの人たちはみんな措置費のことを一所懸命に計算して、オイルショックの時には必死に対応している。それから、当時の福祉施設は国の措置費で賄える人員配置では労働基準法が守れないというのが問題で、館山課長は、労働基準法が守れる職員配置をしなければいけないからといって、大蔵省に予算の大幅増を掛け合っていました。

そういう時代だったのと、あとは公衆衛生局の時にも同じでしたが、厚生省にとって当時大変だったのは超過負担の問題でした。超過負担というのは、厚生省は施設整備費や保健所運営費など補助金を出しているけれども、それがぜんぜん実態と合わないので、都道府県や市町村の超過負担になっているという問題です。摂津市から国が保育所の超過負担で訴えられました。国はこの摂津訴訟で敗訴しました。ですので、社会局や公衆衛生局での大きな問題は、措置費や保健所運営費、施設整備費の超過負担問題でした。施設整備費にしても、国の基準では狭い施設しかつくれないとか、建築費の補助単価が低く、施設整備費用の2分の1を補助するといっても、実態はそうなっていない、という問題です。措置費についても、職員配置が少ないとか、職員の人件費に見合った基準になっていないとか指摘され、地方自治体や自治省から攻められていました。そういうことで、社会局としてはとにかく特別養護老人ホームを整備するのが第一の目標。特別養護老人ホームを整備するためには、建設費の補助単価を上げなければいけない、補助対象面積を増やす、それから重度な人がいれば人手がいるから、職員の加配をするなど、とにかく施設整備費と措置費を増やすことが大きな課題でした。ですから、社会局の仕事はほとんどが予算屋さんの仕事で、どうやって大蔵省の主査を説得して、そういう補助金の改善を獲得するかでした。社会局はそういった局でした。どうしても施設中心なんです。在宅などの施策は後回しになってしまいました。

法令審査委員会

田中　官房総務課の審査係長というのは若い非常に優秀な人がなると聞いているので、なるほどすごい業務なんだなというのがわかったんですけれども、前任が吉武民樹さんだということですが、前後はどういった方がなられているんですか。

中村　私が審査係に帰って来た時には、昭和45年入省の松本省蔵さんが審査係長でした。審査係の2年目に、吉武（民樹）さん（昭和47年入省）が次席から審査係長になりました。普通、審査係は2年で交替ですから、吉武さんが完投して私は2年で外に出られると思っていたのですが、吉武さんが途中でロンドンに行くことになってしまいました。そこで、私はなるはずではなかった審査係長になりました。しかも審査係長になると、さっき言ったように官房総務課は一応、筆頭になっているものだから、官房総務課の補佐は補佐の中でいちばん年次が高いとか、審査係長は係長の中でいちばん偉いとなっているので「審査係長にした以上、動かせないじゃないか」という話になってしまいました。それで私は、幸田課長に丸2年仕えることになりました。

田中　法令審査委員会というのは？

中村　法令審査委員会は、現在、厚生労働省では別の名称になっています。当時は、法令審査委員長は官房総務課長で、各局の筆頭課のキャリアの補佐が法令審査委員に任命されていました。実際は、総務課長が出席することはほとんどなく、官房総務課、人事課、会計課、企画室（その後の官房政策課、現在の政策統括官の下の参事官室）の筆頭補佐と各局の筆頭課の補佐が出席して法令審査委員会を開催していました。その事務局を審査係長がするという立て付けになっていました。法令審査委員会で、個々の法令の審査をすることはないのです。情報の伝達と共有が主な議題です。いろいろ政策マターの話をすることもありました。「法令審査委員会をやります」といって、キャリアの補佐を集めて重要事項の周知徹底するわけです。

このほか、審査係の仕事の1つに、月曜日の朝の連絡会があります。各局に配属されている1年生が来て、審査係りから「今週の予定」が配られます。「今週はこういうことがあるぞ。それからこういうこともある」と指令を出して、それを各局に伝達します。審査係の伝令が1年生の仕事です。

毎日、総務課から各局宛てにどんどん、どんどん書類が来るわけですね。それを局内に郵便配達して歩くのが1年生の仕事です。まず、総務課からの書類を取りに行くのが1年生の仕事なんです。審査係りに書類ボックスが置いてあって、そこに書類が投げ込みされているから、午前・午後は必ずチェックに行かなければなりません。そして、各課を回って書類を配布し、「締切りがいつですから返事を出してください」と依頼して回ります。締切りに間に合わないと審査係長に呼びつけられて、「おまえのところ、どうなっているんだ」と叱られます。このように1年生は、官房に来たり、郵便配達したり、それはみんな忙しく動いています。

そういう仕事がなかった現課に配属された1年生（私）って、身が持ちませんでした。

土田　今でもそういうものですか。

中村　基本的にはそういうことですけど、ただ、今はメールの時代ですね。隣の人とも口を利かずに、メールで話をするというくらいですからね。

要は、組織体ですから、外からの何かが入ってきて、例えば、障害者雇用で不正があると新聞に出ると、事件になります。そういう事件という入り方もあります。その場合、それはどのルートで処理するかが決まるわけです。国会質問になればさっきの国会ルートが動くし、対策にお金がいるとなると予算ルートになるし、これで制度改正とか閣議決定という話になると法令ルートという具合です。だから、それぞれのルートが適切に機能することが大事になります。そこで、どの組織もそうだと思いますけれども、その時にセンスのある人間か、ない人間かすぐわかるわけです。

スウェーデンでの経験

深田　スウェーデンでの経験をもう少し伺えればと思いますが、ご本人から出向を希望されたということなんですか。

土田　ちょっと関連して僕も聞きたいと思っていたんですけれども、他の官庁があまり出していない時にスウェーデンの大使館に出すということは、当時、スウェーデンの社会保障なり社会福祉ということに厚生省は関心を持って、あるいは１９８０年国際障害者年がありますね。そういう動きがあって出向されたのか。

中村　厚生省は、基本的に内政官庁でしたから、在外ポストは少なかったのです。私の理解が正しければ、海外のポストは、ＷＨＯの事務局が所在するジュネーブが最初で、次が北京、ワシントン、タイ、そんな順で広がっていきました。ストックホルムの大使館のポストは１９７６年にできました。ストックホルムは比較的新しいポストでした。その後、ハンガリーのブタペストにポストができました。しかし、厚生省としてはボンに職員を置きたかったので、そこでブタペストのポストを振り替えて、当時の西ドイツのボンの大使館に職員を派遣することになりました。ボンの大使館には当初は岡光さんが行く予定だったと聞いています。岡光さん自身も行きたかったようですが、吉村さんに「ばか、そんなことするな」と言われて、岡光さんは辞退して、それで古瀬（徹）さん（昭和40年入省）が初代で行きました。

古瀬さんは、私が官房総務課で仕えた補佐のお1人でした。官房総務課の補佐は大臣秘書官の待命ポストでもあったので、大臣が替わると補佐が秘書官になっていなくなってしまい、新しい補佐が着任されました。そのような形で、熊代（昭彦）さん、山口剛彦さんなど、多くの補佐に仕えることになりました。小沢辰男厚生大臣になった時に山口剛彦さんが秘書官となったので、古瀬さんが補佐に来られました。その古瀬さんはドイツに行くことになって、私は「いいな」と思ったのですね。それから、私の前の審査係長は、入省年次が1年上の吉武さんでしたが、彼もロンドンに海外研修で1年か2年、ロンドンに行ってしまいました。みんな僕を置いて行ってしまうと思いました（笑）。吉武さんがいなくなるから、僕はもう2年も審査係長をしなければならない羽目になった。

そういうこともあって、当時、高齢化率では日本が11〜12％の時に17％ぐらいと高く、福祉国家と言われているスウェーデンをぜひ見てみたいと思いました。また、第二臨調が立ち上がる頃で、福祉亡国論が流行っているので、本当に亡国かどうかも見に行かなければいけないという気持ちもありました。それで機会があれば行きたいと思っていましたので、私から希望いたしました。「行きたいところがあるか」と聞かれましたので、ストックホルムという希望を出しました。

当時、堀（勝洋）さん（昭和42年入省）が国際課の補佐でいて、堀さんに「行けるならば、行かせてください」と頼みましたところ、堀さんにニヤニヤされたのを覚えています。

スウェーデンでは、私は老人福祉課におりましたので、やはり老人福祉と、それから入省動機から医療に興味があったので、ずいぶんスウェーデンの医療制度、老人福祉制度を勉強しました。例えば、今でいう認知症の人はスウェーデンではどうしているのだろうかと思ってずいぶん聞いて回りました。なかなか連れて行ってくれなかったのですが、最後に連れて行かれたのが県立病院の精神科病棟でした。やっぱりスウェーデンでも当時、１９８０年代の前半ですが、認知症については打つ手がないんだなと思いました。ただし、スウェーデンの精神科病院は日本の精神科病院とは全く違って、病院というよりも生活の場という感じではありましたけれども。やはり、認知症にはそれ以外に手がないんだなということがわかりました。なお、私が帰国してから、80年代後半にですが、スウェーデンでグループホームが生み出されました。

それから、スウェーデンは医療の提供主体は県となっています。というより医療を提供するための広域自治体として県があるといったほうが正確ですが、そして、その医療費は全部、住民税で賄っている、税方式の国です。それも非常におもしろかったので勉強しました。スウェーデンの病院は全て県立でした。それだけでなく、外来も、つまり診療所もぜんぶ県立でした。日本でいうと保健所のイメージです。そして、その外来のクリニック経由でないと、病院には行けません。病院には、「病院区」というものが決まっていて、自分の住んでいる地域、ダンデリードならダンデリード病院しか行けないとか、ここの地域はカロリンスカ病院だとか、決まっているわけです。その病院に行くためには診療所を経なければいけないのですが、診療所にたどり着くのが、また大変です。何が大変かというと、予約を取らなければいけません。医師は1時間に2人か3人しか診ない。その予約を受け付けるのは看護師で、これを突破しないと予約が取れません。うちの当時3歳の息子がそうだったんですが、予約のために看護師に電話し、症状を聞かれて「下痢をしている」というと、「3日たってまだ下痢しているなら来なさい」と言われました。家内は怒っているのだけれども、この間に治ってしまうか、死んでしまうか、ということです。

だから、今日の統計でもそうですが、日本人が1人あたり1年間に13回くらい医師にかかるが、これに対し、スウェーデン人は2・9回です。スウェーデンでは患者の自己負担は安いのですが、他方、医療機関に簡単にかかれないようにできているわけです。「フリーアクセス」ではありません。そういうことを勉強しました。

したがって、スウェーデンの医療問題と日本の医療問題はぜんぜん違ってきます。やや極端に言うと、スウェーデンの医療問題というのは、どうやって公務員のお医者さんを働かせるかということになります。県の公務員で給料は何人診ても一緒ですから、患者さんを多く診るインセンティブが働きません。これも極端な言い方になりますが、日本のお医者さんは、どうやってこの人が稼ぎまくるのを止めようかということになります。このように、医療問題は両国で全く違ってきます。そういうことを学び、非常にためになりました。

その後、ちょっと後で出てくると思いますが、保険局の医療課にいる時に日米貿易協議、MOSS協議でアメリカ医療も勉強することになりました。アメリカの医療は、ある意味でスウェーデンの医療と対極的であると思いました。スウェーデンの医療とアメリカの医療を勉強し、日本の医療を知っていると、その時にはだいたい人類の医療はすべてわかったような気になりました。仕事をしていておもしろいのは、そういうように確信が持てた時です。もっともそれも一瞬のことで、まだまだわからないことが多くなるのですが。

スウェーデンについてせっかく聞いていただいたのでお話しますが、スウェーデンは1930年代から44年間、社会民主党の長期政権が、単独であるいは連立で続いていました。それが1976年の総選挙で社民党は保守中道政党に負けて、44年ぶりに下野しました。スウェーデンの国会は1院制で、当時は3年に一度、総選挙がありました。選挙制度は政党に投票する完全比例制です。79年に総選挙がありましたが、この時も保守中道が勝っています。82年、社民党が野党になって6年目の総選挙で、社民党が勝利し、政権に返り咲きました。その社民党が政権復帰する時の選挙を私は見ていました。その時、パルメ（社民党政権の首相）が「健康保険を守れ、年金を守れ」と言って、社会保障を争点にしました。保守中道政権が緊縮財政をとって社会保障をカットしたものですから、それを戻すということを争点にして、政権復帰するのを目の当たりにしました。さっき言ったように、日本が比例代表制を導入した直後の総選挙で、日本からも非常に注目されたということもあり、その選挙を見られたというのは貴重な経験でした。「成熟国家では社会保障で政権が変わる」ということを強く感じました。

土田 パルメは暗殺されましたよね。

中村 私が帰ってから暗殺されました。そういうことで、私にとってのスウェーデン体験には政権交代があります。スウェーデンに駐在中に「政権の交代と社会保障」という10本のレポートや、帰国してから「スウェーデン社会保障ノート」を23回にわたり、いずれも『週刊社会保障』に連載しました。そこでのテーマは「成熟国家では社会保障で政権が変わる」ということでした。ですので、1990年代になって細川（護熙）連立ができたり、「自社さ」政権ができたり、また後でお話しすることになると思いますが、民主党政権になった時に、「日本も、82年のスウェーデン的なことが起こっている」ということがいつも頭をよぎりました。

コラム

北欧の同志

「日本語ができる精神科医はいないか」。ストックホルムの大使館に勤務していた25年前、現地病院から問い合わせが飛び込んできた。自殺未遂の邦人の治療のためだという。私が頼んだのが、当時久留米医大から世界的なカロリンスカ研究所に留学していた小島秀樹さん。この一件で親しくなった。

彼は笑みを絶やさない温厚なクリスチャンだった。私はマクロ的にスウェーデンの医療制度を見ていたが、彼は熱心に現場を見続けていた。それぞれの見方をすり合わせ、青くさく、「帰国したら日本の医療を変えよう」と語り合ったものだ。

帰国後、彼は父の病院を継ぎ、大学を離れた。だが思いは抑えられず、独力で先進的な認知症予防を始めた。認知症は日本ではまだ有効な手だてがなかったが、欧米は地域ケアに軸足を移していた。彼は、北欧の経験を伊万里で生かした。当時の私は介護政策の担当課長で、折に触れて彼の病院を訪問し、昔にかえって熱く語り合った。

そんな彼も、残念ながらもういない。7年前に事故で急逝されたからだ。だが、彼と語った思いは決して忘れない。社会保障は課題山積。「彼ならどう考えるだろう」

心なえそうな時、私の胸の奥の北欧を訪ね、同志の笑顔と熱意に励まされている。――。

（「日本経済新聞」2007年7月24日「交遊抄」に掲載。当時筆者は社会・援護局長）

1980年代の厚生行政

保険局医療課補佐①：1985年、1986年診療報酬改定

土田　それでは、次に1980年代の厚生行政についてお願いします。

中村　それで、スウェーデンから1984年に帰ってまいりました。8月に帰国し、まだしばらく国際課付きでいました。その時にちょうど吉村保険局長が出している健康保険法で患者1割負担を導入する法案が可決・成立しました。法案が通って吉村さんが事務次官になり、保険局が人事異動で大幅に交替しました。保険局長は幸田さん、企画課長が岡光さん、国保課長が近藤純五郎さん（昭和41年入省）で、吉村局長の時のメンバーはほとんど異動して、残っていたのは和田（勝）企画官（昭和44年入省）だけでした。私は保険局医療課の課長補佐になりました。

医療課長は留任した寺松（尚）さんでした。本当にすごい医療課長で、その寺松医療課長の最後の1年が私の最初の1年と重なりました。2年目は谷（修一）さんが医療課長となりました。寺松、谷という非常に優秀な医系技官の課長に仕えました。当時は、今と違って「2年に1回、

診療報酬改正」というルールがないので、1985年と86年と2年連続で診療報酬改定をしました。毎年改定したということです。これは、84年に健保本人の1割負担を導入しましたが、吉村さんの豪腕で、1割負担を入れて患者さんに負担も求めるので、「医療機関も泣け」といって診療報酬のマイナス改定をしました。その直後なので、少し医師会に返す改定だというので85年、86年はプラス改定ということでありました。

診療報酬改定率ですが、1960年代、70年代の診療報酬改定は、改定すると10%を超えることも珍しくない大幅引き上げの改定でした。1978年の改定を見ていただくと、診療報酬アップが11・6%で、薬価の引き下げが2・1%で、プラス9・6%の改定となっています。ところが次の1981年の改定は（これは第二臨調が始まった年で、武見太郎さんの最後の改定です）診療報酬は8・1%上がったのだけれども、薬価も6・1%下げて、実質改定率2・0%という、従来の引き上げ幅から見ると非常に低い引き上げ幅でした。これ以来、診療報酬改定は、診療報酬にはさまざまな不合理があるので「合理化するための改定」だという位置づけになりました。

さっき言ったように、1984年は健保法改正でみんな泣くんだから、医療機関も泣けということでマイナス改定でした。85、86年改定というのは、少し医療界に返さなければいけないというので1・2%、0・7%と、わずかであるけれどもプラス改定になっています。いずれにしても、81年以降、診療報酬改定が様変わりしたということです。そのような流れの中で、診療報酬改定作業に課長補佐として取り組みました。

保険局医療課補佐②：MOSS協議

中村　1985年に、当時中曾根（康弘）さんが総理大臣で、レーガン大統領から言われて日米のMOSS協議が始まりました。Market-Oriented Sector-SelectiveというのをMOSSというのですが、要するに日米の貿易不均衡を解消するため、分野を選んで市場開放に向けて協議するものでした。当時、4分野が選定され、その4分野の1つに医薬品・医療機器が入ったということです。それまで医薬品についての日米協議がなかったわけではありません。それは、日本の薬事法での医薬品の審査・承認が遅いというので、もっと早く審査しろということでしたので、専ら薬務局が対応していました。その後、アメリカが気がついたのは、いくら医薬品として承認されても、日本では医療保険の薬価基準に収載されないと売れないのだということです。そこで、薬務局だけが問題ではなくて、後ろに保険局がいるということがわかってきました。それで、その席に初めて保険局が引っ張り出されることになりました。

医薬品についてのMOSS協議の最初を、日本の外務省の講堂でいたしました（85年6月頃）が、保険局はアメリカ側に一方的に攻め立てられて、散々な協議となりました。そこで、保険局長以下、局の幹部から「アメリカの言っていることはよくわからん。アメリカに出張して見てこい」という話になり、85年の8月に急遽、私と主任技官の今田（寛睦）さん、内山（壽紀）薬剤管理官と、係長であった木倉（敬之）君（昭和54年入省）と4人でアメリカに10日間ほど出張し、西海岸から東海岸まで、様々なところを回ってきました。何とか先方の主張の背景もわかり、対処方針案も立てて、局内で報告しました。ほぼ、そのラインに沿って合意することができました。この時の合意はいろいろありますが、個別の製品に関することを除きますと、ポイントは、薬価改定は2年に1度とするということでした。つまりアメリカ側は、いつ薬の値段が引き下げられるかわからないのは経営リスクだから、きちんとルール化してほしいということでした。それで、薬価改定は2年に1度ということがルール化されました。もう1点は、新薬については、年に4回薬価基準に収載するということが決まりました。

現在までそのルールは適用されてきています。89年と97年は消費税対応ですからこれは別とすると、90年、92年、94年、96年、98年というように薬価基準は2年に1度見直されてきました。現在、診療報酬改定は2年に1度と言われ、このことがルール化されていると思われていますが、薬価基準の改定は2年に1度ということが、この協議で決まったわけです。国は診療報酬改定の財源がないので、薬価基準の引き下げで財源をつくって、それにさらに若干の財源をプラスするか、薬価引き下げ分の財源の一部しか返さないかによって、診療報酬のプラス改定かマイナス改定かが決まるということだったのです。１９９０年代を通じて、薬価を引き下げてそれに若干のプラスをして診療報酬の改定をするようになった、ということです。

保険局医療課補佐③：点数表改定という貴重な経験

中村　84年の健保法の改正で特定療養費が制度化されました。高度先進医療を指定し、その部分は自己負担だが、入院料や検査料などは医療保険で負担する、「制度化された混合診療」でした。また、不明朗とされてきた室料差額と歯科の材料差額も特定療養費制度で位置づけ、ルール化した制度です。その実施細目についての基準づくりを行いました。

しかし、何といっても勉強になったのは中医協の切り盛りです。審議会の中の審議会ですので、その事務局を経験したことは、その後の役人人生で大いに役立ちました。中医協は、当時はまだ非公開だったので、毎回、中医協終了後には医療課長が記者クラブでレクチャーすることが求められました。「今日の中医協でこういうことがありました」という説明をします。それが寺松さんの仕方と谷さんの仕方と違っていて非常におもしろい。2～3時間の中医協の説明を、5分か10分でして「さあ、質問を」とやるわけですが、「なるほどな。こういうふうに説明するのか」と大いに勉強になりました。マスコミ対応は、幹部の必須技能ですが、両課長の記者対応を見させてもらい、ずいぶん勉強になりました。

診療報酬改定ですから、当然、医師会、歯科医師会などとも交渉があります。医療課長は医科の点数表をつくりますが、歯科の点数表は歯科管理官が担当します。調剤報酬と薬価基準は薬剤管理官がいます。看護関係の点数については看護協会も目を光らせており、医療課には看護技官もいるという、まさに多民族国家でした。もちろん、診療報酬の改定率を大蔵省との間でどう決着するとか、そういうことも学びました。

それから、厚生省の役人論としては、次のようなことが言えると思います。保険局は、企画課、保険課、国保課があり、多くのスタッフが医療保険法改正作業にタッチしています。しかし、診療報酬については医療課でしかやっていなくて、医療課にいるキャリアは、当時は私と木倉君の2人しかいない。つまり、点数表を触ったことのある人というのは非常に少ないんですね。医療課を経験したか否かは、やっぱりプロとアマくらいの差があります。だから点数表に触わることができたというのは、その後にとって大変大きな財産になっています。

田中　他の方もそう仰っておりました。保険を担当しているけど診療報酬はやったことがない、医療保険は両方やらないとわからないから羨ましいという。

中村　つまり、医療保険の各担当課は、保険料を集める方の行政で、医療費を使う方、配分する方は医療課ですね。というところがあるので、幸田さんもよく言っているけれども、じつは医療保険の大きな要素は診療報酬で、「なんだかんだ言っても診療報酬でキュッと締めれば締まるんだ」という(笑)。そういうことはよく言っておられますけどね。そういう意味では、医療課は特別な課なのでけっこうおもしろいですよね。

私がやっている時の医療機関別の医療費が、1985年に16兆円でした。内訳は、57%が病院、30%が診療所、11%が歯科、2%が調剤でした。それが、2015年には医療費が42兆円です。そして、病院が51・9%、診療所が20・9%、歯科が6・7%、調剤が18・8%でした。この間、調剤が顕著に増えました。大きな変化だと思います。このままいくと診療所の医療費を調剤の医療費が抜くかもしれないということです。医師会も含めて「これを何とかしろ」と言うので、調剤報酬や薬価基準の見直しが焦点になっているわけです。

公衆衛生局企画課補佐①：痴呆性老人対策本部

中村 それで、2年間、保険局の医療課の補佐をやっていたら、1986年に診療報酬を終わって、MOSS協議も終わって、保健医療局——昔の公衆衛生局の企画課の課長補佐になりました。法令審査委員になったわけです。保健医療局の企画課というのは、自分の課としては原爆被爆者の援護制度を所管しています。当時は、国会で手当て額の引き上げをしなければならず、毎年、必ず法律を出さなければならないところでした。当時、宇都宮病院事件など精神病院をめぐる事件があって、それからジュネーブの国連人権委員会に、日本の人権派の弁護士が「日本の精神病院はひどい」と訴えたことなどもあって、精神衛生法の改正が課題となりました。担当課である精神衛生課では精神衛生法の改正の準備をしているところでした。そこにも企画課のキャリア職員を派遣して応援体制を敷いていました。

ところが、幸田次官が「痴呆性老人対策が遅れている。なんとかしろ」と言い出して、省内に痴呆性老人対策本部をつくることになりました。次官の指示は「精神衛生課のある保健医療局で引き受けろ」と言うことでした。企画課長が羽毛田（信吾）さん（昭和40年入省）で、幸田さんにそう言われて、私の顔を見て「中村さん、引き受けてよ」と言われました（笑）。「課長、そんなの引き受けちゃ駄目ですよ。そうでなくても忙しいのに」と断っていたのですが、羽毛田さんが「堪えてください」と言うのでしょうがない、小林秀資精神衛生課長に「羽毛田課長が引き受けてきちゃったから、誰か一人医者を出してくれ」と相談し、九州の保健所から来たばかりの清水医師を出していただきました。それから1年生で入省したての鎌田（光明）君（昭和61年入省）と私と3人で痴呆性老人対策本部の事務局を務めました。それまで、厚生省内でもアルツハイマーという言葉なんて知っている人はいなかったくらいのもので、「痴呆性老人対策の立ち遅れ」は確かでした。事務局として何とかみんなで勉強しなければと思っていたところ、たまたま岩波映画で羽田澄子監督の『痴呆性老人の世界』が制作され、岩波映画から「厚生省で推薦してくれ」と依頼がありました。しめたと思って、「推薦にあたっては試写会をやって観てからにする」と言って当日、省内放送で案内して職員を集めて、講堂で試写会を開催しました。省内の啓蒙も必要でしたので、一石二鳥だったのですが、非常にいい映画でした。熊本の国立菊池療養所の痴呆性老人のケアについてのドキュメンタリー映画です。随分、この映画に教えられました。古川貞二郎官房長（昭和35年入省）も来てくれて、「中村君もいいことやるね」とほめられました（笑）。

痴呆性対策本部の方は、とにかく、対策の検討というのをしなければならないけれども、原因も発生率もまだ何もわかっていなかったので、専門家を集めて検討してもらいました。報告書の一部ですが、当時の証言としておもしろい。要するに、我が国においてはアルツハイマーが少ないと言っています。「我が国においては前者（引用者注：脳血管疾患）が後者（引用者注：アルツハイマー）よりも多く、欧米諸国とは対照的である」と述べています。当時は、診断基準とかそういったものもなかった、そういう時代です。痴呆性高齢者が、どこに、どのくらいいるかも、発症率もわからないので、国としても何もできていない状態でした。40の都道府県・6政令市で在宅の痴呆性老人についての実態調査が実施されているけれども、その中で精神科医が携わり、対策方法も充実している12の都道府県の調査結果で推計しました。すると、在宅の発生率が4・8％となりました。これ、今から考えると非常に低いことになります。それから、昭和90年――たぶん今頃ですよね――には、痴呆性老人数185万人と言っているけれども、現在の実態を大きく下回る数字です。

田中　すごく立派な報告書ができていますよね。

中村　そうそう。あれは鎌田君がつくりました。一所懸命やって、専門家にも集まっていただいてやった。このように、認知症について、老人福祉課で少し問題意識を持ち、スウェーデンでわからなかったなと思い、痴呆性老人本部でいい機会だからと思い作業をしましたが、この程度しかわからないという状態でした。次に90年に老人福祉課長になった時も、痴呆性老人について何か政策はないかと模索しましたがあまりいいものがなくて、私がやれたのは、デイサービスでE型という、痴呆性専用のデイサービスをつくったことくらいです。当時のデイサービスは数が多くなくて、週にいっぺんぐらいしか通所できませんでしたが、痴呆性高齢者については毎日でも通える、少人数のE型をつくりました。これが、中村老人福祉課長がわずかにできたことでした。痴呆性老人対策本部の経過は、そういうことでありました。

公衆衛生局企画課補佐②：エイズ予防法

中村　そうしているうちに当時、エイズ問題が大変なことになってきました。感染症対策室長が伊藤雅治さんで、伊藤さんのところがエイズの担当でした。確か、松本で感染者が出て、高知のほうだったと思いますが感染している人が出産するということで、ワーッと大騒ぎになりました。それで、国会でも予算委員会で中曾根総理に「蚊に刺されるとエイズがうつるのか」とか、

「宴会で返杯するとうつるのか」とかの質問が出て、真面目に議論するくらいの話になりました。それで、中曾根総理の下で関係閣僚会議を設置したり、塩川優一先生に座長になっていただいて専門家会議を開催したりしました。塩川優一先生には関係閣僚会議にも出てもらって報告してもらうということもしました。そのロジをやったので、これはこれで私にとっては度胸もすごくついたし、よい経験でした。

感染者が出てきた時は、ほぼ毎日、自民党で朝、部会がありました。今でいう厚生労働部会を朝8時から開きます。けれど、伊藤さんと打合せをして「こういう方針で明日の部会に資料を出そう」というのは、夜中の午前3時頃になってしまいます。そこで、明日の方針を決めて、一所懸命に資料をつくって、5時頃タクシーで家に帰って、シャワーを浴びて、8時の部会に出るという生活をずっとやっていました。

それから、当時エイズは、同性愛の人の感染とか、麻薬中毒者の注射の回し打ちが問題だとかとされていました。いろいろ広報をしなければいけないというので、『薔薇族』という同性愛の人たち向けの雑誌があって、そこの編集長に役所まで来てもらって、「エイズの啓発をしたいので記事を載せてくれ」と頼むこともしました。そうしたら、編集長から「僕たちは匂いでわかるので、この会議室に来るまでに5人くらい我々の仲間がいました」と言われ、驚きました。

エイズ対策については、予算もぜんぶ固まった後、斎藤（十朗）大臣から通常国会に「エイズ予防法を出せ」という指示が出で、急遽法案づくりをしなければならなくなりました。予算も決まってしまっているから、まさか予算を修正するわけにいかないし、エイズ予防法の施行費用をどうするかが大変でした。予算を修正しないでエイズ予防法で、お金が使える、すごいアクロバットみたいな法案を出しました。

土田　アクロバットというのは？

中村　つまり、伝染病予防法という法律が既にあります。エイズ予防法で、伝染病予防法の条文を借りて来て、エイズ予防対策のここの部分はこの条文を使ってやることにしました。この条文を使うというのは、伝染病予防法の規定なので、すでに伝染病予防法の実施費用として予算に入っているという説明です。その悪知恵を、環境庁から出向してきていた小沢（典夫）君（昭和50年入省）と2人で考え出して法案をつくりました。この頃は本当に体力で勝負でしたが、3～4日寝なくても何となくできるという感じでした。この時は、精神衛生法と原爆と痴呆性老人対策本部とエイズと仕事が重なりました。それから、当時は、保健医療局に国立病院部があり、そちらは国立病院再編法を出すというので、そこにも企画課のキャリアの係長を応援に出していたので、ものすごく保健医療局企画課は大変でした。

企画課の本業である原爆関連法案も国会に提出できて、やれやれこれから国会で法案審議だと思っていたら、4月の半ばぐらいに羽毛田課長に呼ばれて、「遠くに行くから準備しておけ」と言われました。家に帰って家内に「遠くに行くそうだよ」と言ったら、「いいかげんにして。北か南かはっきりしなきゃ、主婦たるもの準備ができない」と叱られました。翌日、羽毛田さんに「すみません、どっちに行くんでしょうか」と聞いたら、「北海道だ」という返事でした。そうしたら「それだったらスウェーデンで買ったものがまた使えるわ」と家内は喜んで（笑）、5月に北海道庁に出向するということになりました。

北海道庁への出向：水産部国際漁業課長・漁政課長

中村　行ってみたら配属は水産部だということで、それで国際漁業課長という、全国でどこにもない名前の課の課長になりました。まだソ連があった時代なので、北方四島との絡みもあって、北海道のサケ・マスの船が拿捕されたりしていました。それから、ゴルバチョフの時代だったのでペレストロイカという経済改革が行われていました。そうするとモスクワの漁業省の権限が地方（州政府）に委譲されるのではないかという話も出てきました。これはハバロフスク州とかサハリン州に行くと魚を捕らせてもらえるかもしれないというので、サハリンやハバロフスクに行って「魚を捕らせろ」という交渉をしたりして、楽しい仕事を1年しました。2年目は漁政課長という水産部の筆頭課長になりました。知事に言われて道内5ヵ所ある水産試験場の改革をすることになり、現地を回って職員の皆さんに説明＝交渉をいたしました。

なんで私が水産部に配属されたのかというと、横路（孝弘）さんの知事の2期目の最初でした。1期目で、すべて道庁内の部局は知事の言うことを聞くようになったが、1つだけどうも言うことを聞かない部がある。それが水産部だということでした。この部は、北大の水産学部の牙城で、水産庁との人事交流も拒否してきた純潔主義？　の部でした。水産学部の前身の函館水産講習所からの伝統を誇りにして、「背中に鱗が生えないと一人前じゃない」とかいう感じで（笑）、ぜんぜん知事の言うことも聞かないということだったらしい。そこで、外部から人を入れてかき回そうというのが横路さんの発想だったようで、そこで私が置かれたということがよくわかりました。でも、水産部の人たちっていい人たちで、本当に楽しく仕事をしました。

いちばんよかったのは、ぜんぜん違う分野だけれども、人間やっていることは同じだということがよくわかったこと。革新道政だったのですね。中央は自民党政権で、横路さんは社会党知事なもので、なかなか微妙なところがある。この変なねじれた感覚ってなんだろうと思ったら、やっぱり政権交代とかそういうことに関係あるなと感じました。

じつは、横路さんはこの頃、「食の祭典」というイベントで失敗し、大変な赤字を出していました。横路知事は、道庁の若手政策マンを使って「食の祭典」をさせたのですが、選ばれた若手エリートたちは舞い上がってしまい、組織から遊離してしまいました。道庁の中では有能・有名な人たちだったけれど、結局、最後は不正経理とか汚職問題まで起こして、彼らはみんな失脚してしまいました。その時に、組織として仕事をすることが大事だと強く感じました。知事は大統領だから、大統領が直接部下に指示すると、その人たちは組織を飛び越えて仕事をしたくなるのだけれども、それが落とし穴です。私のところにも知事から直接指示が来ましたが、必ず部長に話して、「知事は私にこうしろと言って、部長には言うなと言っています。しかし、部長に報告します。私はこう処理するので、ぜひ水産部としてもフォロー願います」とフィードバックをしていました。

1980年代の医療費をめぐる構図

土田　では、ここまでのところで、ご質問がありましたら。

田中　吉村さんが医療費の削減を言い始めたのは1981年の時からで、一方で先ほど、84年健保法改正の後に、医師会に少し返すんだと。そうした「返すんだよ」という発想はどのように生まれるのでしょうか。ちょっとぼんやりした質問ですけれども。

土田　医師会との関係もそこに関わってくるので、そこのところも含めてお話をいただけますか。

中村　まず、私が知っていることから申し上げますと、さっき言ったように1981年が武見さんの最後の改定です。その後、武見さんは医師会長でなくなり、花岡（堅而）さんなど歴代医師会長が変わってくるなかで、厚生省としては相対的にいうと武見時代よりは与し易くなった。また、第二臨調が始まって、診療報酬の改定は無秩序にするのではなく、診療報酬の合理化という路線で行う方針になった。先ほど、84年に大幅に引き下げたので、それを返す改定であるという言い方をしましたが、そういう側面はありましたが、あくまでも合理化改定ということで85, 86年の改定を行いました。もちろん、医療機関の経営状況や、賃金、物価の伸びなどを考慮し、改定幅を決定しました。

当時、医療保険分野でいちばん問題だったのは、83年にできた老人保健法の改正でした。84年の健保法改正で1割負担が実現した後、議論の中心は老人医療になっていて、87年の老健法の改正が最優先の課題だった。だから、幸田局長の時は医療保険の改正はしていません。診療報酬の改正のみです。保険局としては、むしろ84年改正の後始末がありました。

とにかく84年改正は劇薬だったし、先ほど申し上げました高度先進医療など特定療養費制度の導入、支払基金や国保連での中央審査の実施、医療監視のための顧問医師団の創設など、その施行のために必要な作業が結構ありました。

また、国民健康保険では、退職者医療に関する「見込み違い」が問題となりました。これは、かなり大きな問題となりましたが、幸田さんと国保課長の近藤さんが処理しました。

老人保健法については按分率の見直しが最大の問題でした。老人保健法は83年にスタートしましたが、年々按分率は下がる状況になっていて、按分率を引き上げなければならないという話で、87年改正を迎えました。当時は按分率80%が実現すれば目標達成と思っていましたが、これに反対する健保連との攻防の中で、思いがけず按分率100%が実現することになりました。このように、この時期は医療保険の制度改革の舞台は、老人保健制度でした。これが当時についての私の理解です。

また、87年はそういった状況での中で、荻島（國男）さん（昭和45年入省）たちが推進した中間施設の制度化（老人保健施設として実現しました）などの提供体制の問題が浮上してきました。特に80年代を通じて、「スパゲッティ」とか言われた点滴漬け、薬漬け、検査漬けなど老人医療のあり方自体が問題になってきました。老人医療については、患者負担が低ければそれでよいのかという大きな課題が突き付けられてきた、ということです。

海外勤務の省内の評価

田中　当時、海外勤務は人事上はあまり評価されなかったとも言われていますよね。

中村　省内の外国勤務に対する評価の変化という点については、MOSS協議が大きな契機となりました。MOSS協議には、いわば厚生行政の中核である保険局が巻き込まれて、しかもこれが国全体での4分野の1つに位置付けられた協議でした。厚生省の歴史でも珍しい外交交渉をしたということです。その協議に事務次官が議長として登場し、先方の議長であるマルフォード財務次官補と吉村議長の下で決着するという形になった。国内派の総帥とみられていた吉村次官もすっかり気をよくした。それで急に風向きが変わって、スウェーデンに行く前は何となく肩身の狭いような思いありましたが、帰って来てからは、特に、MOSS協議の後は、そういう雰囲気はなくなりました。いちばん遊びに行っていると思われていたスウェーデンの中村君が担当したこともあって（笑）、よかったんじゃない。

精神保健法の立案

田中　精神保健法の立案の時は、中身をつくっていたわけではないんですか。

中村　私たちはサポート側ですけれども、今度医政局長になった吉田（学）君（昭和59年入省）がいちばん若手で入って、条文を書きました。この改正では、とにかく措置入院とか同意入院の手続きの問題と、もう1つは精神保健指定医制度をつくって、指定医でなければ措置入院はできないようにした。それまで、日本の医療制度は、医師であればみんな何でもできる、同格・平等でありましたので、指定医制度の創設について本当につくれるかどうか、おっかなびっくりだったのですが、その指定医の導入がいちばん大きな山でした。精神衛生課にとっては、この制度が実現したことは大きな成果でした。

田中　日精協とかとは激しいバトルだったとも。

中村　精神衛生課長の小林秀資さんは、見かけはちょっといかつい人ですけれども、非常な人権派です。その後も精神科病院のあり方についてはいろいろ問題が続いていますが、この精神衛生法の改正は、大きな前進であったと思います。

福祉八法改正について

老人保健福祉部企画官①：当初のミッションとしての老人保健法改正

土田　それでは、八法のことにいっていただきましょう。

中村　1989年（平成元年）4月に、北海道庁から厚生省の老人保健福祉部の企画官として帰って来ました。企画官というポストは昔はなかったのですが、課長と課長補佐の間のポストです。だんだん採用者が増えて、全員を課長にするというのもなかなか難しくなったし、時間がかかるようになった。課長補佐からすぐ課長にできないので、我々の年次の2〜3年前から企画官というポストに就くようになりました。昭和44年入省組の和田さんくらいからですかね。40年入省の羽毛田さんや山口剛彦さんは企画官をやっていない。和田さんの年次くらいから企画官になる人が出てきました。

老人保健福祉部ですが、従来は保健医療局老人保健部だったのが、老人福祉課を社会局から切り離し、老人保健部に移しました。その際、大臣官房の老人保健福祉部となりました。医療と福祉を総合的に推進するという観点からは、けっこう大きな意義があったのではないかと思います。

この時、福祉部局の編成を見ると、社会局長が長尾立子さん（昭和31年入省）、児童家庭局が古川貞二郎さん、それから老人保健福祉部長が、最初は多田（宏）さんで、途中で岡光さんに替わったという配置でした。老人保健福祉部の当時の課題は、87年に老人保健法の改正があり、そこで見直しの検討規定が入っていました。そこで、「老人保健法の改正をするので、北海道で遊んでいないで帰って来い」と言われて、1年11ヵ月で東京に戻されたと認識しています。我々は、老人保健法の改正をしなければいけないというので準備していました。老人保健法の改正の背景は、按分率が100％になって拠出金が増大し、健保組合が「何とかしろ」と騒いでいるという状況でした。老人の自己負担は低いので、老人の自己負担を上げなければならない。健保組合は見直しを求めているが、いろいろ利害が錯綜していて、医師会も賛成し、国保も賛成し、健保連も賛成する案は何かというと、国が金を出せばいいというところに収斂します。要するに、老人医療費の公費負担割合である3割（国が2割、地方が1割）を、引き上げろという大合唱です。

そういうなかで老人保健法を改正しなければいけないというので、北海道から帰ってきたのですが、消費税が89年4月に導入され、夏の参議院選挙で土井（たか子）旋風が吹いて山が動きました。参議院では自民党は単独で過半数を取れなくなった。消費税の廃止法案を社会党が参議院に出すと、参議院では可決されるという状態になった。これはまずいというので、大蔵省から老人保健法の改正法案を出さないでくれと言ってきました。下手に患者負担の引き上げ法案を出すと、この状況では逆に引き下げられてしまうという話です。法案を出しても通らないし、逆に自己負担など引き下げられるリスクがあるということ、それから法案を出せば3割の公費負担が引き上げられる恐れもある。だから、法案を出さないでくれという話になってきました。法案提出見送りの見返りとして1兆5000億円のファンドを厚生省に設置するという提案がありました。そのファンドを使って健康保険組合に対する財政支援をすればよいということです。

つまり、その頃はバブルで、後で勉強してわかりましたが、あの数年間は赤字国債を発行しなくて済んだ例外的な数年間でした。1兆5000億円のファンドというのは何かというと、予算のシーリングが厳しかった時代、第二臨調で苦しい時に、国は厚生年金の国庫負担の繰延べをしました。つまり、厚生年金の国庫負担をしなければいけないのに国は負担せず、国は厚生年金保険特会に借金をしているわけです。その借金が1兆5000億円程度あったわけです。これは本来、年金に返さなければいけないので返すけれども、年金には直接返さず、とりあえずファンドを作る。当時は金利も高いし、相当の運用益を生むでしょう。その運用益を使ってさまざまな事業ができるという仕組みをつくって、それで老人保健法の改正法案を出さなくても保険者支援をできる形にしたのです。

田中　それは、大蔵省が提案してきたんですか。

中村　そうです。そこでいろいろな意味で関与していたのが、山口剛彦会計課長です。だって、老人保健福祉部は法案を提出したかったのですから。審議会もそのスタンスで回していました。一所懸命に案をつくって、吉原次官（昭和30年入省）の前でも御前会議をやって「こういう法案にする」というところまで作業していました。それが全部おシャカになって、そういう話になった。それで、「なんだ。失業か」という時に、部内で法案提出の優先順位が低かった老人福祉法をやるかということになり、それで老人福祉法の改正に取り組むことになってきたわけです。

老人保健福祉部企画官②：ゴールドプランの意味

中村　また、89年12月にゴールドプラン（高齢者保健福祉推進十ヵ年戦略）が制定されました。この高齢者保健福祉推進十ヵ年戦略も、消費税に関係があります。参議院で自民党が過半数をとれなくなった時に、政府・与党としては、法律を通すためには、中間政党の賛成を取り付ける必要がありました。民社・公明両党に賛成してもらう必要がある。社会党は「だめ、絶対」と言っているから、賛成には回ってくれないので、これらの中間政党が大事になります。民社、公明の両党がやって欲しいと言ったのが、老人福祉の推進でした。それまでも野党と折衝が行われる中で在宅福祉緊急3ヵ年計画などがつくられてきましたが、今回もそういう流れの延長でした。野党対策でそういうことがわかっていたので、ゴールドプランをつくっていこうということになりました。それで10ヵ年戦略で1999年度末まで、つまり2000年3月までの10年間で介護基盤を整備する、例えば、ホームヘルパーは10万人にするとか、いろいろ整備目標を出しました。それがゴールドプランです。

ということで、表向きには「本格的な高齢化を控え介護基盤の整備に取り組む」ということだけれども、背景には国会対応がありました。そうすると、我々がいちばん気にしたのは、ゴールドプランといってもこれは天から降ってきたもので、ホームヘルパー10万人とかデイサービス1万ヵ所とか(1万ヵ所というのは、中学校区が1万あるので各中学校区に1つということです)、在宅介護支援センターも1万ヵ所などの目標を盛り込んでいるが、これは本当に達成できるかというこ とがありました。大蔵省はずるいから、ゴールドプランで整備目標を掲げ「やっています、やっています」と言って、もし達成できなければ(予算が消化できなかったら)「厚生省の責任だ」といって、逃げるに違いない。我々は、こういうことで騙されるのではなく、本当にこれを実行できるように、後戻りできないようにする必要があると考えました。それから、消費税の税率の引き上げが90年代中にはあるだろうから、財源が出てくる。さらに、この10万人という目標は(誰がつくった数字か知らないけれども)、根拠がない。全中学校区に1ヵ所としているが、本当にそれが妥当かもわからない。そこで、各市町村に作業をさせて、きちんとニーズを踏まえた計画にしていく必要があると考えました。つまり、やりたかったことは後戻りできないようにすることと、下から積み上げる計画をつくるということでした。

老人福祉課長①：福祉八法改正

中村　福祉八法改正のうち、老人福祉法の改正のポイントは3つです。1つは、措置権の移譲です。老人福祉は市町村中心に整理する。ここで生活保護行政と分かれます。つまり、特養の入所措置は生活保護の体系と同じで福祉事務所の体系でやっているから、町村に権限がありません(町村が福祉事務所を置けば別だけれども)。我々は、老人福祉は市町村中心にしようと考えました。私もスウェーデンのコミューンのシステムは勉強してきたし、当然それに近いものとなるので、賛成でした。それから、先ほど申し上げた第1次健康づくり対策で市町村保健センターなどをめぐる議論です。館山さんが言っていた政策と同じ発想です。市町村が中心ということを確立するため、措置権を移譲することにしました。これは地方分権の方向に合致しているので、自治省も賛成です。

2つ目は、老人保健福祉計画の策定の義務づけです。これが意外なことに、自治省は絶対反対でした。その理由は、計画を策定する、しないは地方自治体の判断であり、全国一律の義務付けは地方自治の侵害ということでした。この問題で自治省との折衝が続き、これでものすごく法案提出が遅れて、ゴールデンウィークの前後まで法案提出ができないという状態になってしまいました。これは自治省との戦いでした。

３つ目は、在宅福祉の財源について、国の義務負担とすることでした。特養の措置費は義務負担ですが、ホームヘルパーとかデイサービスとかショートステイの国の補助は、義務負担になっていませんでした。これを義務負担化したかったので、大蔵省との戦いでした。どうしても駄目で、それをやっていたらもう法案が出せなくなるというので、義務負担は諦めた。これは負けで、２勝１敗となりました。こういうことで、老人福祉法の改正に取り組むことになりました。

すでに述べたように、老人保健福祉部では老人保健法の改正を目指した作業してきましたが、老人福祉課はそれとは関係なくて、地道に老人福祉法改正のことを考えていたわけです。それでゴールドプランが出来たので急遽、老人福祉法を改正しようということになりました。それまでは、辻（哲夫）課長（昭和46年入省）、木倉補佐で作業をしていました。ところが、木倉君は1990年４月に岡山県に出向、課長になるということが内定していたので、木倉君がいなくなる。そこで「失業した中村企画官、老人福祉課に来てやってくれ」ということで私が入れ代わりに入って、大蔵省、自治省、自治労などとの折衝をやることになりました。

措置権の移譲のほかに、在宅福祉サービスなどの支援体制の強化として、社会福祉事業として、在宅福祉サービスを位置づけるとか、市町村の社会福祉協議会の強化とか、共同募金の改正とか、社会局が制度改正したいと思っていた事項もありました。それから、社会福祉医療事業団に長寿社会福祉基金を設置することになり、総額７００億円の基金を設置しました。こういう基金を置いて民間に対し助成する制度をつくりました。これについても山口会計課長が主導しました。さらに、障害関係施設などの法定化もありました。

局の格付け、幹部の配置からいって社会局が長女で、次男が児童家庭局で、老人保健福祉部は三男坊という関係ですので、関係部局長が集まって協議はするのですが、形式的には社会局を中心に立てる必要がありました。最初は長女の長尾さんがいろいろ言うので、しようがない、立派な法律の名称（地域における社会福祉の基盤整備を促進するための関係法律の一部を改正する法律案）で法制局に持って行きましたが、法制局には「実があるのは老人福祉法の改正である。だから、老人福祉法等の一部改正にすべき」と言われて、「老人福祉法等の一部を改正する法律案」となりました。

老人福祉課長②：在宅サービスの充実、措置制度の弾力化

中村　福祉八法の改正では、地方自治体公務員の労働組合である自治労とも随分協議しました。自治労は組合員向けの資料を作成していましたが、これをつくる時にも資料を提供して、結局彼らはこれで賛成に回りました。自治労は白表紙、青表紙の資料をつくっていましたが、当方は、多くの資料を提供しました。それで社会党も賛成に回り、全会派の賛成で法律が成立しました。

これにはいくつか説明しなければならない前史があります。要するに、昭和60年代の末に生活保護などの国庫補助率の引き下げ問題があって、結局、生活保護は7割5分、他の措置費は5割に引き下げが行われました。ところが、当時の老人福祉課長の阿部正俊さん（昭和41年入省）が非常に立派で、その時に確かに特養などの補助率は5割にしたけれども、彼ががんばってホームヘルプなど在宅福祉の補助率を、従来の3分の1から2分の1に引き上げたのです。それで施設・在宅とも補助率は5割に揃えられていました。そういう前提があって、ゴールドプランで在宅福祉を進めていくために、5割の補助を奨励補助から義務的経費にしたかったのですが、そこはできなかった。仕方がないなということでそこは妥協しました。

在宅福祉については、70年代の末から80年代の初めにかけて、デイサービスやショートステイが、法律制度ではないけれども国庫補助事業として立ち上げられました。私が1981年のスウェーデンに駐在中に、日本からの視察者をストックホルムのデイサービスに案内すると「ああ、こういうサービスがあるんですか」と最初は感心されていました。しかし、84年の日本に帰る直前になったら、日本からの視察者に「日本にもこういうサービスがあります」と言われるようになっていました。このように、80年代最初の頃から、わが国の在宅福祉のメニューは揃っていたのです。それを伸ばすというのが課題であったということです。

それからもう1つの課題としては、措置制度の下で何とか運用を弾力化できないかということがありました。これは岡光部長がいちばんご執心だったのですが、住民が介護の相談に行く場所がないというので、在宅介護支援センターを制度化することにしました。これは2000年までに1万ヵ所という目標を設定しました。在宅介護支援センターとは何かというと、保健師と社会福祉士の組み合わせのように、保健と福祉の専門家2人を配置し、その2人分の人件費を補助するというものです。在宅介護支援センターの基準は、我々がつくったのですが、在宅介護支援センターは、特養か老人病院か老健施設に置くこととしました。つまり、施設に対して2人分の人件費の補助金を出すから、それで住民の介護についての相談業務をしてもらうことにしました。

サービス利用の決定権は、措置制度であり、行政にありました。その制度の下ではありますが、できれば実質的な決定権は現場に下ろしたいと考えました。そこで施設が住民の相談にのって、事実上、サービス利用を決定できるようにできないかということです。また、市役所には専門家がいないということもありました。介護の専門家は、病院、特養、老健にいる。そこに、事実上の決定権を下ろしたいということでした。当時「9時・5時」と言っていたけれども、そういうお役所仕事から相談支援業務を離そうとしたのです。そこで、あえて「24時間開いている現場」に置くということを基準にして、役所には置けないようにしました。これが在宅介護支援センターで、老人福祉法を読むと、法律上は「市町村は住民の相談に応じなければいけない」となっています。この相談業務を切り分けて、民間に委託できるようにするという構成でした。そういうような形でやっていて、これが発展したのが現在の地域包括支援センターです。2005年の介護保険法の改正で、地域包括支援センターをつくりました。在宅介護支援センターの財源の2分の1は国費ですが、地域包括支援センターについては同じ介護保険法の改正で地域支援事業を創設しました。介護保険の財源を使って地域包括支援センターを設置できるようにしたのです。この財源を保障したことが、地域包括支援センターの普及に貢献しました。

老人福祉課長③：老人保健福祉計画、ヘルパーの処遇改善

中村　福祉八法改正が成立した後の課題としては、とにかく市町村に老人保健福祉計画をつくってもらうことがありました。そのためには、マニュアルをつくらなければいけない。市町村計画の策定が義務化されるのは平成5年からですが、私は平成4年6月30日まで老人福祉課長だったのですが、最後の日である6月30日にマニュアルの通知を出すことができました。だから、私が課長をやっている2年間は、法律でつくった老人保健福祉計画の策定のマニュアルを全国に示すことと、それからヘルパー10万人は本当にできるのかと言われていて、これに応えることでした。

当時は2～3万人しかヘルパーがいない状態。ところがヘルパーはなかなか増えない。他方、国会での質問はヘルパー関係ばかりでした。「処遇がよくない」とか、「本当に10万人になるのか」とか、「こんな安いのではヘルパーは来ないんじゃないか」と攻められました。そこで、ヘルパーの処遇改善が必要になり、ホームヘルパー手当ての大幅改善を行いました。とにかく国会で散々言われているのでドカンと上げようということで、手当ての大幅引き上げの予算要求をし、認められました。家事中心型の常勤職員の手当の年額160万円であったものを、318万円まで一挙に引き上げました。

当時は本当にデータがなくて困りました。だいたい入手可能な福祉のデータは、早いもので3年前くらいのデータがやっとでした。だから、データが出てきたときにはもう事情が変わっているということがありました。つまり、補助金の仕事ですので、国が補助を出して、都道府県からの実績報告が2年後に上がってきて、それを集計するのにまた時間がかかって、データがそろうのは3年後ということになります。

ホームヘルパーについては、そのようなことで、実態がなかなかつかめませんでした。また、国がホームヘルパーの費用の2分の1を補助しているので、その資料を使って私が計算したところでは、ホームヘルパーが全国で10万8000世帯に派遣されていることがわかりました。当時、厚生省の推計だと、在宅の寝たきり老人は24万人いると言われていて（これもどこまで正確かわからないけれども）、その半分もカバーしていないということがわかりました。ホームヘルパーが派遣されている1世帯あたりに、ホームヘルパーの訪問回数は年間48回というのが当時のデータでした。

ヘルパーは何人いるかというと3万5905人で、年間予算205億円だから、これは2分の1補助なので事業費410億円になります。この補助金をなかなか地方自治体で使ってくれない。市町村長さんにホームヘルパーを配置してほしいと言っても、「うちにもヘルパーはいるよ。いるけど、行くところがなくて役場でお茶を飲んでいるよ」という返事が返ってくる。それから、「スウェーデンではヘルパーが盛んかもしれないけど、日本人は他人を家に入れるのを嫌がるから、ヘルパーの需要はないよ」と言われてしまう。これが市町村長さんたちの反応でした。

このように、ホームヘルパーの訪問回数が年に48回ということは、ほぼ週に一度しか行っていないという計算になります。これでは、利用者を在宅で支えられない。これに対し、介護保険にしたら、2016年10月分でちょっと数字が古いですが、訪問介護の利用者は130万人、費用は月額693億円円、年間でほぼ1兆円となっています。410億円が1兆円になっているのです。それから、要介護である利用者に対しては、訪問介護は1人あたり年間207回行っている。寝たきりに近い要介護5、4の利用者ですと月45回（要介護5）とか月37回（要介護4）となっていて、毎日1回以上行っている計算となります。これに比べると、措置制度時代のホームヘルプサービスは、やっていると言っても名ばかりです。こんなサービスでは在宅で支えられないから、誰も知らないし、頼りにしていない、そういうホームヘルパーでした。

同様に、デイサービスについても、1990年頃は事業所数は全国で1078ヵ所でした。当時、市町村が約3300ありましたから、デイサービスがある市町村（実施市町村）は2割以下でした。予算は年間480億円弱でした。現在では、通所介護の事業所は全国で約4万3000ヵ所ですから、1中学校区に4つはある計算です。200万人近くが通所介護を利用し、年間の費用は1兆6000億円に達しています。480億円弱のものが1兆6000億円になっている。従来の措置制度のままで、財源はすべて税で、予算要求・査定という制度が続いていたら、いくら30年間経ったとはいえ、これほどの増加は見込めません。やはり、システムを変えることは大事で、これが介護保険を導入した意義です。費用はかかりますけれども。このように、「ニーズがある、ない」とかいっても、「サービス使ったことのない人」にはわからないし、「サービスを見たことがない人」には、ニーズの有無も答えようがないということです。この間の変化を経験して深くそう思います。

福祉用具のレンタルも、同様です。1990年に、この事業に対する国の補助額は8億円でしたので、総事業費は16億円となります。この頃は、補助対象として電動ベッドも認められていなかったし、家の中で使えるリフトも認められていませんでした。これらは、私たちがメニューに加えました。それでも総額は16億円です。それが介護保険の下では、福祉用具の事業は3000億円程度となっています。以上が、介護保険導入の前と導入後の比較です。要約すると、2000年4月より前の世界と以後は別世界であると思います。このように、システム・チェンジが大事です。

だから、児童相談所も愚図愚図していないで、在宅介護支援センター的なものをつくるとか、地域包括支援センターのようにどんどん整備していけばよいと思います。そもそも、児童家庭局は90年の福祉八法の改正の際に極めて消極的でした。児童障害福祉の専門性などとか言って、制度改正には後ろ向きでした。そういう体質が、今日の問題を引き起こしていると、私は思いますけどね。福祉八法改正はこれくらいでしょうか。

老人福祉課長④：「目でみる老人福祉」、自由契約特養、農協と福祉事業

中村　話は少し変わりますが、当時の老人保健福祉部には、社会福祉協議会に対する不信感が見受けられました。在宅介護支援センターにみられるように、公務員の仕事の仕方に不満がありましたが、その延長で社協の体制にも批判的であったように思います。それが政策的にどう現れているかというと、シルバーサービスの振興、株式会社への委託などになります。この動きは80年代後半から生じていますし、福祉八法改正の中の老人福祉法の改正で指定法人が設置できることとなり、長寿社会開発センターが指定されました。ゴールドプランでは、高齢者の生きがい対策の推進のため、「明るい長寿社会づくり推進機構」を全都道府県で設置することが盛り込まれていました。現在は、地方の行革でなくなってきていますが、各県に社協とは別に、長寿社会推進機構をつくっていくこととしたわけです。これには、今の社協では駄目だという認識があったのです。振り返ってみると厚生省内には、社協に対する批判派が多かったと思います。それが、このような政策として現れてきたのでしょう。

ただ、私自身は老人福祉課長在任時には、全国社会福祉協議会高年福祉部とは協力し、大変に親密な関係で仕事ができました。当時、和田敏明さんが高年福祉部長でしたが、和田さんとは本当に仲良くやっていましたので、全体の流れと違う感じで面白かったです。

これまで申し上げたこと以外にふれてみるとゴールドプランがスタートし、できるだけゴールドプランを普及しなければいけないというので、『目で見る老人福祉』という本をつくりました。施設の整備状況のマップとか各県のレーダーチャートをつくって、「福祉先進型」とか、「施設偏重型」とかいう名前をつけて記者発表をしました。北海道新聞や岩手日報、大分合同新聞など、地方紙で一面を大きく飾りました。各県の担当課長さんからは、「県議会で質問が出る」とか言われまして、非常に嫌がられました（笑）。じつは、それが狙いだったのです。サービスの実施状況など偏差値で表示したものだから「偏差値課長」とも言われました。そういうことは一所懸命やりました。

それから思い出深いことは、「自由契約特養」という仕組みを打ち出し、その実施を事業者に呼びかけました。措置制度の下では、応能負担制であるため、特養に入所して全額自己負担をする人がいます。普通のサラリーマン、例えば、県庁の課長さんが、自分のお父さん、お母さんを特養に入所させると、その費用は全額自己負担となるのです。全額自己負担して入所して4人部屋というのは、少し考えさせられます。どうせ全額自己負担するなら、立派な個室をつくって入れてあげたらどうだろうか。それには自由契約でやればよいという発想でした。ただ、それだけを単独で経営しようとすると、有料老人ホームと変わらず、高コストになります。これを回避するために、特養と一体的に経営する、いわゆる、「アネックス」にするということを提案しました。自由契約分の職員を独自に置くが、特別養護老人ホームの本体と一体的な運営をしてもよいとしました。特養の職員を流用するのではなく、トータルでみるときちんと職員が配置されています。しかし、夜などの体制はアネックス単独では回らないから、一体的に運営してよいという仕組みをつくりました。老人福祉課内で議論した際には、皆に反対されましたが、「とにかく、やるのだ」と言って通知を出しました。いくつかの特養で実施していただくことができました。

その中の1つに、岐阜県池田町の社会福祉法人新生会の石原美智子さんが創った契約特養があります。その後、石原さんからは創って「本当によかった」と評価していただきました。措置制度の時代に全額自費で運営する。そこで、建築家の外山義さんに設計してもらい、全室個室にしました。利用者から全額お金を出してもらっているから、職員もその意識で対応する。それが職員教育に非常に効果があって、介護保険になった時にスムーズに移行できた、ということでした。そういう契約特養を提唱しました。

また、老人福祉課長時代に農林水産省から農協法の改正をして、農協で老人福祉事業をできるようにしたいというお話がありました。先方は「厚生省が権限を主張して反対するだろう」と考えて、おっかなびっくりで来られました。当方は、「ぜひやってください」と前向きに対応しました。「高齢化の大波は大変なので、縄張り争いをしている場合ではない。とにかく、できる人は何でも持ち場、持ち場でやってもらう。農協がやってくれるならこんな有難いことはない」というスタンスで、農協法の改正には賛成しました。すると、法案審議の際に、農林水産委員会に引っ張りだされ、「農協だって経営が大変なのに、福祉の仕事まで農協にさせるのか」と農林系の議員に怒られました。よい思い出です。

老人福祉課長⑤：高齢者トータルプラン研究会と介護保険

中村　それから、これは公表されていないのですが、92年6月に老人保健福祉部内で「高齢者トータルプラン研究会」がつくられました。朝、部長のもとに集まる勉強会で、岡光部長の提案でした。それぞれがレポートして、議論しました。非公開でしたが、その資料はまとめられて本になっています。この時に我々（中村と老人福祉課の臺豊係長・昭和63年入省）は「施設体系のあり方　老人福祉のパラダイムの転換」というレポートを出しています。その中で、提案の1つとして「高齢者介護に着目した社会保険制度、介護保険の導入を図る。高齢者介護施設として、老人病院、老人保健施設、特別養護老人ホームを一元化する。高齢者の介護施設の入所は現物給付にする」と提案しています。これは92年です。

田中　トータルプランですよね。じつを言うと、私はそれを見たことがある。介護保険もそこの中で提案されていて。

中村　そうそう。それは私たちのチームのレポートです。研究会は17回開催されていて、「スウェーデンなどの社会保障の動向」などについても私が報告しています。いろいろな勉強をしたわけです。

田中　メンバーは？　香取さんはいらっしゃったのでしょうか。

中村　メンバー表がありますが、香取君は入っていない。岡光さんが座長で、審議官の横尾（和子）さん、大塚さん、中村、大田晋、伊藤雅治、磯部文雄、阿曽沼慎司、福井和夫……という感じですね。

八法改正における福祉事務所の位置づけ

岩永 在宅介護支援センターというのが地域包括につながっていったというお話を伺って、福祉事務所についてはどういうふうに考えられていたのかということを教えていただきたいと思います。

中村 まず、当時の老人福祉行政では福祉事務所はまったく考えにありませんでした。福祉事務所で仕事をしてもらっているという意識があまりなくて、市役所で仕事をしてもらっているという意識でした。市役所の中で、担当課が福祉事務所という看板をかけているでしょうが。福祉八法改正は、特別養護老人ホームの入所措置権が福祉事務所にしかないことが制約と感じられました。ゴールドプランを推進したり、老人保健福祉計画をつくるという議論をする時には、福祉事務所という意識はまったくなくて、「市町村」という意識でした。町村も入っているから、福祉事務所の枠では考えないということでした。そのようなことで福祉事務所という意識はありませんでした。

岩永 なかったというのは、身近な自治体でやってもらうということから考えたのであって、福祉事務所が問題だったと思っていたから、そういうふうに考えられたというわけではないということですね。

中村 そうそう。住民に最も近い自治体が老人福祉をやるべきだということです。それには、入所から在宅までぜんぶ一緒にやるべきだという考えがあります。ところが、町村の場合、その住民が特養に入所すれば町村の負担がゼロですが、住民にヘルパーさんを派遣すればその費用の25％は町村が負担しなければいけないわけです。そういうふうに考える町長さんがいるかどうか知らないけれども、頭の中で考えれば明らかに経済的なインセンティブは特別養護老人ホームの入所になります。在宅福祉の推進をいうのであれば、それはおかしいだろうということで、入所措置権の移譲となりました。片方で、大熊由紀子さんたちはノーマライゼーションを推奨している。なるべく普通の家で暮らせるようにしていくためには在宅福祉を充実させなければいけない。そのためには、施設に入ることと在宅で暮らすことと、イコールフッティングにしなければいけない。改正後の条文上はそうなっていますが、むしろ、施設は最後の手段なので、在宅をやってみて駄目な場合は施設に入るという頭の整理でした。その時に、福祉事務所というのは念頭になかったのです。繰り返しですが、市町村が福祉を行う、しかし、町村には福祉事務所がないので福祉事務所を主体には考えないという問題意識でした。

自治労との交渉

岩永　自治労との折衝はいかがでしたか？

中村　自治労は、当時は連合内で最大の労働組合でした。旧総評系であるし、厚生行政にも大いに関係があります。例えば、自治労の社会保険の部隊は、県庁内でも最も戦闘的な部隊とされていました。とにかく自治労に納得してもらわないと進まない。特に、仕事の配分、措置権の移譲であるとか、ヘルパーさんを10万人にしていく、それから市町村計画をつくる、そういうことについて反対されると困るということで、自治労対策が必要でした。

自治労としては、やはり彼らも労働組合ですから、いちばん熱心だったのは組合員の獲得、それから組合員の利益です。特に、彼らがいちばん気にしていたのは、だんだん直営の施設が少なくなっていることです。それから、公務員である市町村ヘルパーがいるわけですから、ヘルパーの問題です。だから、ゴールドプランを策定した際に、ヘルパーについてどうするかが、自治労との間で議論になりました。「10万人に増やすヘルパーはぜんぶ公務員にして、自治労の組合員にしてくれ」とか、そういう無理難題を言うわけです。これに対しては、「そういうことはできない。労働組合員になるかならないかは皆さんの努力の問題で、我々は絶対そういうことにはコミットできない。だけど、ホームヘルパーを10万人に増やすことにはコミットできる」と対応しました。彼らは賃金が低いとか言うから、「僕らは賃金を増やすためにはがんばる。そこは約束するけれども」と、そういうやり取りでした。

岩永　町村の自治体の職員の方たちが、福祉行政がもっと下りてくるということについてどう考えたんだろうかということが、よくわからないと思う部分があります。つまり、専門的かどうかということは別にしても、でも自分に身近なことではあるので、そんな拒否するような内容ではないかなとは思うんです。それまで都道府県の福祉事務所がやっていたようなことに類似したものが、町村に下りてくることについて、どう考えたのかな、と。

中村　自治労には担当の評議会があり、対応を議論しているわけです。各県での集会などでも議論しています。その際に使用する討議資料がいる。その内容が重要になりますので、当方から情報提供するとともに、知恵を貸すこともありました。最終的には、討議資料に何故この法案に賛成するか、という文書まで掲載しました。このような努力が実ったのか、自治労も法案に賛成してくれたのです。信頼関係が醸成されたと思いますし、このことは介護保険制度の創設の際にも継続したと思います。

岩永　もしかすると、組合の方が考えていることと、自治労のあそこにいる人たちが考えていることと、町村の自治体に働く方たちの受け止めはまた違ったかもしれないということですね。

中村　違ったかもしれない。だけど、そういう形で彼らは彼らなりに意見集約し、自治労系の国会議員も動かします。「こういう確認質問をして我々は勝ち取った」とするわけです。確認質問については彼らと一言一句交渉して、答弁を書きました。そこで、討議資料では「このように成果を勝ち取ったから賛成する」と書かれるわけです。

土田　その中でいちばん厚生省として妥協していったというところは、どういうところですか？

中村　いや、あまり妥協しなかったと思います。折伏したという思いでした。いちばん困ったのは、これから確認質問があるから大臣に答弁してもらう、というので大臣室で勉強会をしたら、津島雄二さんが大臣で、ニヤッとして「ずいぶん労働組合寄りだな」と言うのです。そうしたら岡光部長が身を乗り出して「大臣。じゃ、答弁を変えましょうか」と言うから、末席にすわっていた私は、「やめてください。一言一句調整しています。これを読み上げてもらわないと通りません」と申し上げました。そうしたら津島さんが、「読むかどうか、その場で考えよう」とか言って、またニヤッと笑って議場に行きました。私は本当に心配したのですけど、ちゃんと読んでくれました（笑）。

ゴールドプランと医療費の関係

土田　1つお聞きしたいのは、ゴールドプランができる時に、老人医療費が非常に上がってきて、その抑制のために在宅介護を進める。あるいは、ゴールドプランで在宅にもっていくという、医療費抑制策だという話が一方であったと思いますが。

中村　それは、我々は聞いていないです。

土田　そうですか。そういう意図もなかったわけですか。

中村　むしろ、ゴールドプランは天から降ってきたという感じでした。

土田　医療費との関係はあまりない、と。

中村　医療費との関係はあまりありません。

土田　つまり、北海道なんかは冬場に老人を安心させる、社会的入院というのが増えていましたでしょ。ああいうのを減らしていく対応として、という説明を聞いたことがあるのですが。

中村　ゴールドプランの中に過疎地向けのメニューはありました。過疎高齢者生活福祉センターの整備、400ヵ所です。これは、高齢者に冬場は山の上から降りてきて、過疎高齢者生活福祉センターで暮らしてもらうという施設です。そもそも老人医療費の問題は、老人保健法改正で対応しようとしており、それを断念したくらいですから、ゴールドプランに医療費対策を持ち込む意図は、少なくとも老人保健福祉部ではありませんでした。

高齢者生活福祉センターは、一村一品をやった大分県の平松（守彦）知事が、「これは自分のアイデアだ。国はそれを制度化した」と言ってずいぶん褒めてくれました。そして、大分県で第1号の高齢者生活福祉センターをつくったというので見に行きました。行ってみたら「厚生省の言ったとおりの図面で建てたんだけど、建てたら食堂がなく、困っています」と言われました。老人福祉課の難波（弘）施設係長が同行していました。彼は大分出身者でした。「えっ、あの図で造ったのですか。あれは予算要求する時に、こんなイメージですと言って、自分（難波君）がチョッチョッと画いて主計局に出したもので、それで建てると思わなかった」（笑）。そういう笑い話があって、画いた本人がびっくりしていて、「造る前に、少しはそんなことを考えて欲しい」とぼやいていました。行政で仕事していると、本当に「エッ？」というようなことも世の中にあるのです。

土田 ただ、1ヵ月で50万円以上かかるからどうのこうのというのがありましたよね。

中村 それはありますね。80年代末には、老人病院を中心に老人医療のあり方と医療費の増高が問題となりました。介護力強化病院ができて、診療報酬の包括化が92年の老人診療報酬改定で行われています。

措置制度についての問題意識

深田 基礎構造改革では、その後、さらに「措置から契約へ」みたいな言葉で、措置制度自体が見直しされていきます。この八法改正の中では措置制度はどのように考えられていたのでしょうか？

中村 じつは、措置制度に対する問題意識はみんなにあって、この法案をつくる最後の段階で「『措置』という言葉を条文からなくせ」という指示が出たりしたことがありました。当時の吉原次官、横尾総務審議官（昭和39年入省）から、提出法案をぜんぶセットしかけた最終段階で「『措置』って評判が悪いから、言葉を変えろ」と指示されたのです。そんなこと言ったって、現実問題、財源は税財源で、行政がサービス利用を決定している制度です。まさに制度の根幹にかかわります。福祉各法は、行政がサービスを決定し、行政の委託として社会福祉法人がやるという体系でできていて、その体系をぜんぶ直さない限り言葉だけ変えてもしようがない。「今更そんなことできません」と言ってお断りした経緯があります。ですので、措置制度についての問題意識はみんなにあったと思いますが、では、どう変えるかということについては、その頃にはぜんぜん詰まっていませんでした。

福祉八法改正をめぐる省内外の調整

田中　ゴールドプランというのは、大蔵省と厚生省の関係もすごくいい時期だったのかなと、ちょっと思っているんですけれども。

中村　あの時はバブルの最中で、どのくらい良い時期かというと、92年の健康保険法改正を見ればわかります。バブル期のまだ余熱があって、92年の健康保険法改正では、まず、政管健保の保険料率が引き下げられました。2番目、16・4％だった政管健保に対する国庫負担も13％に引き下げられました。健康保険財政が、それほどに潤っていた。皮肉なことに、その法律が成立した92年以降、医療保険財政は急速に悪化し、それどころではなくなりました。92年でもそのような情勢でしたから、まして89年時点はバブルの真っ盛りでした。だから、国の財政としても赤字国債も出さなくて済むという時期であったということです。確かに、そういう意味では、大蔵省とも関係の良い時期でした。しかし、ゴールドプランについては、消費税の影響のほうが大きいと思います。大平（正芳）内閣、中曾根内閣でできなくて、竹下（登）内閣を潰してまでつくった消費税が、その存続すら危うくなっているという状況のもとで、財政当局としては、それを回避するためには、何でもありの時でした。それまで福祉関係者は長年にわたり、福祉計画の必要性を訴えてきましたが、予算の単年度主義を盾に財政当局から認められず、福祉計画は基本的にはできたことがありませんでした。財源の裏打ちのある計画をつくるというのは懸案の課題だったのですが、それが、初めて財政当局がコミットし、自治省も入って、3省合意でできたということは画期的であったと思います。

ただし、残念ながら、この計画は下から積み上げたものではないし、10年というのは長すぎます。中間の5年で見直しをしなければいけないだろうと思いました。また、見直しをする前後には消費税率の引き上げもあるはずだから、という見通しもありました。その時にもう一回勝負して、「新ゴールドプラン」をつくる必要がある。そのためには、市町村に計画策定をしてもらう。その際、ニーズを調査してもらって下から積み上げさせようと考え、老人保健福祉計画の策定を法律で義務化したのです。確かに、その後、新ゴールドプランとして積み上がった結果を見ると、ゴールドプランで10万人と言っていたヘルパーの整備目標が、17万人と上方修正されています。このように、福祉八法改正で狙ったものは、一応、新ゴールドプランができた時にこれで１つ達成という形になりました。では、２０００年に新々ゴールドプランにするかという時に、もうこの措置制度では限界があるし、やっぱり介護保険が必要だということになり、厚生省は急速に介護保険に向けて走り出したということです。

田中　大蔵大臣は橋本（龍太郎）大臣で厚労族で、杉井（孝）さんですか。

中村　あの頃、主計局の次長は小村（武）さん（昭和38年入省）でした。小村さんは厚生担当の主計官もされていました。さっきの1兆５０００億円の基金の話はみんな小村さんです。

田中　先ほどおっしゃられた、勝った部分と負けた部分というところで、義務的経費は負けているけど計画は飲んでもらってという時に、義務的経費の反対は大蔵省ですね。

中村　ええ。

田中　それで、計画は自治省のほうで。そういうところのバランスというのはどういうふうに突破していくものなんですか。

中村　厚生省の法案は、大蔵省、自治省との綱引きになるケースが多いです。その際、厚生省単独では勝てないケースが多い。だいたい自治と組んで大蔵と交渉するとか、大蔵と組んで自治を突破するとか、そういうやり方ですね。単独での完勝は、なかなか難しい。義務的経費にするということは地方の財政計画にも反映するので、自治もそれほど歓迎ではありませんでした。そうなると2対1になってしまう。義務的経費化については、老人福祉課は徹底抗戦の構えでしたが、最後は、むしろ老人保健福祉部の上部の判断で、「これはもうやめてもいい」という話になって、2勝1敗でいくことになりました。これがネックで法案が出せなければ困るという判断でした。

田中 もう1つは、初めはそうやって高齢福祉のほうで進むんですが、だけど八法改正という形でウイングが広がっていく。けれども途中で児童家庭局はあまり乗ってきてくれないみたいな感じになってくる、と。しかも、法制局に出す時には地域福祉の法律だと。そこのプロセスをもう少し教えていただけますか。

中村 それは、省内の力のバランスみたいな話もあって、やはり、最初は社会局長の長尾さんを立ててということで、老人保健福祉部は、「しょうがない、それで」というスタンスでした。「そうやりたいと言うのだから、やってみれば」という構えでした。法律のタイトルはどうであれ、我々は実を取ればいいわけだから。その法案をもって内閣法制局の審査に行ってみたら、「法制的にいっても、老人福祉法等の一部改正じゃないか」と言われて、「老人福祉法等の一部を改正する法律案」になりました。省内で我々が言うと角が立つけれども、法制局に言ってもらったので、そのように落ち着きました。我々は別に法案が出せて、通ればいいので淡々としていました。

そうは言っても2局1部にまたがる法案なので、社会局に敬意を表して、50年入省の小林和弘君が社会局の庶務課の法令補佐（法令審査委員）だったから、小林君に作業の取りまとめてしてもらいました。あと亡くなってしまいましたけれども松尾武昌さんが庶務課の課長補佐でいて、その小林・松尾両氏が取りまとめになってやる体制をとりました。私は企画官で一応位は偉かったので、毎晩、夜回りをして（笑）、小林・松尾さんと話をしてチェックしていくという体制を敷きました。最初は、私のほうで「改革日報」をつくって、今日あったこと、明日の予定を記事にして関係各課に配布していましたが、松尾さんが「企画官、私がつくりますから」と言ってくれて、その後は、彼が日報を書いてくれました。「今日は自民党の部会がある」とか、そういう今日の予定と昨日あったこととかが掲載されています。2局1部の連合艦隊だから、情報を共有しないとうまくいかないので。また、国会議員に根回しした時には、誰がどこに行ってこういうことを言われたという情報を、全部その夜に集約します。そういう形で仕事をしていました。そこはチームプレーです。「体制はどうですか」という質問をいただきましたが、そういう形でやりました。福祉八法の老人福祉の部分の条文を書いたのは、老人福祉課の係長の神田裕二君（昭和57年入省）でした。

田中　ジュリストでも書いていました。

中村　彼は頭が緻密な人だから、適任でした。

老人保健福祉計画のマニュアル作成

中村 当時、いちばん勉強になったのは、老人保健福祉計画のマニュアルをつくることでした。そもそも誰に対するマニュアルかということをよく考えました。というのは、日本の市町村は横浜市のように人口300万人を超える、北欧の国でいうと一国の人口があるような市から、人口数百人の村まであるわけです。当時は約3300の市町村があって、そのうち、どのような市町村を念頭においてマニュアルを書くのかとすごく悩みました。その時、私は市町村は6段階あると思って、①東京23区のような特別なところ、②政令指定都市、いわば百万都市、③県庁所在地のような地方の中核的な市、④普通の市、⑤郡部、すなわち、普通の町村、⑥それから離島や過疎地のような町村です。ところがよく調べてみると、日本では3300市町村があるけど、上位100市ぐらいで総人口の約半分をカバーするのですね。例えば、東京23区と政令指定都市と、あと30万の都市が100くらいあって、これを入れると日本の人口のほぼ半分カバーする。そうすると、せいぜい120～130人の首長さんが一所懸命やれば、日本人の半分はハッピーになるという構造であることがわかりました。

県の構造を見ると、県によって違うけれども、例えば、京都府民の4～5割は京都市民でした。集中度が違うけど、でも3割くらいが県庁所在地の人口であるという感じです。その県庁所在地と県庁との関係がどこでも総じてよくありません。県庁所在地は金も持っているし、生意気だし、県庁の言うことを聞かない。学校で譬えると、金持ちのぼんぼんでよくできる生徒みたいなもので、「先生の英語の発音よくないよ」みたいなね、かわいくない（笑）。一方、クラスでは、真面目にやっている貧乏な子どもたちがいるじゃないかということになります。だから、学級担任（県庁）としては、そっちの生徒（町村）を向いて仕事をやる。県の構造ってこうなっているのですよ。国の構造は、東京都は金があるから国の補助金なんかあてにしないとか、施設の職員配置は国の基準を超えて加配する、などしている。だから、東京と国の関係もよくない。少なくとも厚生省とは東京都とはぜんぜんよくなかった。だから、厚生省内では東京都23区のことなんて誰も知らない。だって、補助金をもらいに来るのは田舎の町長さん、村長さんが多いわけです。加えて、高齢化は郡部から始まっているから、高齢者施策は郡部向けで発展します。特別養護老人ホームは郡部に適したモデルでしょう。有力政治家も田舎にいます。自民党の有力政治家は都市部より地方に多いわけです。55年体制ではそういう中で政策が形成されてきました。

このような日本で、老人保健福祉計画策定のマニュアルをつくるといった時に、どの地方自治体向けに作るかと考えた時に、私はいま言ったようなことに気がついて、上位１２０〜１３０の市（東京23区も含みます）は放っておくことにしました。彼らは自分でできるはずだ、という考えです。ヨーロッパだったら30万人の人口があると、大都市です。スウェーデンでは、第一の都市は首都ストックホルムで、人口が60万人くらい、第二の都市はゴーセンブルク（ヨーテボリ）

で人口30万人ですからね。ヨーロッパで30万人の自治体で何もできないといったら笑われるわけです。ところが、日本では30万人くらいでは何もできない。スウェーデンの男女平等大臣の前で「埼玉の人口30万人の小さな町から来ました」と言った日本の女性がいて、通訳で聞いた大臣が変な顔をしていて、「誤訳じゃないか」というくらいです（笑）。

だから、そこの人たちは放っておいて、私たちはいま言った、普通の市か町村向けのマニュアルをつくろうということで、作業しました。本当に30万人以上の町は自分でやってほしかったわけです。

マニュアルはそういうことでしたが、そのかわりに人口30万人以上の市だけを厚生省の講堂に集めて、働きかける会を開きました。普段、厚生労働省が地方自治体を招集して会議をする時には、都道府県と政令指定都市を呼んでいます。働きかける会にはその人たちは呼ばずに、人口30万人以上の市、30万以上の市がない県があるかもしれないので、その場合には県庁所在地だったら来ていいという招集をかけました。例えば、岩手県には人口30万人以上の市がありませんから、盛岡市が来るわけです。そうしたら山口県から、30万人の都市はなく、県庁所在地は山口市だけど、「山口市ではなくて、下関市を出していいか」と問い合わせがあり、「駄目」と返事をしました（笑）。そういうのが結構おもしろかった。そうしたら、いちばん喜んだのは豊田市役所の人で、人口が30万人を超えていましたが、当時、高齢化率が30万人以上の市でいちばん低い市でした。「厚生省に呼んでもらったことは初めてです」と言って、感激して来られたりしました。先ほど述べたとおり、これらの市で日本の人口のほぼ半分をカバーするわけですから、そういうことは一所懸命やりました。

田中 計画づくりやマニュアルづくりをする時に、どこか回ったりして印象に残った所はありますか。

中村 それは、村川（浩一）専門官がいてくれて、山梨県の峡東地域など2〜3ヵ所で計画策定のモデル事業を担当してくれました。モデル事業を実施し、勉強しました。

土田 ああいうモデルというのは、いつ頃から始まったんですか。その時からですか。

中村 ええ。八法改正をやろうと言い出した時から。

土田 今は、ほとんどモデルでやっていますよね。

中村 ええ。それから、その後いろいろなモデルができるようになったのは、さっきの1兆5000億円の基金から生じたお金も活用しました。調査研究やモデル事業などが活発に行われるようになったのは、あの基金以来です。それが、その後の高齢者介護分野の発展につながったと思っています。1兆5000億円の基金は、民主党政権の時についに潰されました。国の予算も苦しいので、調査研究費もだんだん苦しくなってきていると思いますが、そういうお金がないと知恵も湧かないでしょうね。

土田　そうですよね。モデルをやらなければ駄目でしょうね。

介護保険への意識

田中　トータルプランもそうですけど、省内で介護保険の検討みたいのや、吉原次官が行った介護対策検討会というのを……

中村　あれは、ぜんぜん違うものです。介護対策検討会は、介護保険とは違うんだと思います。良い介護とはどうかとか、そっちらの方向の検討会です。保険方式と言い出したのは、トータルプランが最も早いほうかもしれません。また、阿部正俊さんが厚生省を辞めてから、年金住宅福祉協会の竹下（隆夫）さんを事務局にして私的な勉強会を主宰されました。私も呼ばれて、その勉強会でも保険方式の話をした覚えがあります。『年金と住宅』に匿名の論文で出ています。そういう話と、あとは辻さんがペンネームで書いたとか、書いていないとか（私はそれは読んだことはないですけれども）。そんな感じで、この当時から保険方式の提案がチラホラ出ていたのだと思います。

田中　省内でもそうした議論はありましたけど、やっぱり老人福祉課長として八法改正のほうにずっと集中されているので、さすがに将来の介護保険までは意識には……。

中村　いえ、私は、逆にいうと老人福祉課長をしていたので、さっきの契約特養もそうですけれども、措置制度の下では無理があるから、パラダイムの転換を求めていました。老人福祉課長としていちばん困るのは費用徴収で、中間層の人が特別養護老人ホームを使えないわけですよ。さっき言った、全額徴収とかになるから。それこそお話に出た、みんな病院に行っての入院ということになります。入院して医療費がかかる。それから、入院すると、老人が検査とか薬とか点滴などでとか言うので、言葉は悪いけれど「体で払う」ということになる。それは悲惨だと思いました。もっと適切な介護施設に入ってもらいたい。だけど、費用徴収があって入れない。また、「世間体が悪い」というスティグマがある。養老院以来の伝統があるから、老人ホームに親を入れるということは、親を捨てるみたいな後ろめたさが家族のほうにあるし、行政のほうは予算制度でやっているから、お金の制約がある。そうすると、入所の優先順位を決める際に、どうしても低所得の人が優先になる。つまり、利用者のほうは特別養護老人ホームは低所得者対策と思っている、行政のほうも、低所得者向けと思っている。そこでスティグマがある。しかし、実際に利用しようとすると、医療費の自己負担の何倍もかかる自己負担になってしまう。これでは特別養護老人ホームの担当課長としてやっていられない、というのが私の発想の原点でした。だから、老人福祉課長として「保険制度にしてくれ」ということになり、トータルプランにはそのことが書いてあります。老人福祉課長だからそういうことを書くことになった。

そこで、措置制度の問題として、「措置制度は、財やサービスの乏しい時代の特定の生活困窮者を救済する最低限、一律の資源の配分、配給のシステムの性格を強く有していて、所得水準、生活水準の向上に伴うニーズの一般化や多様化には馴染みにくい」と書きました。私の介護保険はそこから始まっています。それで、費用徴収制度の問題や財源調達上の問題なども書いて、「パラダイムの転換」が必要だと訴えていました。

土田　貴重なお話を長時間に渡り、どうもありがとうございました。

厚生行政オーラルヒストリー

第2回　ヒアリング

日　時　2018年9月14日（金）13時45分〜17時20分

場　所　医療介護福祉政策研究フォーラム

聞き手　土田　武史（早稲田大学　名誉教授）
　　　　山田　篤裕（慶應義塾大学経済学部　教授）
　　　　中尾　友紀（愛知県立大学教育福祉学部　准教授）
　　　　田中聡一郎（関東学院大学経済学部　講師）

第2回　質問表　平成6年年金改正および平成9年健保法改正等に関する質問表

1990年代の社会保障行政に関わる事柄についてお伺いしたいと思います。なるべく当時、ご一緒にお仕事をされた方々（上司・同僚・部下）の名前を挙げてお話頂きますと大変有難く存じます。

平成6年年金改革等

1　改正過程（平成4年7月〜7年6月：年金局年金課長）

※政権交代：3年11月宮澤内閣（自民）↓5年8月細川内閣（非自民連立）↓6年4月羽田内閣（非自民連立）↓6年6月村山内閣（自社さ）。

・着任の経緯や引継ぎ事項。元年改正（繰上げ減額支給）の失敗の受け止め。

・改革概要の提示：年金審議会「論点整理メモ」「有識者調査」についての省内での発案・検討について。

・連立政権（細川・羽田）での政策決定の様子、与党年金改正プロジェクトチームでの議論、大内厚生大臣。

・法案提出後の政権交代と審議への余波（法案提出は平成6年3月）。

・国庫負担引き上げ問題の争点化―野党・自民党と社会党の主張。　※付帯決議の調整や書き方。
・政治問題（沖縄の厚生年金問題、中国残留邦人の年金問題）。
・連合、労働省との調整（支給開始年齢、高年齢者雇用安定法、雇用保険の見直し）、大蔵省との関係。

2　**改革内容：60歳代前半の年金、給付と負担の均衡、個別改善事項**
・厚生年金の定額部分の支給開始年齢引き上げ（60→65歳）と在職老齢年金の改善。
・可処分所得スライドの導入、保険料引き上げ幅の見直し（2・2→2・5％）、特別保険料（1％）の導入。
・遺族年金（併給調整の改善など）、障害年金（所得制限の改善、3年非該当のときの失権規定の廃止など）、育休期の保険料免除、外国人の脱退一時金。

3　**課題**
・被用者年金制度の一元化（平成6年3月「公的年金制度の一元化に関する懇談会」設置）↓旧公共企業体3共済の厚生年金への統合（平成8年8月成立）。
・3号被保険者の議論、未加入者問題、基礎年金番号の導入、厚生年金基金の見直し、日独年金協定交渉。

4　**水道行政（平成7月6月〜8年7月：水道環境部計画課長）**

平成9年健保法改正等

※橋本内閣（平成8年1月〜10年7月）財政構造改革法［平成9年12月］

1　平成9年健保法改正（平成8年7月〜10年7月：保険局企画課長）

・改正論議（医保審、老保審議会での議論「4つの選択肢」、与党3党医療保険制度改革協議会）、当初は暫定改正→抜本改革が求められるようになった経過。「21世紀の医療保険制度」（平成9年8月）の反響。

・改革内容（健保本人2割負担、外来薬剤の自己負担、老人保健制度の外来・入院の自己負担の見直し）。

・高齢者の定率自己負担論、医療保険福祉審議会創設の意図、健保組合赤字問題、介護保険との関係。

2　平成10年国保法改正

・改革内容（老人保健拠出金の見直し、医療費不正請求の厳罰化、保険医療機関の病床指定など）。

3　平成10年診療報酬改定

・ネット▲1・3％（診療報酬＋1・5％、薬価▲2・8％）。支払／診療／公益3論併記やその後の改定プロセス。

・急性期入院医療の定額払い方式の試行、「制度企画部会」での診療報酬体系や参照価格導入の議論など。

厚生労働省の誕生と社会保障改革の議論

1　社会保障有識者会議と厚生労働省（大臣官房政策課長：平成10年7月～13年1月）

※小渕内閣、森内閣

・「社会保障有識者会議」の設置の意図（省内の反発は？）、厚生白書のテーマ設定とそのねらい。

・厚生労働省統合のメリットデメリット（印象深い出来事、厚生省と労働省の慣行の相違、人事交流など）。

以上

平成6年年金改正等

年金課長①：着任の経緯

土田　それでは、始めたいと思います。前と同じように簡単にご報告いただいて、それから質問という形でお願いいたします。

中村　まず、与えられた最初のテーマが平成6年（1994年）の年金改正なので、ご質問はまたお受けするとして、私から簡単にお話しをさせていただきたいと思います。

最初に、着任の経緯や引き継ぎ事項というお話があったので、そのお話をします。

先ほど、先生から「前任は誰ですか」と聞かれました。吉武（民樹）さんです。私は1973年入省ですが、彼は72年入省で、彼が年金課長を1年いたしました。普通であれば、厚生省としては吉武さんに94年の年金改正をさせるはずだったのです。吉武さんは年金課の補佐を経験していますので、年次からいっても、また、経歴からいっても、そうだったと思います。つまり、年金課長は、年金制度の1階・2階という公的年金制度を担当しています。年金局長とともに、年金課長が主軸となって公的年金制度の改正をします。したがって、年金のことを熟知している人間でないと年金課長にしないという暗黙のルールがありました。私はそれまで年金局を1回も経験したことがありません。ポンと年金課長になったので、極めて異例の人事でした。

それがなぜかということについてお話します。92年は沖縄の復帰20周年に当たる年でした。それを機会に通常国会で沖縄における厚生年金の格差が問題になりました。国会議事録を調べると出てくると思いますが、沖縄・北方特別委員会では社会党の井上一成議員が委員長でした。この社会党の委員長の下でこの問題が取り上げられました。沖縄の全軍労（全沖縄軍労働組合連合会の略称）の委員長であった上原康助さんという、沖縄では英雄的な人が社会党の委員でした。それから、与党自民党の理事が北海道出身の鈴木宗男議員という非常に大変な委員会でした。そこで山下（徳夫）厚生大臣が、厚生年金の格差是正問題で、答弁で立ち往生してしまうという事態になりました。宮澤（喜一）総理も出席が求められ、答弁に立ちましたし、沖縄・北方特委から総理への申し入れも行われました。そこで、7月の人事異動で年金局長、審議官、企画課長（局の筆頭課）そして年金課長がぜんぶ交代しました。この人事異動で就任したのが山口剛彦年金局長、近藤純五郎審議官、大塚義治企画課長で、年金課長が私になったという経過です。

その時、古川（貞二郎）さんが官房長で、古川さんに「君は年金をしたことがないから年金課長にするので、そのことを忘れないように」と言われました。「年金には特別の論理があるので、年金は年金局でなければわからない」とみられていました。年金には、他に影響されない独自の論理と体系があるようで、何事につけても「年金の論理」が先行するようでした。省内では、年金局は「モンロー主義」と言われていました（対になるのが、保険局は「帝国主義」）。沖縄の厚生年金の格差問題でも「保険料を払っていない人には年金は出せない」の一点張りで、「過ぎた時間は取り戻せない」という答弁なので、通常国会で紛糾しました。それが夏の人事の背景であり、古川官房長の発言につながるのだと思います。

しかし、まったくの素人の私が年金課長を拝命したので、さすがにそれでは心配だと思ったのでしょう。入省年次が私の3年下の青柳（親房）君を企画官に付けてくれました。青柳君は85年の年金改正チームの一員で、「年金大好き」の人間で、いわば「年金はこうでなければいけない」という若手の筆頭みたいな人です。彼をサブに付けたわけです。それから、矢崎剛君（昭和55年入省）が年金課の補佐に配置されました。矢崎君は、かつて、年金局で青柳君の下にいて鍛えられた人間です。本人は「またですか」と嫌がっていましたけれど、こういう布陣で年金改正に臨むことになりました。

年金制度は5年に一度、財政再計算をして、制度改正してきました。このように、5年ごとの改正でチームができて、それぞれの改正を担います。だいたいその時々のチームは「前のチームとは違う」ということを言いたがることがあるのかもしれませんが、我々からすると前のチームの89年改正は、支給開始年齢問題で挫折した改正だという位置づけでした。89年改正においては、支給開始年齢の引き上げにチャレンジしたが、当時の労働省との連携がぜんぜん駄目で、労働省からも梯子を外された結果になったという評価でした。また、大蔵省とも非常に揉めたと総括されていました。さらに年金関係の有識者もみんな敵に回してしまったと言われていて、89年改正の評価は我々の間では高くありませんでした。

年金課長②：政権交代と国庫負担2分の1問題

中村　年金局で、まず当面した課題は、被用者年金の一元化です。被用者年金の一元化については閣議決定されたスケジュールがありました。89年改正チームで「制度間調整法」ができていました。これはＪＲ共済を救済するための制度でした。３年間の時限立法であり、期限切れを迎えるので、それをどうするかというのが差し迫った課題でした。そこで93年には、制度間調整法を一部修正の上、延長することとしました。しかし、それはいわば被用者年金の一元化に向けてのワンステップにすぎないので、私の時にはそこまで行きませんでしたが、三公社の共済年金をまず厚生年金に引き取ることとしました。その次は農林共済だということになり、農水省とは、「三公社と一緒には時間的に間に合わないけれども、次は必ずやりますから」という内諾を取り付けました。役所間ではそういうことで合意しました。そこで関係者の合意をえるために被用者年金一元化懇談会を立ち上げた、という流れになります。

もう1つの差し迫った課題は沖縄の厚生年金の格差是正問題という、政治的に宿題となったものの処理でした。

当時の年金局のいちばんの課題は、何といっても公的年金制度の本体の改正、中でも厚生年金の支給開始年齢の引き上げでした。この課題については、89年改正においてチャレンジしただけではなくて、厚生省はその10年くらい前から懸案として掲げておりましたので、それに決着をつけることが最大の課題でした。

94年の改正の特徴は、改正作業を進めている中で、「55年体制」が崩れて、細川（護熙）連立政権ができたことです。89年改正時に、支給開始年齢の引き上げに反対した野党——社会党、民社党、公明党——が与党になったということです。常識的に考えると、支給開始年齢の引き上げについて非常な逆境になりました。「どうするんだ」ということになったけれども、その中で何としても94年改正をしなければなりませんでした。永田町にとっても霞が関にとっても、非自民の政権は1955年以来初めてです。だれも経験したことがない。しかも、この政権は小沢一郎さんの天才的な能力によって8党連立を組んだわけですから、反自民ということだけでまとまっているというところがあり、呉越同舟という面もある。この政権の意思決定の方法、政策決定の方法が確立していないわけです。我々が担う年金改正は、細川連立ができて最初に直面した大きな課題で、これについての意思決定が求められました。そこで、「与党年金改正プロジェクトチーム」という仕組みをつくって、そこで政府与党案をまとめることになりました。これは、永田町・霞が関の中で、その後に多用されたプロジェクトチーム方式の走りであったということで、我々はこのことについて大変誇りに思っています。

法案は、細川内閣で国会に提出しました。その後、羽田（孜）内閣になりましたがすぐに崩壊し、法案が成立する時には「自社さ」になっていました。法案について、いわば攻守ところを変えたということです。これも非常に珍しい経験でした。自民党は野党時代に、「国庫負担を２分の１に引き上げろ」と主張しました。丹羽雄哉さんがそう主張した筆頭でした。丹羽さんは政権交代する前の厚生大臣でしたので、まさにこの年金改正についてずっと相談していました。我々は「財源のあてもないのになんていうことを言うのですか。そんなことできるわけがないでしょう」と諌めたのですけれども、丹羽さんは「野党というのはそういうものだ」と言って譲りません。基礎年金の国庫負担２分の１への引き上げの議論は、ここから始まりました。

自社さ政権が成立し、年金法案について攻守ところを変えることになりましたが、その時には新進党が結成されておりました。野党になった新進党は、「自民党が主張していたとおり国庫負担を２分の１にしろ」と攻めたてるということになりました。法案の修正問題となり、院内の厚生委員長室で缶詰めになって与野党協議するという事態になりました。それは何とか附則で検討規定を設けることで決着しました。このように94年の年金改正は、1つの法案が成立するまでに2回政権交代を経ました。法案を検討中の政権と法案を出した政権と成立させた政権が、それぞれ異なったのです。3つの政権下での年金改正という、いわば、フルコースを担当したという非常に珍しい経験でした。それが94年改正の特色ではなかったかと思います。

年金課長③：支給開始年齢の引き上げ

中村　先ほども言いましたように、支給開始年齢の引き上げが課題だったので、とにかく労働省や労働界とよく話をしなければいけないと思いまして、年金課長として、鉄鋼労連とか（当時は鷲尾悦也さんが委員長）、自動車総連とか、ゼンセン（高木剛さんが会長）などを回り、「年金改正、よろしく」と理解を求めました。そうしたら、連合本部から「勝手に俺の領地に入るな」とクレームがつきました。「ちゃんと連合を通さなければ駄目だ」とか、そんなこともありました。その時連合から年金審の委員が3名入っていたのですが、その委員さんにもよく説明しました。その時にも連合の事務局立ち会いでやるということになるので、連合の生活福祉局によく通っていました。労働側に対する働きかけはかなりうまくいって、年金審の意見のとりまとめも作業もかなり順調に進んでいました。ところが、年金審の意見集約のギリギリになって、連合の山田精吾事務局長（旭化成出身の方で、中学を卒業してからずっと労働運動に従事し、連合をつくるのに非常に貢献した方）が、連合事務局および年金審の委員に「おまえらなんだ。厚生省に騙されているんじゃないか」と言ってネジを巻きました。それで、ギリギリになって連合が反対の方針に転換してしまい、年金審の意見書は支給開始年齢などについては両論併記的になっています。

厚生省の庁舎の前で、1月か2月頃でしょうか、法案が国会提出される前後に連合は宣伝カーを乗り付けて、年金審の委員を宣伝カー上にあげて、法案に反対の演説させたことがあります。年金審の委員のうち2人は宣伝カーの壇上に嫌々登ったけど、1人の委員は「厚生省とずっとやってきた信義がある」といって拒否して登らなかったというような裏話もありました。年金審の論議は、実質的にはかなりうまくいっていたのです。したがって、法案が通った時に連合は声明を出していますが、その内容はかなり法案を評価していて、本気になって抗議している内容ではない形で収まりました。

年金課長④：大蔵省、労働省との折衝

中村　一方、大蔵省との関係ですが、89年改正が年金局と主計局で揉めたと言われています。局長と主計官が怒鳴り合いをするような、そういう状況だったそうです。現在、国民民主党の幹部になっている岸本周平さんが主計局厚生5係（年金担当）の主査だったのですが、「中村さん、上にあげないで2人で決めちゃおう」と言っていました（笑）。ですから、基礎年金の額とか在職老齢年金の調整方式とか、雇用保険との調整など、94年改正の主要事項は岸本主査と年金課長でぜんぶ手を握って決めました。それを事務的に詰めたのが、補佐の矢崎君という形でした。

先にお話しましたが、連合との関係で、支給開始年齢の引き上げは、雇用の確保と密接に関係します。労働省との連携の確保には大いに配慮しました。それから盛んに連合から年金改正に反対のビラが出るんですけど、当時の長谷川（真一）労働組合課長からは、「ビラの読み方というのがあって、これは本当の反対ではない」と教えられました（笑）。労働組合対策では、労働省の老政担当の人と私たちとは大学生と小学生くらい差があることがよくわかりました。労働省にも高齢者雇用を担当するポストがあって、そこに北浦（正行）さんという課長がいました。その後、彼は課長で労働省を辞めてずっと生産性本部で活躍されました。役所で管理業務をするのではなく労働問題を一生やりたいということでそういうところに進んだ人ですが、その北浦課長が、「労働組合のことだったら長谷川さんのところに行けばいい」といって橋渡しをしてくれたのです。このようなこともあって、働くことと年金とをどう組み合わせていくかということでは、労働省との連携は非常にうまくいきました。

また、労働省との関係では、大蔵省からは年金の給付と雇用保険の給付との調整をぜひやって欲しいといわれました。当時、窪野（鎮治）さんが主計官でしたけれども、戸苅（利和）雇用保険課長と私を引き合わせて、「ぜひ頼む」ということでした。戸苅さんとは、年次は向こうのほうが先輩ですけれども一緒に取り組みました。雇用保険の情報と年金の情報とをどう組み合わせて、両者の給付を調整するかというのは、実務的にもなかなか大変でしたが、労働省とも協力してうまくいったと思います。

年金課長⑤：経団連、年金研究者との関係

中村　当時は、経済界は経団連に一本化されていませんでした。社会保障は労使問題、あるいは企業福利の延長だということで日経連が担当していました。したがって、日経連によく通いました。年金審には経営側の委員として、阿南（惟正）さんという新日鉄の副社長と、そのへんの記憶ははっきりしませんが、たぶん東芝の相談役の渡里（杉一郎）さんではなかったかと思います。日経連の専務理事の福岡（道生）さん（この方も新日鉄の出身でした）が、年金改正については応援してくれました。法案が通ったあと、阿南さんからランチをご馳走になりました。経済界との関係も悪くはありませんでした。

あと、89年チームは、年金関係を研究している皆さんとも、あまり仲良くなかったと聞いています。私たちはけっこう、仲良くできたのではないかと思います。例えば、高山憲之先生が、日経新聞の経済教室面のコラムで年金について連載しましたけれども、青柳君がかなりお手伝いしたということもあります。高山さんは可処分所得スライドを提唱されていました。ドイツで採用さ

れていた方式で、「あれがいい」と高山さんが書いていました。我々はそれを取り入れましたので、そういった意味でも学会の人たち、年金分野のオピニオンリーダーと良い関係を保つことができたのではないかと思います。

年金課長⑥：政治過程、与党年金改革プロジェクト

中村　苦労したのは、年金審の取りまとめでは、最終段階で連合が年金審委員に反対を指示するということがあり、難航したことです。もう1つは、与党年金改革プロジェクトチームでの改正内容のとりまとめでした。すなわち、与党年金改革プロジェクトチームをどうつくって、いかに切り盛りしていくかが非常に重要な課題でした。

与党年金改革プロジェクトチームの座長は塚田延充議員で、民社党の方でした。8会派連立政権の中では民社党は小さな政党でしたが、厚生大臣に党首の大内（啓伍）さんになっているからという理由で民社党の塚田さんが座長になりました。率直にいうと、第一党の社会党が逃げたのです。社会党は森井忠良、池端清一さんがプロジェクトチームに入りましたけど、年金で責任を取りたくなくて逃げたと私たちは考えていました。公明党からは遠藤和良さん、桝屋敬悟さん、新生党が井上喜一さん、それから岡田克也さん。岡田克也さんはこの時に年金問題に出合っています。後に内閣官房で「社会保障と税の一体改革」で岡田副総理の下で仕事をすることとなった時に、この時代の岡田さんのことを思い出し、不思議な縁だと感じました。日本新党からは鴨下一郎さん、さきがけからは渡海紀三朗さんでした。民社党からは、塚田延充さんに加えて勝木健司さんというメンバーで、65歳まで定額部分を引き上げるという改革案を了承していただいたということになります。

野党自民党に配慮して、与党年金改革プロジェクトチームには年金局長は出席しないということで、私たち審議官以下で対応しました。とにかく、与党年金改革プロジェクトチームは初めてのことなので、国会議員と役所との関係も、座席の座り方からして、自民党時代とは異なりました。ラウンドテーブルで、国会議員と私たち役人が同じテーブルについて一緒に議論する形式でした。それがまた冒頭カメラ撮りされるので、それが華々しく報道されると、役人である私たちが映ってしまうということになりました。一方で、野党自民党に呼ばれて自民党本部に行くのですが、今度は小沢一郎さんから、「局長は自民党に行ってはいかん」という指示が出ているということで、私たち審議官以下で自民党に行くことになりました。そうすると自民党からさんざん厭味を言われるという、先輩たちはしたことがない経験をしました。役所に戻ると局長がやきもきして待っていました。山口さんは本当に年金のプロですし、基礎年金をつくる時の年金課長だったので、口を尖らかして「君たちがそんなふうにやっているからまとまらないんじゃないか」と文句をいうわけです（笑）。非常にいい人ですから、そんな本気で言っているわけではなくて、からかっているような感じでした。今から考えると、局長は出番がなくてさびしかったのだと思います。

与党年金改革プロジェクトチームですが、座長の塚田延充さんは茨城が選挙区の方でしたが、帝人の出身でした。労働組合の活動家ではないそうで、帝人の経営側でけっこう偉くなった人が民社党の国会議員になっていました。労働組合系育ちの議員とはちょっと違う感じの人で、プロジェクトチームの取りまとめには、彼のイニシアチブが非常に大きかったと思います。とにかく「最終保険料率が30％を超えない」ということを最初に決めました。それから、その料率に収めるためにいろいろな手段があるということを列挙させて、結局、部分年金（定額部分の年齢引上げ）を採用しないと30％に収まらないというロジックを組み立てて、みんなに部分年金を了解させる。こういうことを塚田さんはやりました。私たちは「その運び方にはリスクがある」とかいろいろ言ったのですが、塚田延充さんは非常に個性的な方で、このやり方でまとめてしまいました。これを踏まえて、法案をつくって国会に提出した。そういう経過でした。

野党自民党が基礎年金国庫負担2分の1を言い出した経過をお話します。支給開始年齢の引き上げですが、政府案では3年に1歳ずつ引き上げるという案で、完成するのが２０１３年でした。年齢の引き上げをはじめてから２０１３年まで、約17年かかることになります。丹羽先生がいうには、国庫負担割合を年に1％ずつ引き上げていけば、33％から50％になる。年齢の引き上げと同時に、国庫負担率も2分の1になるという提案でした。私たちは「そんなばかな議論はないんじゃないですか」とか、「財源はどうするのですか」などと反論したのですが、「いいんだ。これが野党というものだ」ということで、国庫負担2分の1ということを彼は主張するようになりました。

それが1993年、94年のことですが、これが実質的に解決したのは、2014年に消費税が8%になった時です。これで、やっと国庫負担引き上げの財源確保ができました。このようにして、93年以来の懸案が2014年にやっと決着した。私は一体改革の事務局で、消費税率8%への引き上げの旗振りをしていましたので、この問題の発端に関与していた人間として、何とか後始末ができて、責任を果たせたかなと思っています。

このようにして、苦労して国会に提出した法案ですが、通常国会では継続審議になりました。これは当時、健保法の改正案も国会に提出されていたためです。入院中の食費について自己負担を徴収するため、食事療養費を導入する法案でした。予算編成上の必要があり、診療報酬の引き上げに必要な財源対策という面もあり、健保法改正が優先されました。84年に健保法改正法案と基礎年金創設法案が同時に提出されて、健保法改正法案が優先された時と同じパターンで、年金改正法案は後回しになりました。そこで、年金法改正法案は継続審議の憂き目にあいました。臨時国会が始まるまでの間に、法案とはまったく関係がなく、年金相談についての個人的な不満から、年金課に火炎瓶を投げ込まれる事件も起きまして、泣きっ面に蜂の状態でした。

それで、さっき言いましたように、94年6月に自社さ政権ができて、当選回数は2回でしたが、自民党の衛藤（晟一）議員が部会長に就任され、戸井田三郎さんが委員会の筆頭理事となりました。その衛藤さん、戸井田さんという与党側と、野党になった新進党の野田毅さんと、後に三重県知事になった野呂昭彦さんとがメインになって法案の修正協議をいたしました。協議は厚生委員会の委員長室でやるのですが、部屋の前に中廊下があって、その外側に本廊下があるという構造でした。本廊下にはたくさんの記者さんが床に座ってジーッと待っているという異様な感じで、そこで何時間も何時間も雪隠詰めになって協議をしました。危機感をもった大蔵省は、与野党協議が続いている最中に、山口年金局長を官邸に呼びだし、総理の前で国庫負担増はさせないように釘を刺そうとするという動きもありました。我々は与野党協議の場に閉じ込められていたので、外のことはわかりませんでしたが、大変緊迫した状況でした。結局、附則に検討規定を入れるということで決着をしました。「政府は、長期的に安定した年金制度を維持していくため、1995年以降において初めて行われる財政再計算の時期を目途として、年金事業の財政の将来見通し、国民負担の推移、基礎年金の給付水準、費用負担のあり方などを勘案し、財源を確保しつつ、基礎年金の国庫負担の割合を引き上げることについて総合的に検討を加え、その結果に基づいて、必要な措置を講ずるものとする」という、官庁文学の粋を凝らした条文で決着したということであります。

年金課長⑦：沖縄、中国残留邦人の年金問題

中村　あともう2つだけ話をさせていただくと、沖縄の年金問題は先に述べたとおり、94年チームが再編成される契機になったのですが、対応策の検討のため沖縄県、年金局、沖縄開発庁、それに内閣官房の4者で協議会をつくることになりました。その協議会で対応を協議しているからということで時間稼ぎをしながら、94年改正で何とか処理しようという方針でした。連合の動きとしては、沖縄連合の会長（NTT労組）から「なんとかしてくれ」と連合本部の山田精吾事務局長に陳情があり、山田さんも「格差問題は正義に反する」ということで、連合からも「これはちゃんと対応してほしい」という要請がありました。

局内で議論するのですが、「認めればいいじゃないか」という容認派の筆頭が私で、そうすると局長、それから吉武さん（吉武さんは当時、資金課長といって年金の積立金を所管する課長に回っていたのです）、青柳君といった、年金のプロたちが「そんな中村君の言うようなことをしたら他に跳ねるかもしれない」という意見でした。「年金はこうでなければいけない」という原理派というか、正統派の議論が優勢なので、対応方針は厳しいラインでまとまりました。

4者協議は沖縄開発庁の総務局長の部屋で行うのですが、沖縄県からは尚（弘子）副知事が来られました。昔の琉球王朝の尚家の末裔と結婚された女性学者でした。内閣官房からは内政審議室に厚生省から出向している先輩の小島比登志さん（昭和47年入省）が出席していました。年金局からは山口局長も近藤審議官も出席していて、局長から「中村君、年金局の考え方を説明しろ」と指示されましたので、自分の本意には沿わないけれど、仕方がないので、「年金局としてはこういうことです」と対処方針を説明しました。すると尚さんが、ハンカチを出して涙を拭きながら、「あまりに厳しい年金課長のお言葉」と言われました（笑）。そうしたら、山口局長も審議官も慌てて、私に向かって「まあまあ、君、君」と制止する。「ずるいなあ」と思ったことがありました（笑）。

とにかく、そういう会議があると、翌日には、必ず沖縄の地元紙の琉球新報と沖縄タイムスの第1面にトップで、大きく報道されました。国会議員に検討状況の中間報告をしなければいけませんので、井上委員長のところに報告に行くと、その直後に委員長の公用車に、琉球新報と沖縄タイムスの記者が、2人とも女性記者なんですが、箱乗りしていくのが見えました。「これは駄目だな」と思いました。委員長に話すことがみんな新聞に出てしまうということで、解決策にたどり着くのが非常に難しいことでした。

中国残留邦人のことも質問表にありますけれども、この件については田中真紀子議員が大きな役割を果たしました。田中角栄元首相が倒れられた後、中国からずいぶんお見舞いを受けたり、中国の鍼治療が効くのではないかとかいろいろなことがあって、真紀子さんはこの問題に非常に熱心でした。確か、1年生か2年生議員でしたが、田中真紀子さんが言うので田中派の老練の幹部である戸井田三郎さん（88〜89年に厚生大臣をされていた方です）が「やってやれ」というので、普通は1〜2年生の議員だけでは事態は動かないのですが、戸井田さんが応援して国会で修正したという経過です。

年金課長⑧：日独年金通算交渉

中村　それから、他にはあまり聞いてくれる人がいないので、ちょっと話しておきたいのですが、日独年金通算協定の交渉のことがあります。日独年金通算協定の交渉については年金局企画課の所管でした。ですから、年金課長は本来、関係ないのですが、94年の年金改正が終わったら、「95年3月にボンで日独年金交渉があるので、君、行かないか」という話になりました。日独年金通算協定の協議は、年に1回行うということで、開催地は東京とボンで交互に行います。つまり、2年に1度はボンで協議するということになります。「君、行かないか」というのは、年金改正で苦労したし、もう年金局で3年目になっていましたので人事異動で変わるだろうし、慰労出張させてやるという感じでした。「行ってもいいですけど、ちゃんとやらせてくれるなら行きます」と申し上げて有難くお引き受けしました。かねてから私は日独年金通算協定が結ばれていないことを不審に思っておりました。1つは、前回の話と関係しますが、大臣官房総務課の審査係長をしている時に大臣の秘書官のサポートをしていました。当時、小沢辰男大臣がドイツに出張することになりました。その際、日独では年金通算協定の問題があるのでドイツを訪問すると説明されました。同行したのが幸田総務課長と山口剛彦秘書官でしたので、審査係として資料作成をしたのでよく覚えています。後に80年代半ばに渡部恒三大臣が、同様に日独年金通産協定の関係でドイツに行くとされていました。このように、大臣出張の口実に使われるのですが、しかし、協議は何も進んでいない。

そこで、ドイツに交渉に行くからには徹底してやると思い、年金局企画課にある書類を全部取り寄せて調べました。すると、そもそもこの問題の発端となった最初の文書が出てきました。1965年頃の文書でした。横尾和子さんが年金局の企画課の係長の時に起案し、局内に供覧した文書でした。デュッセルドルフの日本人会から、「年金が二重取りになっているから何とかしてくれ」という陳情書が来ていたので、それを局内に供覧したものです。それが、私がボンに行くので徹底的にやるぞと言っていたその当時、横尾さんがどのポストにいたかというと何と社会保険庁長官です。係長が社会保険庁長官になる期間を経過しても、協定が結ばれない。これはおかしいと思うわけです。

年金協定への関心は、81年から84年に駐在したスウェーデンの体験にも関係します。スウェーデンの社会保険庁に行くと、年金通算協定を20～30ヵ国と結んでいました。当時のスウェーデンの年金は2階建ての年金で、日本の年金なんかとまったく体系が違っていた。そのスウェーデンとドイツとは年金協定を結んでいる。日本の年金のほうが、スウェーデンの年金より、よほどドイツの年金近い。それで何故結べないのだろうと、不思議に思いました。

さらに、ドイツはアメリカとも結んでいる。つまり、ドイツはあちこちと結んでいてという話で、どうして日本は結べないのか、これはおかしいと思いました。

企画課から取り寄せた記録を調べると、ドイツの担当者が初めて日本に来る直前に、年金局内で検討した記録が残っていました。山口新一郎年金課長の時代の記録でしたので、1970年頃のことだと思います。山口年金課長が、日独年金通算をするにあたっては「これと、これと、これが問題だろう」と3点ほど問題を挙げているのですが、その後の協議の経緯をみますと、その指摘どおりになっていました。その数点をグルグル回っていて、全く協議が進んでいないという状況でした。

これは、日本の年金とドイツの年金と両制度で相撲をとっているようなもので、「こっちが正しい」とか何とか言って、膠着状態に陥っていました。私は、当時の年金局のみんなを説得する譬えで言ったのは、ビデオの規格の譬えでした。日本はベータ方式を主張している。ドイツはVHS方式だ。我々はベータで、「ずっと画像はいい」というように「日本の年金制度は優れている」と言っているけれども、VHSはたくさんのソフトを使えて、つまり、多数の国と協定が結べて普及している。今の議論は、どこともつなげていない日本年金制度がベータであり、「自分のほうがいい」と言っているけど、ドイツは汎用的につながっているVHSで、勝負は既についている。とにかく、これからは、日本はドイツとつなげるようにするということで整理しよう。このようなスタンスで、従来の対処方針を全部書き換えることにしました。当時は近藤審議官が年金局長に昇格していたので、近藤局長のところに「それでやりますからいいですか」と持っていったら、「とにかく不平等条約にならなければいい」と言ってもらいました。不平等でもない、ただつなぐだけだからと新対処方針で臨むことにしました。局内に以前の交渉の記録が残っていて、その中で真面目に交渉したと思えるのは、谷口課長（昭和43年入省）と吉武課長でした。2人のところに行って、新対処方針を報告しました。谷口さんが悔しそうに、「これでいいなら向こうも納得するよな」と言われました。私としては「これでいいに決まっている」と思い、ドイツとの交渉に臨みました。

3月にボンに行き、当方の対処方針を説明するとドイツ側の顔色が変わったのを覚えています。通算協定は数十条あると思いますが、それまではもっぱら最初の2〜3条の問題のある条文だけに終始し、ぜんぶ通読したことがありませんでした。そこで、今回は通読しようということも提案しました。そうしたらドイツ側から提案があって、「おまえ、5月にもう1回来い」ということでした。ドイツ側の説明では、外国と通算協定が結べたら、必ず担当の保険者を決めるということでした。ホワイトカラーの年金保険者はベルリンに本部がある。また、ブルーカラーの年金の保険者は各州にあり、相手国ごとに担当を決めている。日本と締結する場合、担当のブルーカラーの年金の保険者はブラウンシュバイク州（その時は、そういう名前の州があることすら知りませんでした）となっている。次回は、その両方に連れて行くから、とにかくもう1回来るように、ということでした。そこで、異例のことではありましたが、もう1回、5月にドイツに行くことになりました。その際は、約束通りボンから列車でベルリンとブラウンシュバイクに連れて行ってもらい、それぞれの保険者のところへ参りました。特にブラウンシュバイクは、外国との通算協定を担当するのは初めてだということで、大歓迎され、市庁舎でレセプションを開催してくれました。

それでも、実際に協定を締結するまでには詰めも必要なので、それから更に時間がかかりました。帰って来てから、片手間では更に何年かかるかわかりませんので、作業の責任者を明確にして、協定締結作業が進むように体制整備をし、年金協定担当の企画官を置いてもらいました。結局、矢野（朝水）年金局長（昭和44年入省）の時に初めてドイツと年金協定が結べました。年金協定が締結された際、年金局の局長室の横の会議室で打ち上げの会が行われましたが、「どうも中村君が貢献したみたいだから」とか言って（笑）、呼んでもらったことがあります。

以上が、ドイツとの年金協定締結の経緯です。繰り返しになりますが、年金協定については、非常におかしな話だと思っていました。年金局の担当者に、現実に各国で年金がつながっているというイメージが湧かないのですね。やっぱり日本は島国なのだなと思います。年金通算はできるはずであって、できないのは相手が悪いのではなくて、こっちが悪いと思えなかった、というのが問題ではないか。発想が間違っていると思いました。

部分年金の考え方

土田 それでは、最初に基礎的な質問をしてみたいのですが、89年改正を失敗して、そして94年改正が成功したというのは、つまり60歳から65歳に年金が引き上げられた場合、60歳から65歳の間はどうやって収入を確保していくかということで、それで労働省の了承も得たし、それから、報酬比例年金と定額年金と2つ分けて順番にやっていきましたね。89年段階からそういう考え方はあったのですか？

中村 89年改正時には、そのような発想はなかったと思います。

土田 やっぱりそうですか。

中村 キーワードは「部分年金」だと思います。スウェーデンに部分年金という制度があり、それを意識しました。また、支給開始年齢の引き上げは、89年に失敗しているので、工夫が必要だと考えました。位置づけとしては、当時の現実からいうと60歳までは賃金で生活を支える。65歳からは年金をメインに考える。60歳から65歳までの間は、年金と雇用で支えると提案しました。定額部分と報酬比例部分のどちらを削るか、という点にはいろいろ議論がありました。当時の支給開始年齢の引き上げを説明した、下（定額部分）のほうが削れていくという図は、どう見ても変ですよね（笑）。

だいたい、青柳君も矢崎君も、厚生年金の固有のものは報酬比例部分だから、報酬比例部分のほうを削っていって、定額部分はベーシックな部分だから、生活保障という意味ではベーシックのほうを残すという考えでした。図から見ても、土台が残って、上のほうが引っ込んでいるので見栄えがいい。みんなで報酬比例部分を削るという議論をしていたのですが、私が、「いや、だって基礎年金が65歳だから、平等にするには基礎年金部分を削るほうがいいんだ」と提案しました。それで、最初は「変なことを言う課長だな」と言われたけど、とにかく「公平だ」と言って（笑）、それでまず定額部分から支給開始年齢を引き上げることになりました。図で見ると、不安定にみえますでしょう。

もともと1954年に厚生年金法の全面改正で、厚生年金の給付設計が定額部分と報酬比例部分とで組み立てられました。それを、基礎年金制度を創設した時に、定額部分を基礎年金にしました。65歳以降については、1階は基礎年金であり、2階は報酬比例年金である厚生年金という構造になりました。60歳から65歳になるまでの間は、「特別支給の厚生年金」になるわけですが、その1階に当たる定額部分が、つまりこの1階、2階の図は変えられないから、土台が引っ込んでいく形になりました。土台が引っ込んでいたほうが、母屋（2階に当たる部分）を引っ込める時にも具合がいい。こんな不安定な制度はいずれ止めるだろう、将来は廃止するだろう、と思いました。

ということで、年金局の局内では、もうかなり最初の頃から部分年金方式についての議論がなされ、「これでいこう」と決めていました。その際、定額部分と報酬比例部分のどちらを削るかなど、いろいろ検討が行われました。

土田　労働省で、高齢者雇用継続給付という、ちょうど部分年金、部分就労みたいな話が出てきましたけれども、あそこもすり合わせながら決めていったんですか。

中村　94年改正では、当初、雇用保険の失業給付との調整は課題となりましたが、雇用継続給付については、年金局としてはあまり意識しませんでした。それが、同時期に提案されることになったので調整問題が出てきました。結局、年金制度の側で調整することとなりましたが、それは厚生・労働両省の本意ではありませんでした。とにかく、厚生年金の支給開始年齢を65歳に引き上げなければならないということが最優先でした。そのためには、雇用がついてこないという批判が89年改正時からありました。したがって、雇用との接続は極めて重要という認識でした。

だから、基本的には60歳前の定年は禁止する。そして、65歳まで希望する人は働けるようにしてもらうことが必要でした。

しかし、高齢者雇用の促進は急には進まない。支給開始年齢の引き上げには時間をかける必要がありました。引き上げの開始時期についても21世紀に入ってから始めることになりましたので、完成するまで17年かかることになりました。

土田 その段階で、基礎年金を終わった次には報酬比例でやるということは、もう決めていたわけですか。

中村 当時、そこまで局内で決めていたわけではありません。まずは部分年金で、支給開始年齢問題をクリアすることが最優先でしたので。しかし、最終的には厚生年金の支給開始年齢は全面的に65歳にしなければならないとは思っていました。その意味では、部分年金はいつかは廃止されるもの、いわば過渡的なものだとは考えていました。

中尾 国民年金が最初から65歳支給だったので、その基礎年金部分と定額部分を化けさせたという話からすると、国民年金の65歳に定額部分を合わせなければいけないから引っ込めていったということ、てっきり、そっちの議論が先にあったのかというふうに勝手に解釈していたんですけれども。

中村 そういう議論を組み立てたのです（笑）。むしろ、局内の議論では、最初は報酬比例部分から手を着けるという感じでしたね。

年金局と保険局の違い

田中　保険とか福祉のところから年金に行くというのは、初めどういう気持ちだったのですか。

中村　いや、「弱ったことになった」。「弱ったことになった」というのは、年金は自分の性格的にも合わないし(笑)。

土田　どういう意味ですか。

中村　いやいや、私はそれほど緻密でないということです。別の観点から説明しますと、前回もちょっと厚生省論というか、職員論をしましたけど、これは全くの私見ですが、キャリアの中には2タイプあると考えていました。非常に若い時から活躍し、注目されるパターンと、わりと後から注目されるパターンです。若い時に注目されるパターンは、医療保険や年金制度を担当したケースが多いのです。特に、年金はその傾向が強いと感じていました。そうは言っても、医療保険は、医師会があったり、健保組合があったり、要するにステークホルダーが多いので、それでもいろいろなことを配慮しなければならず、大きな仕事をするにはある程度幹部にならなければなりません。しかし、年金は純粋に理屈の世界で、数理と論理が優先します。そうすると、ステークホルダーに対する配慮とか、合意形成をあまり考えなくてもできてしまうので、若手が局内議論を引っ張ることができます。加えて、年金制度は複雑で、その条文を書くというのは非常に細かい仕事になります。例えば、厚生年金の条文を書くのは、年金課の第二係長でしたが、これが花形です。条文は、彼しかわからないと言っても過言ではありません。だから、後日、年金改正法案に誤りがあると指摘されて、大問題になったことがありますが、誤りが何ヵ所あるかはすぐにはわからず、確か2ヵ月くらいかかったことがありました。このことが示すように、年金法は、改正の度に、それまでの既得権を保護するための手当をしているので、本則はシンプルでも、附則は経過措置の塊となっていますので、これを改正するのは本当に職人技の世界です。それも、ものすごい職人技です。国民年金法も厚生年金法も、本文の世界はきれいですけれど、現実には本文の世界では動いていない、附則の世界が密林のようにあるのです。

さらに、年金行政のシステム化の進展があります。そうなると、制度改正した内容が、システム上で稼働できるのかが大問題になります。5年に1度の改正ですが、むしろシステムで対応できる範囲内で制度改正の内容が決まる、つまり、システムに制約されるという問題も出てきます。

ちょっと横道に逸れましたけれども、いずれにしてもこれらが年金行政の特徴なので、係長や課長補佐が大きな発言権をもつことになりやすい。その意味で、若手が注目され、「有名」になりやすいのです。例えば、基礎年金を創設した85年改正時に係長であった青柳君などはその代表選手と言えましょう。

そういう意味では、譬えでいうと、甲子園に出場し、6大学でプレーして、プロ野球みたいな選手が活躍する年金局の世界に、急にリトルリーグから連れてこられたという感じで、私は、「弱ったことになった」と思いました。あまり居心地はよくないなということです。

ただ、私は、前回お話したように、北海道水産部に出向し、ぜんぜん言葉のわからないところに行って、仕事をした経験がありました。その時、「知らないほうが強い」という経験があったので、年金もそれを貫いて、「僕は年金を知らないけど、こうなんじゃないの」というスタンスをとりました。そうすると、何でも言えるということがあります。だから、日独年金通算協定の問題でも、両国の障害年金をめぐり日独の違いがどうで、こうでと言って議論しているけれども、それにこだわらないアプローチを提案できたのだ、と自分では思っています。

また、被用者年金制度間調整法の延長の時も、そのようなことを感じました。私は、その時は内閣審議官併任とされていました。それは、被用者年金制度の調整をするので、厚生省の年金課長というだけでなく、公的年金制度全体の調整も担当するということでした。すると、私の立場は、厚生省の年金課長と、被用者年金の一元化を進める担当者、という両方の立場になりました。そもそも制度間調整法は89年改正チームで、香取（照幸）君（昭和55年入省）が書いた法律でした。制度としては、とにかくもっともらしいことが条文で書いてあるけれども、目的は被用者年金の各制度が、ＪＲ共済を救うためにお金を出し合うという法律で、最後は附則で支援の総額が定めてある、いわば、「奉加帳」を回す法律でした。そういう法律で、当初３年間の支援額が定められていました。その期限が到来するので、それを2年間延長するという法律を出しました。その際、支援額をどうするかが課題となり、その金額の引き下げ交渉が始まりました。とにかく私はまとめなければならないので、被用者年金各制度で圧倒的に大きいのは厚生年金であり、ある程度の負担をするということで、各制度の了解を得ようという方針でした。大蔵省の共済課長や自治省の福利課長、農林水産省の農業協同組合課長、そして文部省の私学共済の担当課を説得して、まとめてくるのですが、年金局に帰って来ると「厚生年金が損する」とか言われて、年金局内で怒られるんですよ。変なことを言う人たちだなと思って、おもしろかったですが(笑)。だって、最終的には被用者年金が一元化され、所管する厚生年金制度に入り、皆が一緒の制度になるのだから、そんなことに目くじら立てなくてもいいと思いましたが、そうでもない反応で、年金局の人たちっておもしろいなという感じでしたね。

土田　でも、３年もいれば慣れたんじゃないですか。

中村　そうでもないですね。

田中　よく聞くのは、年金局の中には厚年派と国年派というのがいたというんですが、94年時点ではどうですか？　そういう派閥みたいなものがあったと考えられますか。

中村　山口さんはもうミスター年金になっていたから、ないと思いますよ。青柳君のように、年金をずっと担当していた人たちの間では、そういうことがあったのかもしれませんが。私は、さっき言ったように無派閥というか、真っ白でしたから（笑）。まあ、何とか派になれるほど、年金の人間になっていないのでしょうね。

山口局長の下での作業

田中　とはいえ、当時の山崎泰彦先生との対談なんかを見ていると、いきなりすぐ論点整理メモというのを出されて、早い段階で方向性を示してきたということですが。

中村　そうですね。当時の年金局長の山口さんは非常にわかりやすい人で、部下としては仕事のやりやすい方でした。しかも、彼は85年の年金改正も経験し、経験も豊富で、非常に安定していました。上司にも2タイプあって、「非常にわかりやすい人」と「わかりにくい人」といるんですが、わかりやすい人の筆頭が山口剛彦さんですね。

反対に、仕事のやり方として、いろいろな可能性を追求して決める人がいます。その場合、最初にある方針で指示を出して作業させて、部下がその結果をもって報告に行くと、前とは真逆の指示を出すというようにして、大きく振りながら探索する上司がいます。部下は大変に困惑するわけですが、それを繰り返しながら収斂していくのです。

山口剛彦さんは、最初からだいたい道筋がわかっていて、ほとんどブレずにいくタイプでした。山口さんが何を考えているかが我々によくわかるし、しかも、その考えている幅を、ほとんど踏み外さずにずっと行く人でした。

山口さんが非常に気にしていたのは、基礎年金の水準をどう決めるかということでした。これは何度も何度も……、「もうちょっと考えさせてくれ」と言いながらいろいろな検証をして、最後に判断されました。私のほうは、局長さえ「うん」と言ってくれれば、すぐ大蔵省の岸本主査と握れるのにという感じでありましたけど（笑）。

田中　基礎年金の給付水準は、具体的にはどういう見方をしているんですか。

中村　例えば、高齢者の消費に対してどういうことになるかとか、そういうことですね。もちろん、それが保険料とかそういうことにどう影響するかということもでした。しかし、山口さんの場合は、やっぱり基礎的な消費支出は基礎年金によって賄われなければいけないという考えでした。85年の制度化以来、そのように説明してきたし、そういったことが今回守れるのかどうか。そういうことが局長室での論点でした。あとは、何といっても支給開始年齢の問題かなあ。

コラム

山口剛彦局長の思い出

山口さんは入省8年先輩。部下として最初に仕事をしたのは大臣官房総務課で山口さんは課長補佐だった。高校時代バスケットの選手だったという、長身でスリムな体格。冷静沈着で、安定感があり、既に老成の感さえあった。総務課補佐から小沢辰男厚生大臣の秘書官になり、大臣交替に伴って総務課の課長補佐に戻られた。

1985年の年金改正は、基礎年金制度を創設した大改正であった。「年金の神様」と言われた山口新一郎年金局長は、法案成立を見ずに現職局長のまま亡くなった。山口剛彦さんは、山口局長の下でその改正を担った年金課長だった。

基礎年金制度の創設に伴い、公務員の年金制度も見直しが迫られた。その法案の審議が大蔵委員会であり、厚生省からは山口年金課長が答弁に当たった。その答弁に感心した当時の竹下登大蔵大臣から、「山口年金課長の答弁を聞いて詠める」という一首の走り書きを渡された。1993年に年金局長に就任した山口さんは、竹下元総理のところに挨拶に行き、くだんの一首が書かれた紙を取り出してお願いしたところ、あらためて筆で清書してくださった。山口さんは、嬉しそうにそのエピソードを紹介しつつ、その書をわれわれに見せてくれたものである。

お酒も嫌いでなく、静かに味わうタイプだった。新宿3丁目には行きつけの店もあった。ある飲み会でお酒を注文する段になると、山口さんが「ちょっと待って」と言って、財布から小さくたたんだ紙を取り出した。名酒のリストが載っていた新聞の切り抜きだった。眼鏡を外してリストを確認していた姿が目に浮かぶ。

私が2008年7月に厚生省を退官した時に、役所の後輩の諸君が今はない虎ノ門パストラルで送別会を開いてくれた。そこに福祉医療機構の理事長を辞められていた山口さんがわざわざ駆けつけてくださり、大変恐縮した。その時、「お元気ですか?」と声をお掛けしたら、「あまり調子が良くなくて」という言葉が返ってきて、少し気に掛かった。

その年の11月に山口ご夫妻の突然の訃報に接した。不条理の極みの事件だった。

支給開始年齢引き上げについての大臣発言

田中　前に近藤純五郎さんにお伺いした時には、大内大臣が金沢のシンポジウムでいきなりポロッと言って、けっこう局内が慌てたということをおっしゃっていましたけれども。

中村　それは、こういうことです。大内大臣が金沢に行くということになって、当時はとにかく年金改正は注目の的だったので、記者さんたちが寄ってきて、「私たちも随行します。中村さん、まさかお土産なしでは帰さないですよね」と言うのです。当時は、今の毎日新聞の政治部長の佐藤千矢子さんとか、読売新聞の林真奈美さん、榊原智子さんとか、そういう皆さんでした。そんな記者さんたちと本当に仲良くなっていたこともあり、「私たちみんな行くから、手ぶらじゃ帰さないよね」ということでした。それで、局長に「どうしましょうか。じゃあ、あれ（部分年金）出しますか」と言って……、近藤さんに断ったかどうか知らないけれども（笑）。断っていると思うけどね。それで、山口さんは「うん」と言って、金沢には、石川県の厚生部勤務の経験がある大塚企画課長に同行してもらい、私は留守番でした。

そうしたらお土産が効きすぎて、大臣の話が終わった途端、記者さんたちはみんな「ギャア」と言って、当時はまだ携帯が普及していなかったのかな、みんなが電話に走っていったとか、ファックスをどうしたとか大騒ぎになったとのことです。その後、記者さんたちが帰ってきて、「中村さん、ひどいじゃないですか」と言うから、「君らがお土産と言ったから、出したんじゃないか」（笑）。そういうことで、それは大臣に言ってもらったのです。「そんな大きな荷物を背負わせてひどい」ということになりましたが、その記事は結構大きく出ました。普段なら私がリークしてしまいますけど（笑）、本件はさすがに大臣発言ですので大ごとになった。でも、それはちゃんと局長に断り、謀った上でやりました。そうか、人によってぜんぜん印象は違うんだ。

田中　大問題になった、ぐらいの感じだったんですけど（笑）。

中村　そうか、近藤さんに断っていなかったか。金沢の大臣発言は、覚悟の上で、そろそろ時期だなというので、していただきました。だから、記者さんたちが「手ぶらで帰さないでくれ」と言うので、お土産を用意したのに、人の好意を無にしてみんな怒ったということです。皆、帰ってきてから「ひどい目に合った」と言っていました。

保険料の引き上げとその歴史的意義

田中　お話を聞いて、決まり方がわかりやすくなりました。塚田議員は、30％を超えないというところを決めてから、先に進めていく。わりと……

中村　もちろん、最終保険料率が30％を超えないというのは我々がずっと意識していたことなんですが。年金改正プロジェクトチームの結論にもっていく時に、まずそこからみんなを説得し、それから部品（改革のメニュー）を並べていって、やっぱり部分年金を入れないと達成できないよね、というところにもっていくやり方は、塚田流でしたね。ハラハラしましたけどね。

中尾　94年改正の教科書的な把握だと、それまでの改正は、給付水準を上昇させていくというか、そこを充実させていくということに焦点があったところから、いかに長期に安定した年金にしていくかに変わってくる。労働と年金をどう調整していくかというので、考え方が変わってくる最初の改正だという把握がなされているのですが、それは意識的に、ここからはもう給付改正とかいう話ではなく、将来を見据えて、人生80年時代でこれからの年金はもっと長期的なものとして考えるんだという、発想の転換が内部にもあって出ているんですか？

中村　いや、転換があったかどうかは知りません。私としては素直だったと思いますが、ずっと年金をやっているわけではないのでそれはわかりません。ただ、とにかく支給開始年齢を引き上げるのであれば、やっぱり働くということと年金ということの役割分担を考えなければいけないし、それが前面に出なければいけない、と考えました。それから、だんだん少子化も起こってきていますので、育児休業中の人に対してどうするかなど、やはり、年金は、社会の中の年金だというふうにしなければいけないという意識は、強くありました。

それから、私が94年の年金改正で年金課長としていちばん注意したことは、じつは大先輩の年金課長経験者から、「君ね、年金改正というのはなんで評価されるか。世間的にはいろいろあるだろうけど、僕らの仲間ではね、何％保険料を引き上げたかが年金課長の評価なんだ。君、それだけは覚えておきなさい」と言われたので、保険料については意識しました。94年改正の保険料の引き上げ幅は、5年間で2・5％でした。過去最高の引き上げ幅であり、国会でも修正されませんでした。2・5％だけれども、一挙に2・5ではなくて、2％と0・85％と2段階で引き上げ、5年間の引き上げ幅としては、2・5％引き上げたことと同じ保険料収入になるようにいたしました。そこは意識してやったのですが、94年時点で、2・5％の引き上げが認められたということと、最終保険料率30％を当時認めたということは、いかに日本社会が、その後のバブル崩壊後の長期低迷ということを予想していなかったことの証拠になると思います。

5年後の99年改正では、年金保険料の凍結がいち早く決められてしまいました。年金改正の史上初めてのことです。それだけ、経済の低迷の度合いが強くなり、年金保険料の引き上げなどには耐えられなくなったのですね。このため、私たちが定めた保険料が10年間続くことになりました。これも予想していなかったことです。

99年改正は、97年の金融機関が崩壊した日本の金融危機があった直後でしたからね。これに対し、94年はまだバブルの余熱が残っていて、保険料引き上げも最後のチャンスだった。年金局内で、週にいっぺん当時の資金運用担当の井口直樹課長（昭和49年入省）から運用状況の報告がありましたが、株価はどんどん下がっていて、ずっと悲報相次ぐ状況でした。94年に、よく2・5％の保険料の引き上げができたと思います。しかも、最終保険料率は30％でした。現行制度では、保険料率は18・3％を上限として、これ以上引き上げられなくなっています。２００４年改正で18・3％の上限が定められました。94年改正については、このことはよく考えていただく必要がありますね。94年改正はその後の経済環境を考えるとギリギリのタイミングで成立した改正だったし、もし我々が、当時、最近までの日本経済を見通せていたら、こういう改革をしたかどうかわからない。つまり、日本経済が、宮崎義一さんの『複合不況』などといろいろ本が書かれていて、どうもおかしいなという議論はしていた時ですけれども、20年以上も経済低迷がつづくという意識はなかったです。

その後、97年の金融危機の時に、政府は、経済政策と社会保障政策とをバラバラに行っていて総合性がないという批判が起きました。97年の健保法改正による患者自己負担の引き上げは、消費税率の引き上げとともに国民負担増に繋がっていて、経済の足を引っ張ったのではないかと言われました。私が密かに思っているのは、厚生年金の保険料率の引き上げ（2段階目）も、もしかしたら影響しているかもしれない、ということです。

そんなことで、直接お答えになっていないかもしれませんけど、いま評価するとしたらギリギリの改正であったと思います。この後、お話に出てくると思いますが、99年チームが直面したのは、「税方式にしろ」とか「2階は民営化しろ」とか、そういう議論です。それとともに企業の会計基準などが変わって、企業年金の財政状況も企業の格付けに影響するようになってきました。以前の企業では、労務部が社会保障や年金問題を議論していたのですが、それからは財務部が前面に出てきました。年金や社会保障は、企業経営全体に影響が出てくるということで、企業本体が議論に乗り出してきたように思います。経済団体でも、日経連がなくなって経団連が中心となるということも、必然性があったと思います。そういう状況の中で、社会保障をめぐる議論は、90年代後半に大きく変わってきますが、94年改正はその前の段階だと思います。

先ほど新日鉄の阿南さんとか、日経連の福岡さんたちが暖かく評価してくれたというのもそこまでで、99年チームになっていると状況が違ったのではないでしょうか。さらに、2004年の年金改正では、マクロ経済スライドを導入し、5年に1度の保険料引き上げはやめて、最終保険料を決めてその中で運営していく仕組みに変わりました。パラダイムの転換がいちばん大きいのは、2004年改正で、それにいくために99年改正では保険料が凍結されてしまった。その前の滑り込みセーフが94年改正だというのが、私の今の評価です。

山田　ある課長から言われたというのは、もし差し支えなければ。

中村　佐々木喜之さんです。昭和35年に厚生省に入省された方で、私より入省年次で13年先輩の方です。非常に記憶に残った言葉でした。

在職老齢年金、可処分所得スライド

山田　平成6年改正では有識者と、特に学識者と関係がよかったということでした。在職老齢年金は、わりあいとスロープをなだらかにするという改正を行ったのですが、残った改正としては、経済学的には就労し始めたらカットされるという部分が大きかったと思うのです。そのバランスというのは、何か局内で議論があったんですか。むしろ、就労し始めるとカットするほうが就労抑制になるとか、そういうことは考えずに、むしろ、その後のほうが重要だと。どちらのほうを先にするかとか、もしそういった議論があったのなら教えていただきたい。それに学識者の意見がどういうふうに関係したかをお教えいただければと思います。

あと、可処分所得スライドについては、年金以外にも医療保険とかいったものが、あまり考慮に入れられなかったのか、それともやはり年金局内の話だから、そういうのは年金保険料だけを考えて可処分所得スライドというふうになったのか、その議論についてご記憶の範囲で教えていただければと思います。

中村 あまり記憶がはっきりしないのですが、60歳代前半はとにかく働くことを奨励しようという議論と、しかし、社会保障なんだから不必要な人にまで給付をする必要がないという、両方で綱引きがありました。清家（篤）先生もいつも言っておられますけど、在職老齢年金が、働くことにブレーキをかけているという議論があります。一方、タクシーに乗ると運転手さんが年金をもらいながら仕事をしていて、「年金があるので賃金は低くても仕方がない。会社もこの賃金なら出せるから俺たち働けるんだ」と言うようなことがあって、私たちの議論の中では、本当に雇用抑制的なのか、高齢者の雇用を促進する要素があるのではないかという、いつも両論があっての議論だったという状況ですね。

しかし、60歳代前半は、雇用と年金で支えるということ、そのためには在職老齢年金については雇用促進的な方向で見直すということは、極めて早い段階で方向性は決めていました。在職老齢年金の調整の方式の細かい話はあまりよく覚えていませんが、賃金が2上がれば、年金を1下げるというアメリカ方式を導入し、調整をなだらかにしました。

年金と賃金との調整については、グラフをいろいろ書いて検討しましたが、そういう作業はみんな矢崎補佐以下のチームが行ってくれました。それを局議といって、局長のところの会議で検討します。年金課はそれぞれ担当が入って、関係のない課は入りませんけど、関係課も入ってそれぞれ議論をし、了解されればそれで進むという形でやっていました。

山田 特に、働き始めたら20%カットについては、議論がなく進んだという感じですか?

中村 2割カットは大蔵省との調整過程で入ったように思います。大蔵省は、そもそも部分年金方式に反対でしたので、部分年金で進むこととしただけに、一層、給付カットにこだわりました。

山田 先ほど土田先生もご質問になっていましたけれども、この後に高年齢雇用継続給付というのが入るわけですけれども、そのアイデアみたいなものというのは何か、年金局と……。

中村 年金局から提案したということはありません。

土田 労働省サイドで進めたということですか。

中村　そのとおりです。そこで、年金と高年齢雇用継続給付との調整が大蔵省から提起されることになりました。このことも、在職老齢年金で2割カットの導入とも関係しました。

土田　ついでに言うと、失業給付をもらっている人は年金をやめると。あれは労働組合がずいぶん反対したんじゃないかなと思ったりしますが、そういう調整も一応、労働省とすり合わせを。

中村　そうですね。それはむしろ、大蔵省のほうが「ぜひやってくれ」ということでした（笑）。それはとにかく、2重給付になるので、筋から言っておかしいから、という議論でした。そこで、労働省と調整することで合意し、法制化したわけです。

第三号被保険者

田中　労働省との関係で、94年に労働省と折衝する時に、3号被保険者のことで労働省は怒っていたりはしなかったんですか？

中村　労働省から直接に3号被保険者のことを言われたことはありません。もしかしたら女性局からあったかもしれないけれども、労働省から意見が出てきたという記憶はありません。女性団体などの勉強会に呼ばれて、図を使って説明したことがあります。3号被保険者の給付を、誰の保険料で賄っているかを説明した概念図です。働く女性たちがよく、「私たちの保険料を3号被保険者の給付に回している」と言うけど、必ずしもそうではない、ということを説明したものです。厚生年金には所得再分配的側面があるから、低所得の人の保険料は3号被保険者に回っていないので、そう単純なものではない。「だから、よく考えないといけませんよね」ということを訴える図でした。保険料を多く払っている人の保険料が回っているというのはあるだろうけど、あなたの保険料が回っているかどうかはよく考える必要があるのです。この図は、広井（良典）さんの『日本の社会保障』（岩波新書）に転載されました。

各種給付改善

田中　あと個別の給付改善みたいなものというのは、どうやって論点として集めてくるものですか？

中村　普段から社会保険事務所に寄せられる苦情ですとか、社会保険審査会（裁判に行く前の不服申し立て）に提訴された事例などです。社会保険審査会の審査官に呼ばれて、「これは何とかして欲しい」という項目のリストをいただきます。障害認定など法律事項ではない項目もありますが、たくさん宿題をいただきます。それを年金課でできるもの・できないものと仕分けをしていきます。それから、年金の制度改正の積み重ねの中で、それぞれのチームでやり残した項目とか、あれはまずかったと忸怩《じくじ》たるところもありますので、それらの事項は検討の対象になります。

田中　無年金障害者の問題も、当時、けっこう話題になっていましたけれども。

中村　そうですね。94年改正ではささやかですが、制度の分立、障害認定時点の差異による障害無年金の救済はしました。

それから、申し上げませんでしたけれども、未納・未加入ということはありましたし、それから質問表にも出ていましたけれども、基礎年金番号についても思い出はあります。当時、社会保険庁に基礎年金番号室長がいましたので、彼に対し基礎年金番号については「これ大事だから、これを使ってもっといろいろできないか」と言ったら、彼の感度はあまりよくありませんでした。その後の年金記録問題が生じたとき、このときのやりとりが思い起こされました。

振り返りますと、私は社会保険庁に対して非常に厳しかったと思います。国民年金の収納率が悪いというので、社会保険庁に大都市対策室がつくられたりしていました。ある専門誌で山崎泰彦教授と対談した際に、「成績が悪いと、どんどん組織が大きくなるようなことをやっているから駄目なんだ」という趣旨の発言をしたところ、社会保険庁の総務課長に呼ばれて「ちゃんと省内で組織決定して、組織要求して設置した室だから、そういうことを言ってもらっちゃ困る」という注意を受けました。しかし、駄目なものは駄目だと言わないから、社会保険庁はよくならないのだと思いました。

中尾　障害年金のところで少しお聞きしたいのですけれども、直近1年要件というのが、今も残り続けていると思いますけれども、85年改正で入って、最初は時限立法で期限があったはずのものが、94年改正で初めて延長されて、そこからずっと延長されることになった、最初の延長の切っ掛けをつくったのが、たぶん94年改正だったと思いますけれども、直近1年要件は、それまでは払っていなくても、とにかく直近1年だけ保険料未納期間がなければオーケーだというところでは、かなり社会保険を逸脱するようなものの1つでもあるかなと思うのですが、そこの評価は局内ではどうだったのかというのはご記憶にありますか？

中村　記憶にないです（笑）。ただ、もうお読みになっているかもしれませんが、『わかりやすい改正年金法』では、ただ「延ばした」としか書いてない。おっしゃるとおり、そういう規定を入れたけれども、それを延ばしましたというのが年金課公定版の説明ですね。

土田　特に、反対も賛成も、あまり議論をした記憶はないと。

中村　障害者に限らず、無年金者については非常に悩ましくて、いろいろな議論をしたと思います。「何でも救えばいいじゃないか」「たいしたことないんだから、みんな拾っちゃえば」というのが私の主張でしたけれども（笑）。やや、恰好よく言うと、「社会保険原理のドグマにとらわれず、社会的ニーズに対応」とのスタンスで、できるだけ広く救済しようと中村・矢崎で主張しましたが、原理主義者？の近藤審議官・青柳企画官の反対にあって、限定的なものになってしまったということです。私は、85年改正で始められた学生の強制適用についても、制度としてはどうかなと思っています。

中尾 障害年金とか、遺族年金と比較的取れるようにというか、受給できるような方向で促すというふうになりがちなんですかね。

中村 そうですね。……（『わかりやすい改正年金法』を見て）。あまり歯切れがよくないな、これも。

中尾 老齢年金はかなり厳しく、資格期が25年というのが、24年11ヵ月でも駄目なものは駄目なんだという。

中村 あれも、私は、短くすればいいと言っていたのですが、青柳君が反対で、「年金の水準は低くては駄目なんだ。中村さんは公的年金の意義をわかっていない」と言われて、えらく怒られました。

土田 青柳さんらしいですね（笑）。

中村 その後、社会保障と税の一体改革の関連法案で、資格期間が10年に短縮されました。その時にも、「ああ、これも青柳君にはきっと怒られるだろうな」と思いました。

それから、可処分所得スライドは、とにかく、現役との均衡を図るために入れようということなので、導入することがいちばんという理解ですすめました。その際、現役の社会保険料と税の負担を考慮することで制度化したと思います。

水道環境部計画課長①：水道法改正、ダイオキシン問題

土田　次に、水道行政についてお願いいたします。

中村　かつての厚生省には、生活衛生局（その前は環境衛生局）があり、そこに、水道行政や廃棄物行政を所管する水道環境部がありました。そこの計画課長になりました。計画課は水道環境部の筆頭課です。旧厚生省の課の中で変わった課というか、特色のある課としてよく名前に出るのが、この水道環境部の計画課とか、昔は薬務局にあった経済課（医薬品の産業政策を担当）です。また、環境衛生局に指導課という課（現在は医薬・生活衛生局の生活衛生課）があり、環境衛生同業組合（クリーニング、公衆浴場、旅館業など）を担当していまして、年金、医療、介護、福祉がメインの仕事とされていた、旧厚生省にあっては異色の存在と考えられていました。

水道環境部の計画課は、予算的にいうと厚生省では唯一の公共事業を担当しているところで、その予算は主計局の厚生担当ではなく、公共事業担当の主計官のところに折衝に行くということになりました。つまり、道路とか港湾とか河川とか、農林省の構造改善事業とか、漁港などの予算と並んで、公共事業費の中に位置づけられていました。公共事業費のシェアは何年もずっと変わらずにいましたが、細川連立政権になり、少しシェアが動いた、というような世界でした。

当時は、廃棄物処理場の排煙からダイオキシンが検出されたということが大問題になった時で

した。ごみを燃やすとダイオキシンが発生する。ちなみに、日本はゴミを燃やす割合が非常に高い国です。職業病かもしれないけど、一時期、新幹線に乗って走っているとやたらゴミ焼却場が目につきました。現在でも、車窓から目に付く立派な建物というと、パチンコ屋か老人ホームかゴミ焼却場だと思います。ダイオキシンの発生を防止するためには、廃棄物処理場の焼却炉を変えて高温で焼却しなければならない。そのために廃棄物処理施設の整備費が必要でした。公共事業は5ヵ年計画を建てて実施します．ちょうど、新しい計画期間になるところでしたので、新計画の策定もしました。

そういう仕事と、あと、橋本（龍太郎）さんが総理大臣の時で、「住宅の値段を下げろ」ということを各省に指示しました。当然、当時の建設省がメインになりましたが、住宅には水回りがあります。水道設備のコストも高いのではないかという話になって、見直しが迫られました。自民党にも規制改革推進派がいて、厳しく迫られました。例えば、水道用の資材は、日本水道協会のマークが入っていないと官公庁が発注する事業では使えないことになっている。要は、民間規制があるということが問題になりました。この日本水道協会とは何かを調べていくと、東京都水道局のＯＢの人たちが主になってつくっている社団法人でした。さらに、水道工事店の指定制度も問題になりました。そもそも水道は、明治以降に大都市から発達した経過から、市町村行政です。水道工事店も、各市町村が指定する仕組みになっていました。そうすると全国的に事業を展開している住宅事業者は、それぞれ市町村ごとに指定を受けないと水道工事ができないことになっていました。当時３３００市町村がありましたから、ぜんぶ許可を取るのは大変です。こういった余分なことがコスト高になっているというので、規制改革の中で、その見直しも課題になりました。

そこで、市町村ごとではなく、国家規格をつくればよいだろうということで、水道給水装置の事業者に関する新制度を作り、規制改革一括法の中で法改正をしました。規制改革の中で、国家規格をつくったので、「インチキな焼け太りだ」と言われましたが、３３００の規制を１つにしますということで、押し通しました（笑）。

水道環境部での私の任務は、本当は、廃棄物処理法の改正でした。産業廃棄物の不法投棄が多いので、それの対策として廃棄物処理法の改正が課題となっていました。そのために水道環境部に行ったのですが、96年の夏の人事異動で1年で替えられて、保険局に行くことになりました。1年しかいなかったので、廃棄物処理法の改正には入り口でとどまってしまい、本格的にはタッチできませんでした。

また、当時は菅（直人）さんが大臣に就任されて、省内は薬害エイズ問題で大変でした。菅さんの足元の日の出町のゴミ処理問題があって、賛成派・反対派がみんな菅さんのところに陳情に来るということがありました。東京都では、23区内のゴミは最終的には東京湾で埋め立て処理ができるのですが、23区以外のゴミはそれができなくて、ぜんぶ自分のところ（内陸）で処理しなければなりませんでした。菅大臣の選挙区は武蔵野市ですので、地元で処理する地域に当たります。その最終処分場が日の出町にあったのですが、満杯になるので第二処分場の建設が必要になりました。

菅さんの支持団体には第二処分場の建設の反対派が多く、他方、菅さんの地元である都下の市町の首長さんたちは、第二処分場の推進派でした。大臣が進退窮まっている時に、私たちが一所懸命に対応したので、省内には菅さんに怒られた人が多いのですが、水道環境部は例外でした（笑）。

水道環境部計画課長②：新人研修テキストの作成

中村 薬害エイズ問題では、厚生省内はすごく落ち込んでいました。省内に再発防止のための検討チームが有志によってつくられたりしました。私は人の育て方にも問題があるのではないかと思い、ささやかですが、水道環境部で新入生に対する研修を実施しました。2ヵ月間、週に1回のペースで新人教育をしました。対象は、入省1年目、2年目の者で、事務官、医系技官、衛生工学の技官、地方自治体からの出向者（調査員）がいました。そのためのテキストも作成しました。本編と資料編があるという構成です。昔であれば、ビールでも飲みながら先輩から教えられたことを、体系化し、マニュアル化したものです。政策研究される皆さんにも、役所を知る上では参考になるのではないでしょうか。

土田 これをつくった翌月に、もう替わったわけですね。これを置き土産に。

中村 ああ、そうですね。夏の異動で替わりました。

山田 これが、いまだに代々伝わっているという。

中村 いや、そんなことはないでしょう。省内では、公式なものとして閣議提出案件の処理方法であるとか、税制改正のマニュアルなどはつくられています。それはあくまでも仕事上のマニュアルで、水道環境部で私的に作成したものには、公式版では書けないような、踏み込んだ話が含まれています。

中尾 共通して、どこの課でもこういう形で考えているというものですね。

中村 官庁で仕事をするうえで、見晴らしを良くしたいという思いでした。

平成9年健保法改正等

保険局企画課長①：医療保険財政の逼迫、逆風の省内の状況

中村　保険局の企画課になります。平成9年（97年）の健保法の改正ですが、質問順にいくと、まず、1992年以降、医療保険財政が悪化してきていました。1996年7月に作成された保険局の「医療制度改革を考える」というパンフレットでは、92年からの数字をあげて、資金が枯渇する状況を訴えています。医療保険財政が次第に悪化し、積立金がなくなるということです。将来推計では、年々赤字額が増え、政管健保のみならず、組合健保も、国保もみんな財政が苦しいことを示しています。このように、医療保険改革が必須であるという状況でした。これが、私の保険局企画課の始まりでした。

政管健保の財政は1993年に12年ぶりに赤字になり、97年で積立金はマイナスになるので、97年改革は待ったなしだということで取り組みました。ところが、厚生省は、90年代半ばから介護保険の創設に向けて舵を切っていました。直前の保険局長は岡光（序治）さんでしたが、岡光

さんは介護保険の創設に非常に熱心に取り組み、医療保険のほうは率直に言ってあまり関心がなかったと聞いております。企画課長を引き継いだ時は、そういうような状態でした。96年の夏の人事異動で、岡光保険局長が事務次官になって、山口剛彦さんが官房長から保険局長になられました。審議官が大塚さんで、94年の年金改正のメンバーが再集結しました。山口さんは官房長の時に薬害エイズ問題で本当に苦労して、大変に疲れた印象を受けました。多田（宏）さんが岡光さんの前の事務次官でしたが、多田さんはエイズ事件の時に菅大臣に翻弄されてしまったと私は感じました。多田さんも不本意ではなかったかと思います。省内の布陣は、岡光次官、山口保険局長、羽毛田（信吾）老人保健福祉局長で、羽毛田局長は介護保険の制度化を担当するというものでした。

96年の11月に岡光事件が起こり、急遽、山口さんが次官になることになりました。保険局長には高木（俊明）さん（昭和43年入省）が児童家庭局長から回ってこられました。医療保険制度改正に向けて医療保険審議会の意見書を取りまとめたのは1996年12月でした。保険局内の検討は、介護保険シフトであまり医療保険のほうは詰まっていない上に、岡光事件が発生し山口保険局長はいなくなるし、どうなるんだと思いました。

前任の保険局企画課長は辻哲夫さんでしたが、引き継ぎの際に、ただただお金がないので「とにかく君、老人1割負担、健保本人2割負担、薬剤3割負担、ホップ・ステップ・ジャンプというくらいやらないとならないので、とにかくやってください」ということでした。

コラム

困難を極めた97年改正と高木局長

破綻に瀕した医療保険財政を救うための97年改正は、国民に「負担増」を求める改正であり、元々困難が予想されていた。法案提出までに半年しかないというタイミングで、保険局は山口局長以下新チームで取り組むこととなった。

スタート早々、96年11月に岡光事件が起こった。急遽、山口局長が次官に就任することとなり、後任として高木俊明児童家庭局長が保険局長に就任した。高木さんは児童福祉法の改正に向けて精力的に取り組んでいたので、中途で交替となり残念であったことと思う。児童家庭局では、大泉博子企画課長が、交替する高木局長を涙ながらに送別したという話が伝わってきた。新保険局長として、自分が設計した訳ではない路線を驀進中の列車に飛び乗らされることとなり、迷惑至極であったろう。

高木さんは1968年（昭和43年）の入省で、医療保険財政が厳しい時代の保険局を経験し、年金課の係長として大幅な給付改善を実現した73年の年金法改正に従事している。その後、審査係長、大臣秘書官を務めるなど、若い時から逸材として評価されていた。課長補佐時代も、局長や課長から指示されても自分が納得できないことには従わないという、「強い信念の持ち主」としても有名だった。

１９９０年の福祉八法の改正のとき、高木さんは老人保健福祉部の企画課長だった。大蔵省、自治省との折衝で行き詰まり、法案の閣議決定が大幅に遅延するという事態になったとき、最後に乗り出してきて、抵抗する老人福祉課を説得して両省との協議をまとめたのは高木さんだった。高木さんの手法は、「肉を切らせて骨を切る」といった趣があり、味方も一定の「犠牲」を覚悟しなければならなかったのだ。

高木局長は、それまで自分が述べてきた方針と真逆の方針に変更することがあった。部下としては思わず顔を見るのであるが、局長は顔色1つ変えない。そこには、取り巻く状況の変化とか、それなりの理由があるのだが、理解できないと「付いていけない」ということになりかねなかった。高木さんは意に介せず、詳しく説明するタイプではなかった。孤高のリーダーだった。

１９９７年の医療保険改正は、自社さ政権下で与党間調整が難航し、予算編成が終わっても日本医師会の巻き返しでセットされた案が変更を余儀なくされるなど、ジェットコースターに乗ったような状況だった。これを切り抜けることができたのは高木局長の剛腕があったからだ。

98年の診療報酬改定では、全閣僚を深夜まで待たせるという「激突型」となったが、1984年以来のマイナス改定で決着し、厚生省は厳しく設定された予算のシーリングをクリアすることができた。高木局長の下でなければありえなかった道行だったと思う。

しかし、部下の企画課長であった私としては、局長を補佐するという職責を十分果たせていただろうかと慙愧の念に堪えず、今でも当時のことを反芻しているのである。

保険局企画課長②：法案の形成過程――与党協議会と自民党部会の軋轢

中村　当時は、自社さの連立政権でした。1996年年末の予算編成に向けては、サラリーマンの2割負担は仕方がないと認めるが、これだけでは足りないというので、老人の定率負担と薬剤の別途負担が焦点となりました。日本医師会は「老人の定率負担は絶対反対、薬剤負担も論外」です。その日本医師会が自民党に強力に働きかけます。社会党は負担増には当然、抵抗感があります。それから、社会党・さきがけには医療改革はしたいという思いがあります。その医療改革というのは、例えば、消費者主権に基づき、もっと患者の声を反映するとか、領収書の発行を義務付けるなどで、当時の日本医師会とは対立する方向でした。

厚生大臣は小泉さんでした。大臣は、細かいことは言わない方でしたが、とにかく「わかりやすくしろ」ということを指示されました（笑）。保険局では、本人2割負担は断固撃ち抜こうということになりました。薬剤別途負担は省内段階でいろいろ議論し、案を組み立てました。大臣に説明すると「なに、薬代も取るのか」、「わかりにくい」というのが大臣の反応でした。我々としては、「こんなに薬剤比率も高くて」と説明に努めました。大臣は「2割とか3割とか、わかりにくいなあ」と言われます。私が、「1種類、1日15円程度の負担です」と言ったら、「それはわかりやすい。じゃ、定額15円だ」と、定額で進むことが決まりました。

老人の患者負担については、高木局長になって「1割、2割、3割なんて、こんなむき出しの鉄筋コンクリートみたいな案では駄目だよ。とにかく保険財政が苦しいので、財政効果さえあればいいんだろう。定率負担は医師会が絶対駄目なのだから、今は財政効果さえあればいいので、定額負担だ」と決められました。そこで、外来1日8００円、入院1日1８００円という原案になりました。財政対策上、これが必要額でした。それだけでは芸がないから、医療費が伸びたら医療費スライドで、法律を変えなくても自己負担額がスライドできるようにするというのが原案でした。

自民党では、丹羽さんが医療基本問題調査会長でした。自民党の幹部と保険局との調整・折衝に入ったんですが、老人の患者負担について役所の原案を示したところ、「こんな高い負担は認められない」ということで丹羽さんが「入院1日1000円、外来500円」と一挙に引き下げてしまいました。我々は反対したのですが、「もうこれでやる」と言われて押し切られてしまいました。

自社さ政権ですので、与党3党で調整しなければなりません。94年の年金改正の8会派でやっていた時よりは3党ですので少ないわけですが、「与党医療保険制度改革協議会」が設置され、丹羽さんが座長となりました。患者負担の増には社会党が反対しますので、丹羽さんの下では、なかなかまとまらなくなりました。協議会という現場レベルでまとまらないと政調会長会議、幹事長会議に持ち上げることになります。自民党は、当時の政調会長が山崎拓さんで、幹事長が加藤紘一さんでした。厚生大臣が小泉純一郎さんですので、YKKでこの問題に取り組む形になりました。協議会でまとまらないと政調会長の山崎拓さんのところに持って行って、それでまとまらないと幹事長まで登場することになります。「3幹3政」と言って、3党の幹事長、政調会長の6人で集まる会議があって、そこで決めてもらうことになりました。

幹事長や政調会長は、健保法だけでなく、あらゆる分野を担当します。そうするといろいろ取引材料を持っているので、社会党は患者負担の引き上げは反対だけれども、社会党として他にもやって欲しいことがあるわけです。そうすると、丹羽さんの範囲ではカードを切れないけど、山崎政調会長になると、「あっちで言うことを聞くから、こっちは認めろ」と言うことができます。そういうことで「貸し借り」ができるし、そうやって上にあげることで、3幹3政で、政府の予算に健保法改正の内容を計上することを了承し、厚生・大蔵の事前大臣折衝をやって、健保法改正案の内容と予算案がまとまることになりました。

このようにしてまとまり、政府の予算案が各省に内示された後になっても、日本医師会の巻き返しがあって、低所得者の入院の自己負担の特例をつくるとか、外来1日500円を毎回ではなくて月4回までとか、そういう条件がさらに付けられることになりました。また、与党協議会と自民党部会の間にも軋轢ができて、与党協議会でまとまった案を丹羽さんが自民党に持って帰ると、党の厚生部会でみんなからつるし上げられるという事態になりました。つまり、与党協の丹羽さんとしてはまとめなければならない、しかし、自民党の部会としてはバックの団体の言うことを聞かなければいけない。部会の議員さんは医師会からネジを巻かれるのです。このような形で物事が停滞しがちでした。

当時の日本医師会長は坪井（栄孝）さんでしたけれども、山崎政調会長を信頼し、頼りにされていたようでした。そこで、山崎政調会長が仕切って、日医の了解を取るということがありました。

これは未だ、健保法改正について審議会で審議しているころのことですが、日本医師会の糸氏（英吉）副会長が審議会委員として出席していましたところ、あまりに審議会の中での医師会攻撃が激しいので（当時は役所のOBも審議会委員に入れるということがあって、大蔵省のOBの委員が盛んに医師会を攻めたてたのです）、席を蹴って帰ってしまったという「事件」がありました。以後、医師会の審議会ボイコットが続き、役所としては大いに困ったのですが、その時も山崎さんが取りなしてくれて、医師会が審議会に復帰したということもありました。

保険局企画課長③：国会での修正過程

中村　苦労してまとめた法案を国会に提出したところ、自民党の長勢甚遠厚生部会長が「こんな案では駄目だ」と言って、薬剤の別途負担について修正をし、保険料率も引き下げる修正をされました。これは、さっき言った、丹羽座長がまとめたことに対して不満があるという厚生部会の声をバックにして、修正を行ったということであります。

その法案が参議院に送付されたところ、今度は社会党の今井澄議員、五島（正規）議員――2人とも医師ですが、旧社会党のいわば医療行政の重鎮が、「この修正は駄目だ」と言ってまた元に戻すということになりました。

97年改正の結論としては、健保本人の1割負担を2割負担に、外来時の薬剤別途負担には修正が入り、高齢者の患者負担は入院1日300円が1000円に、外来月400円が毎回500円（月4回まで）となりました。

ということで、本当に負担増だけの改正でしたし、自社さ連立の下で非常に大変でした。それから年金と違って医療には様々な利害関係団体がありますから、政策決定過程が年金よりももっと生臭くなっているということです。

保険局企画課長④：医療保険改革案

中村　この健保法改正案は、国民に負担増をもたらすものなので、与党協議会では法案審議に平行して「改革プログラム」をつくろうということになりました。このため、保険局は、法案の国会対応と与党の協議会対応を同時にすることになりました。自民党と協議してまとめた案も含めて、「丹羽案」として協議会に出しても、なかなかまとまりません。そうこうしているうちに、医療保険制度の抜本改革について、97年度内を目処に検討するということになりました。そのスケジュールも、どんどん前倒しされ、97年3月までに10項目について協議するとか、その都度、宿題がたくさん出ることになりました。

97年4月には、与党協で「医療制度改革の基本方針」がまとめられました。さらに、今回の法改正で97年9月に2割負担が実施されるというので、この健保法改正法が施行されるまでの間に、医療改革プログラムをまとめることになりました。そこで、97年8月7日に厚生省案「21世紀の医療保険制度」をつくって公表しました。厚生省案といっても保険局案ですが、ここで「3割負担にする」と書いたものですから、「なんだ。負担増で駄目だと言っているのに、さらに3割負担を提案している。こんなのは受け取れない」と言って丹羽さんから蹴っ飛ばされてしまいました。そして、与党協は8月末に「21世紀の国民医療」というペーパーを取りまとめました。

97年の健保法改正では、患者負担の引き上げ以外に医療保険福祉審議会の設置が盛り込まれました。そこに制度企画部会が置かれ、ここには利害関係者を入れずに議論できるようにしようということを目指しました。

これらの与党協での検討過程で、繰り返し、繰り返し出てくるのが、医療提供体制の改革、医療保険制度の改革としては、特に、高齢者医療制度の見直し、それから診療報酬、薬価基準の改革です。2000年を目処に実現するよう、精力的に取り組むとされました。

与党協のまとめた「21世紀の国民医療」の中で、医療保険関係者にいちばん注目されたのは、独立型の高齢者医療制度を提案したということです。これは丹羽さんのこだわりでした。「高齢者を対象として、疾病の予防、健康増進から治療までを含めた、独立した高齢者保険制度を創設」と書いてあります。これが発表された途端に、各方面から「保険者は誰になるのか」と言われて、丹羽さんはあまり答えられなくて有耶無耶になりました。しかし、この独立した高齢者保険制度を創設するという提案は、けっこうインパクトを呼んで、その後ずっと、厚生省は独立型に拘束されることになりました。２００６年の医療保険制度改革で、後期高齢者医療保険制度が独立型になったというのは、これの流れです。２００８年４月から後期高齢者医療保険制度が始まっています。１９９７年の「独立した高齢者保険制度を創設」の提言から、10年以上経過して、現行制度となったのです。

保険局企画課長⑤：医療保険福祉審議会制度企画部会

中村　新たに設置された制度企画部会では診療報酬体系、薬価基準制度、老人医療制度の抜本的な見直しについて審議することとされ、審議を開始しました。この審議会をつくる時に小泉純一郎大臣から、「部会長は女性にしてほしい」という注文がつきました。唯一の注文がそれでありまして、そこで東京都の副知事をされた金平輝子さんに無理をいってお願いして、引き受けていただいたという経緯があります。今でも金平さんに会うと、「あなたに騙されて医療保険の審議会を引き受けた。中村さんはひどい人だ」と（笑）言われているのですが、「どうも申し訳ありませんでした」と言うのが精一杯というところです。

制度企画部会は、私は途中で変わってしまいましたが、薬価の参照価格制度について議論したり、診療報酬についてもいろいろ議論していただきましたけれども、なかなか難航し、2002年の健保法改正まで持ち越されました。2002年の3割負担の導入時もまた、自民党と官邸が対立した関係で、たくさんの検討規定の附則が付き、その附則の宿題を片付けてきたのが、その後の医療保険制度、医療制度の歩みだと言えましょう。例えば、今年（2018年）4月から始まった国民健康保険の保険者を都道府県にするというところまでの改革は、みんな2002年の健康保険法の改正の附則が起源となります。97年の一連の与党協の方針とか制度企画部会の議論は、その検討に踏み出したのだけれども、まだこの時点ではまとめきれなかった、と総括できるでしょう。

保険局企画課長⑥：1998年診療報酬改定

中村　97年の健保法改正ですが、こういう改革をしても医療保険財政はあまり長くはもたないだろうという予測でした。与党協では2000年度までに改革という文言が出ていましたけれども、5年くらいたったら医療保険改革をもう1回しなければいけないというのは、97年改正に従事した人間の基本認識でした。そこで、その後に出てくる小渕（恵三）総理の下で、初めて、官邸で「社会保障構造の在り方を考える有識者会議」がつくられるのですが、その時の厚生省にとってのミッションは2つありました。

1つは、1990年代末に起こった、年金を税方式にするとか、厚生年金を民営化するとか、いままでの社会保障の論議を大きく逸脱するような議論が出ていることへの対応です。社会保障改革はしなければならないけれども、当時行われている議論は間違っているというのが我々の基本認識でした。社会保障改革の議論を、何とかきちんとした路線に戻すことが1つのミッションでした。

2つ目のミッションは、これから避けられない次の医療保険改革に対して、布石を打てるかどうかということでした。97年の法改正と平行して、橋本内閣は沢山の改革に取り組んでいました。金融ビッグバンなどです。その1つの大きな柱が、財政構造改革で、97年6月に財政構造改革の推進について閣議決定し、97年12月に財政構造改革法を成立させました。これを受けて、政府は財政構造改革に取り組むことになります。97年後半に金融危機があって、98年12月には財政構造改革法の停止法が出ますが、いずれにしても98年度予算は財政構造改革法の下でつくらなければならなかったので、非常に厳しい予算編成になりました。

97年6月の閣議決定で、社会保障予算については、対前年度の伸び率を高齢者数の伸びによるやむを得ない影響分＝2％程度にするということになりました。そこで社会保障予算の8000億円超の当然増については、5000億円を上回る削減をするということになりました。医療費については6000億円の当然増だったのですが、1800億円しか要求できないことになりました。そこで医療費を４２００億円削らなければいけないというのが、１９９８年の保険局が直面した課題でした。そこで、98年にもう1度、医療保険の制度改正が必要になりました。ただ、医療費の伸びも落ちてきているからということで、要縮減額もそれなりに減らせるのではないか、ということもありました。

保険局の企画課長は、３つの医療費をぜんぶ調整しなければいけない役割を負っていました。1つは政管健保の医療費です。これは、社会保険庁が保険者として責任を持つ医療費です。政管健保の医療費は直轄事業です。ここが赤字になると厚生省としては子会社が赤字になるようなものですから、政管の医療費がどうなるかは一大関心事です。２つ目は、国民健康保険制度があります。給付費の半分は国庫負担であり、こちらの医療費がどうなるかを見なければ予算編成はできません。３つ目は、老人医療費があります。こちらは、当時は老人保健福祉局が老人医療費を所管しています。老人診療報酬は中医協で議論されますが、その医療費については老人保健福祉局が所管しています。しかし、医療保険者は老人医療費拠出金を負担しますので、医療保険の医療費に影響があります。この３つの医療費の伸びをそれぞれの担当課が持ってきます。それを見ながら、どれだけ医療費が伸びるかというのを調整し、予算を組むのが保険局の企画課長の仕事になりました。98年度予算編成では精査した結果、３２６０億円が要対策額になりました。

それを制度改正と診療報酬で達成しなければなりませんでした。98年度予算では、主として診療報酬のマイナス改定で多くの財源を出すことになりました。98年4月は診療報酬改定の年でしたので、中医協でマイナス改定を決めてもらわなければならなくなりました。これは、薬の値段を引き下げて、それで生じた財源を医療機関に「技術料」で返すのですが、普通の改定は薬の値段を下げて生じた財源に国の予算の若干足して診療報酬を改定するのですが、98年改定は、薬の引き下げで得た財源の一部しか医療機関の診療報酬引き上げには充てないことになりました。いわゆるマイナス改定でした。これは1984年以来のマイナス改定でしたので、医療界は強く反発しました。

1997年12月19日、この日は政府の予算編成に関する閣僚会議を開く日で、夕方の5時に全閣僚が集まることになっていました。当日、昼から中医協が開催されたのですが、審議がまとまりせん。まだ中医協をやっているというので、閣僚会議が開けず、全閣僚を待たせることになりました。夜の7時になっても、8時になってもまとまらない。まだ待っている、という状況が続き、結局、閣僚を待たせたまま深夜12時を超えて、やっと中医協を閉じることになりました。それから閣僚会議を開くことになり、12月20日に予算の当初内示ができたということでした。前代未聞の中医協になりました。当時、次官が山口さんで、官房長が近藤純五郎さんでした。2人からしょっちゅう、「どうなっているんだ」と催促が入りました。冬で、中医協の会場の厚生省の講堂は寒く、暖房があまり効かなくて寒さで震えながらやっているのに、「まだまとまらないのか」と頻繁に言ってくる。

そうしたら、後で聞いたのですが、沖縄開発庁長官が、当時、鈴木宗男さんで、もう夕方5時から待たされているから「どうなっているんだ、厚生省は」という話になったそうです。沖縄開発庁振興第四課長として、後に厚生労働審議官になった栄畑潤君（昭和53年入省）が出向していたので、鈴木長官から栄畑君に「おまえ、厚生省はどうなっているんだ」と詰問されたそうです。栄畑君は、「大臣もご存じの羽毛田と中村が一所懸命やっていますから、こらえてつかぁさい」と言ったという（笑）。それで、大臣は「そうか。それじゃあしょうがないな」と言ってくれたそうです。羽毛田・中村は北海道庁出向組です（笑）。そういうことがあって、栄畑君には、「私が抑えたんですから」とよく言われました。このような経過でマイナス改定になりました。それで何とか予算が組めたということです。

98年度予算はこのようにして、何とか組んだのですが、世の中は大不況になったので、98年に入って、総合経済対策、緊急経済対策が相次いで発動されることになりました。小泉さんが、「社会保障だけ削られてこんなに公共事業に金が回るんだったら、もうこれ（財政構造改革法）を止めなければ大臣を辞める」と言って官邸にねじ込んだ、というエピソードもありまして、財政構造改革法は停止されました。しかし、我々はそのプロセスの中で、中医協や98年の法律改正と大いに苦労させられました。

98年の制度改正は、老人医療費の拠出金を各制度で負担しているのですが、退職者医療の人たちの拠出金分は国保で負担していました。その国保で負担している分の半分は退職者医療のほうで、つまり、被用者で負担することにしました。このことによって、国保で負担している分が半分に減ります。すると、国保の拠出金の半分は国費だから、玉突きで国費が減るというので、4〜500億円の国費の削減ができました。要対策額の3200億円のうちの残りの分は、診療報酬のマイナス改定で調達したということです。

このような仕事を担当しましたので、私はコストカッターとして医療界ではすごく有名になりました。保健局企画課長の時に、こういう法律改正やマイナス改定をしました。ところが、その後の2000年の改定は、近藤保険局長、辻審議官の下でしたが、マイナスにはしなかったんです。その2年後の2002年は、また私が審議官で、3割負担とマイナス改定ですから、私にはカットの役が回ってくる（笑）。巡り合わせですが、役所は同じ人の引き継ぎを何回かする羽目になるので文句は言えないですが、それにしても、カットするのは私ということになりました。医療界の人にはそういう中村さんと見られていると思います。だいたいそんなところですね。

与党協と厚生省の対応

土田 1つ、ざっくりした話ですけれども、与党協などいろいろ揉めますよね。そういう時というのは、僕は裏側で厚生省が何らかの形でサジェスションを与えるとか、こういう方向が望ましいとか、そういう助言をしながら動いているのかなと思ったんですけれども。

中村　いや、与党協は、事務局としては、それぞれ政党の事務局が入ります。自民党本部の政調の職員がいます。社会保障分野は長く2人の女性が担当していました。その女性2人は必ず入っています。それから、社会党も誰か担当者が入っている。さきがけは入っていたかどうかわかりませんが、一応建前としては、彼らが事務局になります。実質的には役所がサポートしますので、役所も機能としては事務局です。そして、政治家同士の議論になりますが、「役所はどうなんだ」と必ず聞かれますので、資料は役所が準備して提供しますし、その意味では実質的に議論に参加します。

与党の協議会の際には、記者さんたちに取り囲まれます。自社さ政権の時も、与党の会議する部屋というのは国会内にありますけれども、そこでやるとみんなに見張られるので、夜、場所を移してやろうという話になりました。与党協の皆さんに、「夜7時からダイヤモンドホテルでやる。これは秘密ですから」と言って、一旦解散します。当時、麹町にダイヤモンドホテルがあって、準備のために私たちが6時半くらいにそこに着くと、ロビーに記者さんたちがいて「あっちの会議室ですよ」と教えてくれる（笑）。情報を漏らす人がいて、困るのです。

そのホテルでは、丹羽さんが座長で、メンバーは、自民党が自見庄三郎さんと長勢甚遠さんなど三人でした。社会党の先生が2人いて、さきがけは堂本（暁子）さんでした。三党で協議していると、「あっちの会議室ですよ」というくらいだから記者さんもまたずっと見張っています。さすがに記者さんたちには「廊下のこっちまでは来ないで」と言って協議をしていると、自見さんと長勢さんが「ちょっと失礼」と言って、三党協議の隣にまた部屋をとってあって、その部屋から医師会に電話して、「これでいいか」と相談しているのが聞こえます。そうすると、「いちいち医師会にお伺いを立てている」と言って堂本さんとかは怒ります。雰囲気がよくありません。丹羽さんはまとめ役だから、そういうことも聞こえているけれども何にも言えない。そんな有様で協議は難航しました。

土田　事前にレクチャーして、「この範囲内で収めてくれ」というような、そういう誘導は？

中村　いや、さっき言ったように、自民党でも、相談しても役所の原案が突破されるくらいですから、なかなかコントロールは効きません。もちろん、それこそ堂本さんのところにも行くし、社会党の上山和人議員（鹿児島選出の参議院議員で高教組の出身の人格者の方）のところにも行きました。社会党やさきがけは特定の要求があるわけではなく、もっと医療をよくして欲しいというようなことでした。自民党は具体的に負担増は嫌だとかの主張があります。それは先生たちの意向というよりも、日本医師会の意向です。だって、電話して了解を取ろうとしているくらいだから。まして、自見さんは声が大きいから新聞記者さんたちにも聞こえてしまいます。

土田 具体的にいうと、例えば、薬価で参照価格を入れると。あの時には、与党協自体で決めますよね。

中村 ええ。

土田 そういうところと、その前に出てきた厚生省案でも、一応参照価格を入れると。そういうあたりは非常によく似ているので、そのへんは……。

中村 厚生省がまとめた「21世紀の医療保険制度」が与党協から忌避されたのは、もっぱら患者負担の引き上げの部分でしたので、それ以外は与党協で取り入れるところは取り入れるという対応だったと思います。当面の課題でない事項はいろいろ書けるのですが、具体的な制度設計事項となると、大きな議論になります。参照価格制度などはそういう問題であり、厚生省の方でも制度企画部会の主要テーマでありましたが、合意形成ができませんでした。医師会だけの問題ではなくて、製薬業界なども登場し、ステークホルダーが増えてきます。

土田 結局、参照価格は日医の反対が強くて。

中村 そうですね。償還基準額を超えると患者負担となりますからね。

「4つの選択肢」の真意

土田 それから、高齢者医療制度の4案が出てきましたね。あれも、与党協の案と厚生省の案とほとんど同じタイプで出てきて、何をやるかは違いますけれども。ああいう案が出てくる時も、厚生省がちゃんと……

中村　97年の与党協は、高齢者医療制度については独立保険方式を打ち出しており、厚生省とは全く相容れません。

我々は、当然、実施したいという制度については制度設計をしますが、あの4案というのは逆にいうと、まとめないための提示でした。厚生省が何かしたいというわけではなくて、いかにまとまらないかということを明らかにするために出している4案ですね。どれも合意が取れないですよね。例えば、「別建て」は日本医師会が主張していますが、その別建て案は、高齢者の医療費9割は税金で負担するという案ですので、世の中では通らないわけです。それから、「突き抜け案」は連合が言っていますが、本当に突き抜け案がいいかどうかは議論があります。丹羽さんが「別建て」と言っているし、突き抜け案は基本的には通らないわけです。塩野谷祐一さんは「リスク構造調整」を支持されました。理屈としてはわかるし、ドイツでも採用している制度です。これは考えてみれば、現行制度では「70歳以上の医療費を調整」しているわけで、それに対して見直せという議論がある中で、「ゼロ歳から調整しよう」というので、傷口に塩を塗り込むようなものだから（笑）、こういう案は取れないわけです。それから、国保中央会は「一本化」と言っているけど、一本化と言ったって、他方には健保連があり、絶対に「嫌だ」と言うに決まっている。だから、この問題はいかにまとまらないかを示すために、4案を出しているのです。だから、あの4案を出したということは、高齢者医療制度の見直しは、今回は実現しないということを示すものだと思います。新しい高齢者医療制度をつくれと、みんな簡単にいうけど、「本当にやるのですか」ということを世間に示す必要がありました。

土田　あの時は、プラス・マイナスを示して終わりましたよね。

中村　まとまる自信があれば、別のアプローチをしたと思います。だから、2002年の改正も4案を出した上で、要は、老人医療費というお神輿が重いんだから、それを軽くするしかないとして、対象年齢の引き上げ（70歳から75歳へ）と公費負担の割合を増やしたわけです（3割から5割へ）。

土田　僕は、97年改正というのは、かなり見込みがあって出してきた議論かなと思っていましたので。

中村　いいえ、あれは見込みがないから出しました。ただ「できません」と言っていると、「やる気がない」と叱られます。だから、いかに見込みがないかを可視化したのです。

土田　僕は、参照価格なんか、あと一歩ぐらいに思っていましたけど（笑）。

中村　参照価格は、提案したのですがうまくいきませんでした。

田中　今の中間意見書の4案を出した時は、中村さんは関与されていたんですか？

中村　厚生労働省になってから作成された資料で4案が説明されていますので、私が審議官になっていました。

田中　書いたのは、どなただったんですか。

中村　たぶん、書いたかもしれない（笑）。相談した記憶はあります。鈴木俊彦君（昭和59年入省）がいたから、確か、鈴木君がまとめたと記憶しています。

田中　保険者の単位で、わりと都道府県みたいなのがちょっと出始めている時期なのかなと思ったんですけれども。

中村　それは、自民党からは拒否されましたけれども、1997年8月に出した厚生省案は、医療保険制度の抜本改革案を出しています。第1案と第2案をつくって、第1案はぜんぶ地域保険にするという案でした。地域保険にする際、保険者を都道府県にするか市町村にするかというバリエーションで出していたと思います。

田中　市町村の場合でも、財政単位は都道府県という感じで。

中村　そうそう。それで出していて、第2案のほうは、保険者が分立した中で別建てでの高齢者医療制度をつくる案でした。費用負担のほうは、3割負担原則でした。もう1つは、一定程度の保険対象外＝免責的な部分を入れる案もつくりました。これらをきちんと議論すればおもしろいことだったと思いますけれども、とにかく冒頭の3割負担で与党からは全く無視されました。

3割負担を提案するくらい、97年の制度改正をしても医療保険財政はあまりもたないという認識がありました。また、当時の保険局としては、「言うことははっきり言おう」というスタンスでした。一種、破れかぶれみたいなところもありました。97年の年末の中医協でも決定的に議論するくらい、もう本当に真剣勝負になっていました。だから、全閣僚を待たせるところまでいってしまいました。役人としてはちょっと減点かもしれません。

田中　審議も原則公開みたいなに、最後はなるんですね。平成10年9月くらいから、そういうふうに変えたりとか。

中村　私たちが心配したのは、公開するのはいいけど、中医協委員がみんな困るのではないかと思いましたけどね。公開すると、議論が建前だけになってしまいますね。

保険局における被用者保険と国保

田中　保険局の企画課長の視点というのがすごくおもしろいなと思ってお伺いしていたんですが、被用者保険と国保と、あとは老人のほうもあるんですけど、どういうふうに見ていたのかなというのがいつも気になるところなんですけど。

中村　国保は、基本的には国保課長がみんなやっていて、あまり表に出てきません。昔は、「保険局のチベット」という言葉があったくらい、ぜんぶ自己完結している世界です。もちろん市町村長さんからいろいろ言われるという大変さはありますけど、自分のところで何でもできてしまうところがあって、国保はわりあい放っておけ、というところです。

反対に、いちばん放っておけないのが政管健保です。保険局のパンフレットでも、必ず政管健保が出てきます。要するに、健保組合は自主的な組織ですから、いざとなったら保険料を上げればいいという理解です。健保組合の所管の保険課長は大変かもしれませんが、全体の医療費を考える企画課長の立場では、どうしても政管健保の財政が優先となります。医療費の伸びという観点からは、老人医療費が問題となります。老人医療費が伸びると拠出金が増え、そのことで保険者から苦情が出てきます。結局、保険料の問題になるので、保険局につけが回ってきます。そこで、担当の各課に、「早くちゃんと医療費の見込みを出せ」とそこは厳しく言います。けれども、見込みを間違えば、役所として影響が大きいのはいちばん政管健保ですので、やっぱり政管健保が様々な政策の出発点になります。

土田　いま田中さんが聞いたことに関連するんですけれども、国保を巡る審議会がなくて、医療保険審議会が92年ぐらいだと思います。その頃から、例えば、国保であれば基盤安定制度で、最初、半額だったのが定額にして、そして、また半額に戻しますよね。それでまた予算が増えてしまうし。それから、財政安定化支援費も１０００億とか取ってきますね。ですから、国の財政がどんどん国保に傾いていって、国保は、実質的に半分以上国費で支えるということになる。やはり被保険者のリスク構造が変化していくわけですから、もう少し早く抜本的な改正をやるという案がなかったものかと。ちょっと変な言い方ですけれども。そういう4つの課題が上がってくる時に、国保があまり見えてこないというか。

中村　やっぱり、国保は、保険者が3300の市町村であるということが大きいです。厚生省が保険者ではないということで、大きな違いがあります。国は制度設計には責任がありますが、財政責任は直接には国にきません。ワンクッションあるということです。しかし、国保は財政的に弱いから、何だかんだ名目を付けて国費を入れたり、自治省と協議して、いろいろ地方財政措置を講じたりしているわけです。

2008年に全国健康保険協会がつくられ、政管健保ではなくなりました。協会けんぽは、このところ、料率は10%で留まっていますけれども、発足後数年間は、保険料率が上がりました。私が心配するのは、医療保険財政について、ひいては制度改正に対する感度が弱くなっているのではないかということです。従来は、国が財政責任を負う政管健保だから、その財政が行き詰まると改革をやらざるを得なくなって、改革のエネルギーが出たけれども、現在は直接保険者ではなくなっており、表現は悪いが、みんな人ごとになっている。財政が悪化したら保険料を上げればいいとして、別に制度改正しなくても済むみたいなことにならないか、という懸念です。これに対して、年金はまさに国の事業で、全国一本でやっていて逃げようがありません。

なぜ、心配するかというと、かつての医療保険の歴史を辿ると、ずっと政管健保の財政問題が契機となって制度改正が行われてきたわけです。これからは、何をもって制度改革のバネにするのかというのは、非常に大きい課題だと思います。

そう考えると、「社会保障関係費の伸びを5000億円に留めろ」とか、そういう他律的な基準で追い込まれない限り、制度改正に向けて動かなくなってしまうという懸念です。つまり、改革も、自発的に行う改革と、追い込まれてやる改革と2つある。追い込まれてやる改革がよくないのは、追い込まれてやると本当に辻褄あわせみたいな改革になってしまうということで、それさえクリアすればいいとなりがちです。だから、骨太方針2015で、社会保障関係費の伸びは、3年間にわたり、毎年5000億円以内と決められましたが、そのうち2回は薬価の引き下げによるマイナス改定で切り抜けたわけです。本当の意味での構造改革になっていません。制度改正にしても総報酬制に変えて、国の負担を保険料に回すという話になって、経団連から改革は「社会保障給付費そのものを伸ばさないようにしてほしい」、「保険料が増えるような見直しはやめてほしい」と言われています。それは当然だと思いますね。そういう意味で、よほどしっかり意識して医療保険の政策に取り組んでいかないと、その場、その場の取り繕いになってしまいます。追い込まれながらでも、やりたいことをやるということができれば、それはそれでいいと思いますけれども。

土田　でも、国保の失敗みたいなものは、介護保険に生きているなという感じがする時がありますけどね。

中村　それはそうですね。いろいろ意見はあるけれども、介護保険が基本的に破綻せずこれまで来ているのは、基本骨格がよくできている、ということだと思います。介護保険ができて18年が経過しています。1961年に皆保険ができてから1980年までの18年と比べると、その安定度はまったく違います。もちろん、時代背景も違うし、政治状況も違うし、経済状況も大いに違うので、単純な比較はできませんが。やっぱり介護保険の制度設計は、医療保険で失敗したことから学び、財源についても明確に規定し、各市町村のサービス量に応じて保険料が決まるなど、骨格がしっかりしています。

大臣官房政策課長①：連立政権の調整役、経済戦略会議への対応

中村　最後のところですが、大臣官房政策課長に98年夏からなりました。厚生労働省になるまで、2001年1月5日までの期間でした。大臣官房のことをお話させていただきますと、55年体制の時は大臣官房の総務課長がキーパーソンでした。それは、政策決定過程で自民党の部会が圧倒的に重要でしたからです。閣議決定を要する重要案件は、与党の事前審査が必要です。自民党の部会を動かして、その部会で法案などを了承してもらわなければなりません。要するに、自

民党の部会を「回す」ことが重要で、その仕事を担当するのが、大臣官房の総務課です。そこで、官房総務課長が重要ポストになります。もう1つは、予算について大蔵省と調整する会計課長です。特に、シーリングが設定されてからは、大蔵省に要求する前に省内調整をしなければならなくなり、会計課長の重要性が増しました。だから、総務課長と会計課長がトップを争う人材であるというのは、省内の見方となっていました。しかし、連立政権ができて、政策決定過程に変化が生じました。細川連立政権から、与党間協議が必要になってきました。そうすると、自民党の部会をセットするということの重要性は低下します。公党間の協議になりますので、政策が重要になります。そこでは政策課長の出番が多くなります。例えば、江利川（毅）政策課長（昭和45年入省）がそこで誕生し、辻さんが政策課長になりました。そのようにして、政権の政策決定プロセスが変わる中で、人事配置も変わってきたように思います。

加えて、村山（富市）政権から規制改革が本格化してきました。そこに各省が呼ばれて、ヒアリングに応じるなどの仕事が増してきました。それらの窓口も政策課が担当します。つまり、そういう政策マターの切り盛りもしなければいけないという時代になってきて、政策課の比重が上がってきました。私が政策課長になった時には、小渕内閣で経済戦略会議ができて、そこで99年の年金改正における保険料の引き上げは凍結する議論が急に出てきて、それで決まってしまうことになりました。

経済戦略会議の「日本経済再生への戦略」では、基礎年金は将来的には税方式とする、年金の2階部分は完全民営化する、介護については税財源でのサービスの確保が言われています。99年ですから、介護保険を施行する直前の提言です。医療については、老人保健制度を廃止し、税財源で行う。さらに、競争原理の導入、薬価の自由価格制への移行などが提言されていました。各経済団体、経団連も経済同友会も同じような提案でした。日経連は、さすがにちょっと違いますが、連合まで、基礎年金については、できる限り税方式と主張しました。これは、矢野年金局長と連合とは関係がよくなく、矢野年金局長に対して怒った村上忠行さん（総合局長）が、「そんなことを言うなら税方式と言ってやる」と言って、税方式に踏み切りました。吉武さんが年金担当の審議官になって「連合とぜんぜんパイプがないので、中村君が間を取り持ってくれ」と言うので、政策課長室に村上さんが来た時に、どういうわけか吉武さんが顔を出したということにしました。「おまえのところに行ったときに、吉武が勝手に来るなら俺はいいよ」と村上さんにも事前にそのことを了解してもらいました。そのようにして両者がやっと会えるくらい、連合との関係は駄目でした。

1999年10月4日に自民党と自由党が連立することになりました。その際の連立の協議で、自由党は、基礎年金、老人医療、高齢者介護は全額税方式とすることを主張しました。その財源は消費税が想定されていました。消費税率を5％に引き上げたばかりで、とても消費税率の再引き上げなどできない状況でした。財源の確保もできないので、「国分の消費税は高齢者3経費に充てる」ということで合意に達しました。基礎年金の3分の1の国庫負担、老人医療費の2割分の国庫負担、介護保険制度の4分の1の国庫負担（高齢者3経費）には消費税を充てることになったのです。こういう政治状況の下で、先ほど申し上げましたように、社会保障の議論は、年金の税方式などを含め、経済戦略会議などで議論されていました。厚生省としては経済戦略会議に説明する機会を設けていただくように何度も要請しましたが、なかなか実現しませんでした。やっと1度だけ、99年9月に「経済戦略会議委員との政策対話」が行われました。当日は、座長の樋口廣太郎さん、中谷巌さん、森稔さんなどがおられました。当方は、宮島（彰）総務審議官（昭和45年入省）、辻哲夫、堤修三（昭和46年入省）の両審議官と私でした。「社会保障制度についての基本的な考え方」というペーパーを提出し、私から、社会保障の基本を説明するとともに、「税方式導入の問題点」など経済戦略会議の社会保障改革案に全面的に反論しました。終わった後、エレベーターのところで森ビル社長の森稔さんが新聞記者から取材を受けていて、「厚生省の人は社会主義者であることがわかった」とか言っておられるのが聞こえました。

大臣官房政策課長②：厚生白書で反論

中村　政策課長の仕事として厚生白書の作成があります。それで、99年版の厚生白書を書くことになりましたので、社会保障の原点に立ち返って論じることとし、経済戦略会議などへの反論のつもりで作成したのが、「社会保障と国民生活」を総論とした99年版の厚生白書です。政府の白書は「目黒のさんま」のようなところがあります。作成した原文は非常におもしろいのですが、各省協議していると「ここを削れ」、「あそこを修正しろ」などの注文がついて、油が抜かれてパサパサしたみたいになるのです。われわれの白書もそのような注文が様々つきました。一例をあげると、「国民負担率」をめぐる記述があります。第二臨調以来、国民負担率を高齢化のピークにおいても50％以下にとどめるべきとされてきました。この白書では、「国民負担率をめぐる議論」として、実質的にはこの見解に反論しています。さらに、「純負担率」などについてもコラムを設けました。このコラムは、当時、田中滋教授が研究会を主宰されていて、レポートを出していましたので、それを引用したものです。負担と給付の差である「ネットの負担率」について国際比較すると、高福祉・高負担の国スウェーデンと日本との差はあまりない、ということです。要するに、「負担」だけでなく、「給付」も考えないといけないという主張でした。また、大蔵省は対国民所得比で国民負担率を発表していますが、白書では対GDP比も出そうとして、これに反対する大蔵省と綱引きになりました。結局、白書では両方を並べて表示しました。対国民所得比だと、外国と日本の差が大きく見えることがわかります。さらに、この白書では、社会保障の歴史も紹介し、どのようにして社会保障が形成・発展してきたかについても説明しました。

発表後は、「教科書みたいな白書だ」と言われましたが、単純な税方式議論に対しての反論として書いたのがこの厚生白書です。

翌年の２０００年版の厚生白書は、２００1年版からは厚生労働白書になりましたので『厚生白書』としては最後のものです。この白書の総論は、「新しい高齢者像を求めて」です。社会保障を担当していて気になっていたのが、「分裂した高齢者像」でした。医療保険などを担当して、国会の厚生委員会などに出ると、患者負担を引き上げると、高齢者は医療にかかれなくなって、すぐ死んでしまう、というような議論をしています。同じ国会でも他の委員会では、高齢者の資産が何兆円で、高齢者しかお金を持っていない。そのお金をどのように世の中で回すか、といった議論をしています。高齢者像が分裂しているのではないか、実際のところどうなんだろうか、という問題意識でこの白書に取り組みました。高齢者の実像に迫るべく、手を変え、品を変え、分析を重ねました。意図が十分に達成されたとは言えませんでしたが、少しでも実像に迫ろうとしたというところには、それなりの意義があったと考えています。これが最後の厚生白書です。

大臣官房政策課長③：21世紀の社会保障構造の在り方を考える有識者会議の設置経緯

中村　そうしているうちに、また丹羽さんが出てきますが、丹羽さんが99年の秋に2度目の厚生大臣になりました。介護保険法が施行される２０００年４月が迫っていた時期でした。一方で、野中（広務）官房長官や亀井静香政調会長などから、介護保険制度に対する懸念や施行の延期などが、繰り返し、繰り返し出てきました。丹羽大臣は、このことを大変に憂慮されていました。省内に設置された介護保険制度実施推進本部が大変なので、政策課も広報を手伝うように指示されました。「広報支援」なのですが、しだいに「後方支援」になっていきました。大臣が直接、国民に語りかけたいというので、丹羽大臣の講演会も開催しました。そういうことをやっている中で、また丹羽大臣から「4月から保険料を徴収することになるので、高齢者のための施策を議論したい」というお話がありました。これは丹羽大臣らしいのですが、「安心して老いるための検討会」といったものを設置したいという意向でした。調べてもらったらいいと思いますが、1999年10月の日経新聞に、「厚生大臣が検討会を設置」という記事が載りました。そうしたら、その日のうちに大蔵省出身の細川（興一）総理秘書官（つい最近まで日本政策銀行の総裁）から電話がかかってきて、「君ね、官邸で社会保障の検討会を設置するので、厚生省ではするな」ということでした。そこで細川さんのところ駆けつけると「なんだこれは。社会保障は大問題だから、がっちりした検討会を総理直轄でやりたい。だから、丹羽大臣を説得しろ」という話になりました。それが「社会保障構造の在り方を考える有識者会議」の設置の発端でした。

総理秘書官からの話なので、事務次官であった羽毛田さんに、「次官、どうします？」と相談しました。「君、悪いけど、古川さんに話してみて」と羽毛田次官が言われるので、そこで古川官房副長官のところに行きました。古川さんは、「厚生省は年金審や医療保険の審議会で議論しているけれど、保険料しか決められないよね」と言われ、社会保障の財源には税もあるのだから、これからの社会保障は官邸で議論した方がいい、という趣旨のことを話されました。「甲子園」と言われたか、「国技館」言われたか覚えていませんが、そのような大舞台で勝負すべきだとおっしゃいました。それを羽毛田次官に復命し、それではこの話に乗ろうということになり、大臣にもお話をして、「社会保障構造の在り方を考える有識者会議」が設置されることになりました。有斐閣の本で古川さんのオーラルヒストリーの部分を読みました。古川さんの記憶とは少し違うようですが、この部分については、私のほうが正確だと思います。

「社会保障構造の在り方を考える有識者会議」の設置ですが、事務局は、形式的には内閣官房（副長官補）ですが、実質は厚生省の政策課が担うことになりました。委員の選考、依頼から始まりましたが、委員は19人、座長は貝塚啓明教授にお願いし、今井敬、高木剛、坪井栄孝、矢崎義雄、石弘光、清家篤、渡辺恒雄といったオールスターキャストでした。社会保障に限ってのトピックで、官邸で審議するのは初めてであり、かつ、経済戦略会議を意識していたこともあって、委員はこのような方々にお願いしました。内閣官房副長官補は、財務省41年入省の豪腕で知られる竹島（一彦）さんでした。後に公取の委員長になられました。政府内では、竹島さんがこの会議を取り仕切りますので、私は大蔵省の田中一穂厚生担当主計官とともに、竹島さんの下にたびたび呼ばれました。竹島さんから「ちゃんとやらなくちゃ駄目だ」と言われつつ、運営したのがこの有識者会議です。

私は田中主計官と相談して、「(竹島さんが) そうは言っても、こうこうこうだよね」と、会議の運営やとりまとめの方向性について2人で談合した案をつくって、竹島さんのところに持って行くのですが、竹島さんは私に言わないで、「田中、これでいいのか」と一喝するのです。一穂は下を向いて、「考え直します」って、すぐ裏切る (笑)。2人になってから「なんだ、おまえ」と言うと、要するに竹島さんが主計局の農林担当の主査の時に主計局総務課の1年生として入ったのが田中一穂という関係で、竹島さんにはぜんぜん頭が上がりません。「しようがないな。じゃあ、僕が説得する」ということになり、竹島さんをいろいろと説得する、というような次第で運営していきました。

有識者会議の19名のメンバーには、私がリストをつくって厚生省内の担当を1人ずつ貼り付けました。例えば、辻さんはナベツネ (渡辺恒雄) さんのところとか、堤さんは理論家だから石 (弘光) さんのところに行ってくれ、とか。貝塚 (啓明) さんと坪井さんは私がやることにして、後は各局筆頭課長クラスで、河 (幹夫) 君 (昭和50年入省) はどこに行ってくれとか、そのようにぜんぶ割り振りをしました。有識者会議が開催される前後に、必ず政策課長室に集まって、「次の会はこういう資料を出して、こういうことで議論するから説明に行ってくれ。その結果はちゃんと報告して欲しい」とお願いしたのです。

有識者会議の報告書が『21世紀に向けての社会保障』で、２０００年の10月にまとまりました。社会保障給付に関するシミュレーションをやって、「①負担を増大させずに給付の見直していくケースと、②負担を増大させても、現行のままの給付を確保していくケースとの二つの両極を示し、その幅の中の選択である」ということを提起しました。「もし、医療に関して負担を増大させないとしたら、医療費81兆円の時に40兆円は患者負担になる」ということを示しました。報告書に書いてあります。

大臣官房政策課長④：医療費の総枠管理論

中村　この『21世紀に向けての社会保障』では、医療保険については、こういう文書が入っています。「どのような負担の仕組みをとるとしても、医療費、特に伸びが著しい老人医療費については、経済の動向と大きく乖離しないよう、何らかの形でその伸びを抑制する枠組みをつくらなければならないのではないか」というものです。これが、後に医療費の総枠管理論と言われるものの初出です。竹島さんのところに行くと、田中主計官に「これでよいのか」と叱咤されます。そこで、主計局は改革メニューを列挙しようとします。現在の財務省も、いろいろな改革メニューを提案していますが、当時もそのような展開になりそうでした。私は、「そんなことを書いても意味がないから、いちばん本質的なことを書いておいたほうがいい」と説得して、先に挙げた文章が盛り込まれたという経過です。ですから、医療費や医療保険制度について、具体的な方策などは書いていなくて、医療費について何が問題かをきちんと認識してもらうことが大事だろうという思いで提案しました。

当時、2年に一度、診療報酬を改定することが定着しました。その都度、みんながプラス改定だ、マイナス改定だと大騒ぎしていました。私はいつも言っていたのですが、診療報酬改定は、「(医療費が上昇するという) 上りのエスカレーターに乗っていて、そのエスカレーターを一歩上にあがるか、二歩下にさがるかであり、診療報酬の改定幅で大騒ぎしているけど、本質は (医療費という) エスカレーターが上がっていることではないか」と考えていました。そういうことを理解して問題を立てて、その解決をするようにすべきである。だから、「われわれは、上りのエスカレーターに乗っているということを理解してもらえるようなことを書いて、そこを問題提起すれば十分で、あとの改革は厚生省に任せればいいでしょう」と説得しました。竹島さんも「わかった」と言ってくれて、報告書が作成されました。その後、いわゆる「伸び率管理」は、経済財政諮問会議から提起され、厚生労働省は防戦にまわるということになりました。「伸び率管理」のスタートは、この報告書であり、その意図と経過は以上のとおりです。

国民医療費の伸びの要因が分析されています。そうすると、診療報酬改定の寄与率は、当時、年率0・7%でした、潮位が上昇する中での「さざ波」のようなものだというのが、私の見方でした。そういう状況の中で日本医師会長の坪井さん自身、「老人医療費の大出血を止める」と言っているのだから、先ほどの文章を「書きましょう」と提案しました。97年の改正の効果は5年程度と予測していたので、2000年代初頭の医療保険改革が課題になると思いました。このように「社会保障構造の在り方を考える有識者会議」ではいろいろな議論はあったけれど、とにかくその後の足掛かりになることを1つ書いておけばよく、あとは社会保障を担当する厚生省が行えばよい、という考えでした。

厚生労働省の誕生と社会保障改革の議論

厚生労働省の誕生——組織文化の違いと統合の利点

中村　労働省との統合問題については、厚生省と労働省は昭和22年に分かれて、それ以来、「近親憎悪的」であったと私は理解していますが、労働省は厚生省ともっとも疎遠であった役所でした。例えば、キャリアの人事交流について言えば、旧内務省である自治省、警察庁とは人事交流がありました。大蔵省、総理府とも人事交流がありました。しかし、労働省とは全くありませんでした。医系技官のような専門職は別ですが。ある厚生省の先輩からは、「労働省は何も仕事をしないところだ」と聞かされました。私が間近で見ているだけでも、労働省が調理の技能検定を実施するというので、調理師法を所管している厚生省と大騒動になりました。ホームヘルパーについても、労働省が所管する家政婦紹介所との関係や労働法制の適用をめぐり大喧嘩するとか、犬猿の仲でした。

年金改正では、89年の改正の際は、労働省との関係はうまくいかなかったのですが、私はさっき申し上げましたように、94年の年金改正の関係で労働省の人たちにいろいろ教えられたこともあって、あまり抵抗感がありませんでした。それから90年の福祉八法改正以来、自治労との関係もあり、労働組合との付き合いも続いていましたので、厚生省の中では労働省と接することが多かった人間の1人ではないかと思います。振り返ってみると、その後、私は障害者自立支援法の国会審を担当し、２００５～8年のほんの束の間ですが障害者行政も担当しました。障害行政において、地域移行や就労促進を進めていく上で、労働省と一緒になってよかったと思います。子ども・子育てに関しても、保育所の整備などとワーク・ライフ・バランスの確立を車の両輪として進めていかなければならず、雇用均等・児童家庭局はできて本当に良かったと思います。そういう意味でメリットが大きかった。

ただ、労働省と厚生省には違いがあります。労働省は直轄行政です。ハローワークは国営だし、労働基準監督署も国の機関です。他方、厚生行政は、年金のような直轄行政の分野もありますが、旧内務省以来の伝統で、基本は都道府県、市町村を通じて仕事をする分野が多い、そこがまったく違います。私は組織論としては、厚生労働省の中に労働庁をつくったほうがよかったのではないか、と思っています。労働行政は直轄行政であり、かつ、労使で決める。審議会も労使に中立が加わった3者構成です。このようにまとまっているので、確かに、厚生省とは文化が違っています。警察行政でもあるし、直轄機関ですので、上下関係が明確です。厚生労働省になってから老健局で経験したことですが、局長室で議論をしている時、労働省育ちの職員にとって、こういう議論は初めてで、「局長室でそういうこと言っていいんですか」と言われました。水道環境部時代に作成した資料（「新入生の研修の実施について」）にも書いてあるけど、会議で発言しない人間は来なくていい（笑）。厚生省は、そういう文化で、議論する時は平等で、「いいことを言った人は勝ち」的なところがあります。だから、年金局は係長でも威張れるということになるのですが、そういう面が確かにあるのです。それが労働省にはないので、初めて来た人はカルチャーショックを受けていたようですね。両省の違いは、そのへんかなと思いました。

社会保障構造の在り方を考える有識者会議

田中　有識者会議は、省内では反発とかそういったものはどうでしたか？

中村　有識者会議の設置については、そもそも官邸主導でしたので、反対は「ありません」というか、「できません」というのが正確です。窓口を担当する政策課長として気をつけたのは、何のためにやっているか、何を目指しているかということを、省内に徹底することでした。そこで、さっき申し上げたように、各局の審議官とか筆頭課長を招集いたしました。また、各人に当事者意識を持ってもらうため、有識者ごとに担当を決め「マンツーマン」シフトを敷きました。そして、まず、省内で有識者会議に提出する資料についての説明会を開いて、各担当の委員に事前説明で回ってもらいました。その際の、各委員のコメントなども報告してもらいました。1回目にお話したとおり、私は審査係長をやっていた時に、10年以上先輩の補佐とも対等に仕事していた経験があるので、政策課長時代の審議官・部長クラスは、辻さん、堤さん、小島（比登志・社会保険庁運営部長）さんなど、せいぜい2〜3年上の人たちで、「幼友だち」みたいなものですから（笑）。「お兄さん、やってよ」という感じで、お願いしていました。報告書などの政策作業は政策課でいたしました。

土田　そうですか。僕はそれを、非常におもしろく読んだんですよね。

中村　私たちが書きました。

土田　おそらくそうだろうな、と思って。

中村　当時の内閣官房は、各省から出向した課長クラスの内閣審議官が大部屋にいるだけで、作業部隊の職員はいませんから、私たちが原案を書きました。貝塚座長が、「冒頭は自分が書く」といって「はしがき」は先生が書き下ろされました。

山田　有識者会議ですけれども、もちろん厚生省側もいろいろとご説明に行っていたと思いますけれども、財務省はどうだったんですか。それは一切……？

中村　いや、貝塚座長のところなどには、当然、行くとは思いますけれども、彼らは人手がないですからね。だって、厚生担当といっても主計官が、今は2人いますけれども当時は1人、それに主査が6係くらいだから、せいぜい7人です。根回しだけが仕事ではないでしょうから。もちろん、要所には行くと思います。彼らは、必ず上を抑えるという手法ですから。例えば、官邸を抑えるとか、幹事長を抑える、政調会長を抑える。動員できる人数が少ないし、トップさえ抑えればいい、というのが彼らの考えです。有識者会議について言えば、まず、貝塚さんは当時、財政研究所の所長をされていて大蔵省内に部屋がありましたので、貝塚さんには通いやすかったと思います。

税方式論の台頭

田中　あと、もう1つ。この頃は、何を読んでも、税方式で、民営化しろということばかり。どこからそういう議論が湧いてきていたのですか？

中村　やっぱり、企業負担、とりわけ保険料の負担が困るということだと思います。だから、財界は「税金でやって欲しい。その際は、財界の負担にならない消費税でやって欲しい」ということが基本だったと思います。保険料負担がなければよいということです。それから、小沢一郎さんたちの影響力が大きかったと思います。自由党の主張はほとんど経済戦略会議などの主張と同じで、自由党の主張は、当時の小沢さんの主張でした。「社会保障は必要最小限のことをすればいい。その必要最小限の社会保障は国の責任で行う。その財源は消費税」というのが小沢さんの議論の組み立てで、だから、斎藤（次郎）次官と組んで国民福祉税をぶち上げたわけです。それは細川連立の時から変わっておらず、当時は、まだそれが残っていた。当時の自由党の幹部は野田毅さん、それから藤井裕久さんです。野田さんが自自連立の際に自由党から自治大臣に就任しました。自由党の幹事長が藤井裕久さんでした。その2人が、後年の「社会保障と税の一体改革」の時は、藤井さんは与党・民主党の財務大臣、民主党の税調会長であり、野田さんは野党・自民党の税調会長でした。だから、この元々の消費税増税派が、与野党両サイドにいて、消費税率の引き上げをしたという形になります。

土田　本日も貴重なお話ありがとうございました。

厚生行政オーラルヒストリー

第3回　ヒアリング

日　時　2018年10月5日(金) 13時30分～17時00分

場　所　医療介護福祉政策研究フォーラム

聞き手　土田　武史(早稲田大学　名誉教授)

菅沼　　隆(立教大学経済学部　教授)

松本　由美(大分大学福祉健康科学部　講師)

田中聡一郎(関東学院大学経済学部　講師)

第3回　質問表　平成14年健康保険法改正および平成17年介護保険法改正に関する質問表

２０００年代の社会保障行政に関わる事柄についてお伺いしたいと思います。なるべく当時、ご一緒にお仕事をされた方々（上司・同僚・部下）の名前を挙げてお話頂きますと大変有難く存じます。

平成14年健康保険法改正

※第1次小泉内閣（13年4月～：坂口大臣）、自公保連立政権

1　改正過程（平成13年1月～14年8月：大臣官房審議官）

・審議官（医療保険・医政）の役割、『医療制度改革の課題と視点』の狙い。　※当時インタビューでは四案は重要でない。

・小泉政権の政策形成（経済財政諮問会議、総合規制改革会議）。官邸と与党の対立と厚労省の立ち位置。

・混合診療解禁論への対応と見送りまでのプロセス。

・8月「医療保険改革試案」（老人医療費伸び率管理制度、7割給付で統一）↓11月「医療制度改革大綱」（老人医療費の伸び率抑制のための「指針」、「必要な時に」7割給付で統一）。

※なぜ管理制度は×、7割給付は○？

・小泉総理の「三方一両損」はどこから来たのか？
・12月診療報酬改定での議論の様子（史上最大の下げ幅2・7％、技術料も引き下げ）。
・2月の政府・与党合意：3割負担統一（将来にわたって7割給付）、医療保険の一元化、社会保険庁民営化論、高齢者医療制度の創設検討　※なぜ追加合意が必要となったのか。社会保険庁民営化論が出てきた理由。

2　改革内容：

・給付負担の見直し（7割給付、高齢者1割負担と一定所得以上2割、総報酬割導入、政管健保の保険料引き下げ）。
・後期高齢者への重点化（老人医療の対象年齢70→75歳、公費負担3→5割、老人加入率の上限撤廃）。
・国保財政基盤の強化（広域化支援基金、高額医療費共同事業の拡充・制度化、低所得者を抱える保険者へ支援）。

3　その後の展開：なぜ独立保険方式に　※ご異動後ですが……

・14年9月坂口私案（全年齢リスク構造調整方式）の提案→14年12月厚生労働省試案「医療保険制度の体系の在り方」（A案：全年齢リスク構造調整方式、B案：独立保険方式）→15年3月基本方針（独立保険方式）の流れ。

平成17年介護保険法改正

※第1／2／3次小泉内閣（13年4月～16年9月：坂口大臣、16年9月～17年10月：尾辻大臣）

1　**平成15年4月介護報酬改定（平成14年8月～17年8月：老健局長）**

・平成13年4月～介護給付費分科会の議論。各団体の要望や反発（医師会、健保連、全国老人福祉施設協議会、全国老人保健施設協会、日本看護協会、日本介護福祉士会、地方団体）。

・改定率▲2・3％（在宅0・1％、施設▲4・0％）。

議論：保険料上昇をできる限り抑え、在宅重視。家事援助から生活援助へ変更。ユニットケアを評価。

要介護認定のばらつき（ソフト改定）や保険料の地域差、1号保険料13％UPの受け止め。

2　**平成17年6月介護保険法改正**

・平成15年3月～6月「高齢者介護研究会」、15年7月～16年1月「高齢者リハビリテーション研究会」の設置の意図。※16年12月　痴呆↓認知症と改称。

・「2015年の高齢者介護」報告書：「高齢者の尊厳」という理念を打ち出した理由。着想・アイディアの源：介護予防、地域包括ケアシステム、新たな住まい、小規模多機能、ユニットケアの普及。

・平成15年5月から16年7月「介護保険部会」での議論。特に「被保険者・受給者の範囲」の拡大に関する意見をまとめるまでの論議。
・改革内容：効率化・予防重視（新予防給付、地域支援事業の創設）、施設給付見直し（居住費用・食費見直し、補足給付）、新サービス（地域密着型サービス：小規模多機能、夜間対応型訪問介護、地域包括支援センターなど）。
・その他：支援費制度との統合問題、三位一体改革の進行（16年6月から具体案を議論）の影響、介護療養病床の廃止（17年12月）との関係。

平成14年健康保険法改正

大臣官房審議官①：着任時の課題

土田　最初に、健康保険法改正をお話いただきたいと思います。

中村　2001年1月に厚生省と労働省が一緒になって厚生労働省になりまして、それまで大臣官房の政策課長をしていたのですが、1月6日に厚生労働省になった時に人事異動があって、大臣官房の審議官になりました。担当は保険局と医政局、つまり、医療保険と医療提供体制の担当審議官になりました。大塚（義治）局長で、スウェーデン大使をやった渡辺（芳樹）さん（昭和50年入省）が総務課長で、あと宮島俊彦さん（昭和52年入省）が国保課長、いま政策研究大学院大学の教授になっている島崎（謙治）さん（昭和53年入省）が保険課長という、今から思うとなかなか楽しいメンバーでした。それから、いま国立医療福祉大学の副学長をしている松谷（有希雄）さんが医系技官で医療課長でした。亡くなってしまいましたけれども、太鼓地（武）さんが調査課長でした。

大塚局長とは、老人保健福祉部で大塚さんが筆頭課長で私が老人福祉課長、それから年金局で彼が企画課長で私が年金課長、大臣官房の時に彼が官房長で私が政策課長ということでした。入省した時に大塚さんが隣の老人保健課の主査で、私が入った老人福祉課の主査を併任していたこともあり、非常に気心が知れていました。大塚さんは人格円満で、調整ができる人なので、非常に仕事がしやすかったです。前回、仕えやすい上司と仕えにくい上司というお話をしましたが、亡くなった山口剛彦、当時の年金局長と並んで、部下としては非常に仕事がしやすい人ではなかったかと思いました。

当時、個別問題で揉めている案件がありました。2000年の診療報酬改定は、近藤局長と辻審議官の下で行われたのですが、ちょうど歯科医師会長の選挙の直前であり、歯科の診療報酬が政治的な案件となり、局長、審議官が自民党の上層部に呼ばれるという事態になりました。そのような経過の中で「かかりつけ歯科医初診料」が設定されました。しかし、2000年4月の会長選挙では現職の歯科医師会長を破り、臼田(貞夫)さんが歯科医師会長に就任されました。その臼田さんは、「前の執行部は厚生省にごまかされて、こんな点数をつけたんだ。ぜんぜんなってない」として、かかりつけ歯科医初診料の見直しが至上命令になりました。それで、2000年4月以降、自民党の医療基本調査会に歯科小委が設置され、保険局は歯科小委で毎回吊るし上げにあうという状況でした。その最中である2001年1月に、人事異動でわれわれが就任したということです。2年に一度しか診療報酬改定はないので、その途中で変えるわけにはいきません。辻哲夫さんからは「君、吊るし上げに合うと思うけれども、何とかそこは耐え忍んでやってくれ」という話がありました。

この前申し上げましたように、診療報酬改定はキャリアでも経験者が少ない分野です。医療課の補佐をしていた私から見ると、やはり新設の「かかりつけ歯科初診料」は少し問題があるので、これは必ず2002年4月に見直そうという方針で臨み、実際に次の改定で見直しました。しかし、この間に、歯科医師会（日本歯科医師政治連盟）が中医協委員に贈賄するという「日歯連事件」が起こりました。歯科医師会の幹部や中医協委員が逮捕された事件です。逮捕劇が起こった時には、私は老健局長になっていました。この事件が契機となって、その後、中医協の改革が行われましたが、そういう事件にも出くわしました。

歯科の診療報酬については、保険局では審議官が担当し、局長には触らせないという不文律がありました。ほかに、柔道整復などの療養費についても審議官の担当でした。とにかく、局長は医科の診療報酬だけで手一杯ですから、歯科とか、そちらは審議官がやることになっていたことであります。加えて、私自身は医政局の担当でもありました。臼田歯科医師会長はいろいろなことを思いつかれて、すぐ政治家に駆け込むので、医政局関係でもいろいろ波紋が生じ、それを収めに歯科医師会館に通うことが多かったのです。臼田会長も逮捕されたのですが、歯科医師会報に歯科医師会長に会った人の名前が掲載されていました。事件になってから、それを数えた某政党の機関紙では、なんと中村審議官がいちばん多いということでした。省内でも口の悪い先輩が「いつあいつは捕まるんだ」と言うような有様でした。名誉なことに（?）、東京地検特捜部の検事さんに何回も呼ばれるという得難い体験もしました。

97年に、1割負担を2割負担にする、薬剤の別途負担を実施する、それから定額負担でしたけれども、老人の自己負担も上げるという改正をしたわけですが、その財政効果がそれほど持続しなくて、暗黙のうちに2002年くらいには再度制度改正が必至とされていました。前回もお話したとおり、小渕（恵三）総理のところでの「社会保障構造の在り方を考える有識者会議」でも、来たる医療保険改革をどうするかということを念頭に置きながら、いわば前哨戦として取り組んできました。当時の保険局チームは、その医療保険制度の改正と、2002年は診療報酬改定の年でもありますので、そのための予算編成も大きな課題だということで取り組むことになりました。当時、日本医師会は坪井（栄孝）会長の最盛期の時で、非常に安定していました。97年の2割負担の導入の荒波も乗り切ってこられ、政治力もあったと思います。あの時は、山崎（拓）政調会長と坪井さんの間に太いパイプがあって、難局を乗り越えてこられました。2002年改正も、坪井執行部と調整しつつ、政策を組み立てていかなければならない状況で、2001年1月を迎えたということです。

大臣官房審議官②：小泉政権下での改革過程

中村　その時は、森（喜朗）内閣でしたが、ハワイ沖で「えひめ丸」が米原潜と衝突し、沈没する事件が起こり、危機管理がなっていないということで内閣の支持率が急落しました。森内閣が行き詰まり、あれよあれよという間に、小泉（純一郎）内閣が成立しました。経済財政諮問会議を軸に、小泉改革が始動しました。とにかく、総裁選で「自民党をぶっ壊す」と叫んで当選してきた総理です。「改革なくして成長なし」がスローガンでした。痛みを伴う改革を打ち抜くことが内閣の課題になりました。その最初の改革が２００２年の医療保険改革になりました。小泉政権は、抵抗勢力は潰すという勢いで来たので、医療保険改革は、まさに、「総理官邸対自民党（厚生労働族）」という構図になりました。私たちも、それまで一緒に仕事をしてきた自民党の厚生労働部会の幹部から「おまえ、どっちの味方だ」といつも言われるような状況でした。どっちの味方だと言ったって、公務員だから厚生労働大臣の指揮下にあるし、厚生労働大臣は総理の指揮下にあるから、当然「総理の言うことには逆らえません」とお答えしました。「かわいくない」とか言われながら、作業に取り組むことになりました（笑）。

改革案を何とかまとめなければいけないというので、政府与党の社会保障制度改革協議会がつくられました。これは、財務省がよく使う手法です。政府与党の枢要な幹部から抑えていくというものです。政府与党といっても、基本は自民党をどう説得するかです。結局、自民党の社会保障関係に精通した有力議員が網羅されましたが、その中で政府側に理解を示し、何とかまとめようとしてくださる議員は宮下創平・元厚生大臣しかいませんでした。宮下創平さんは森派の幹部で、小泉総理を支える派閥に属していました。同じく森派から長勢甚遠・元厚生部会長もメンバーに入っていましたが、長勢さんは他の厚生労働族の議員と同じ行動をとりました。宮下さんは元大臣で、「やっぱりこれはまとめなければいけない」と言って、役所側の意見を取り入れてまとめようとするのですが、他の自民党のメンバーは、みんな厚生労働族で医師会のほうを向いて、必ずしも総理の言うことを聞きません。自民党と官邸とがぶつかるという異例の展開になり、難航しました。

そこで、政府提出法案では極めて異例のことですが、与党の注文でたくさんの検討規定の附則が付きました。自民党側は、政府の今回の法案は単なる財政対策法案で「抜本改革」ではないという立場にたったからです。したがって、「抜本改革」の実現を政府に求めるということで、附則に検討規定が置かれました。「2002年度中に」改革の基本方針を定めることとか、「2年後」、「3年後」にはこういうことをやれとか、「5年後」にはこういうことをやれとか、さらには期限がついていない検討項目も列挙されていました。このように、多数の項目の検討規定の附則が置かれましたが、そもそも、検討規定は政府提出の法案に対して、法案修正で置かれるのが普通です。国会での審議中に、野党から強い反対などがあった場合に、「それでは3年後に見直しの検討規定を入れることで収めようか」ということで、国会で修正され、法案が可決されるのが普通のプロセスです。繰り返しになりますが、２００２年の健保法改正については、法案提出時に、与党の要求で検討規定を置かなければ法案を出せないという状況になったのです。このこと自体前例のないことで、政府と与党が本気でぶつかったという、小泉内閣の特別な性格が表れていました。

それから、その時の与党の医療基本調査会長は丹羽雄哉さんでしたので、丹羽さんが自民党のトップでした。厚生労働大臣は、公明党の坂口（力）大臣でした。坂口大臣は厚生労働省の発足時に、労働大臣から引き続いて、厚生労働大臣に就任されていました。ご自身は医師で、また、人格者であり、厚生労働大臣として本当に適任の方でした。しかし、官邸対自民党という構図になった際、困ったことに丹羽さんと坂口さんは盟友ともいうべき関係でした。お2人すごく仲がよいのです。これは小渕内閣の時だと思いますが、丹羽さんが自民党の政調会長代理の時に、坂口さんが公明党の政調会長で、その時にお2人は非常に仲良くなられました。そういう関係だったので、官邸対自民党となり、総理の指示で動かなければならない我々にとって、やりにくいこともありました。丹羽さんに頼まれて、大臣が必ずしも我々のサイドにならない場面もなかったわけではありません。坂口大臣は人格者ですから、そう酷いことはなかったですが、そういう場面もあって、対応に非常な困難を感じるということもありました。

大臣官房審議官③：改革内容の絞込み――被用者3割、マイナス改定

中村　改革内容としては、まず、被用者本人の患者負担の3割への引き上げが課題となりました。高齢者医療については、「伸び率管理」の導入です。それから、高齢者医療制度の見直しがテーマになりました。項目立てをしてみると、被用者本人の3割負担、保険料における総報酬制の導入、高齢者の1割定率負担、「医療費総額管理」の導入、診療報酬マイナス改定など、たくさんありました。最終的には、被用者の3割負担、老人医療費の総額管理（伸び率管理と言われているもの）と診療報酬のマイナス改定の3点に絞られました。これらの点が、政府与党の社会保障制度改革協議会で、まとまるかどうかが焦点になりました。

この政治的調整が年明けまで続きました。2月11日の建国記念日にホテルに集まり、自民党側と官邸の意向を受けた保険局とが折衝しました。最終段階で、日本医師会の意向が重視されました。問題となったこの3点のうち、日本医師会の優先順位で、絶対に避けたいというのが⑴医療費の伸び率管理で、次に避けたいのが⑵診療報酬のマイナス改定、その次が⑶3割負担の導入でした。したがって、制度改正の実現度からすると、⑶、⑵、⑴の順ということになり、結局、保険局からすると2勝1敗（全勝というわけにはいかないので）、総額管理を諦めて3割負担の導入とマイナス改定が生き残ったという結果になりました。

3割負担もすんなり認められたわけではありません。与党との合意の文章では、「被用者3割

は必要な時に実施する」とされていました。政府与党の文書では「必要な時に」となっている、その「必要な時」がいつなのかが問題になりました。政府側は2003年度実施を決めていました。しかし、文書上は玉虫色の決着ですしたので、自民党のほうは「必要な時は、10年先かもしれない」ということで、すっきりした決着ではありませんでした。

自民党の総務会に、この一件がかりました。自民党では、党大会以外では最高の意思決定機関が総務会です。提出法案も、総務会で最終的に審議することになるので、当然、3割負担の実施時期を明記する必要があり、2003年4月実施と書いたペーパーを提出しました。そうしたところ、総務会では、政府与党の合意で「必要な時」になっているのに、4月1日はおかしいと議論になりました。当時の官房副長官補の竹島（一彦）さんが（前の会でお話しした官邸での有識者会議を切り盛りし、我々を叱咤した竹島さんです）、その時に手を挙げて「3割を4月から実施する必要がある」と主張する一幕がありました。私は、その場にはいなかったのですが、役人が指名されないのに、総務会で発言するというのは極めて異例のことで、出席していた国会議員からの「けしからん」という声も上がったそうですが、竹島さんが頑張ってくださり、保険局としては大感激でした。その様な経過で、3割負担が法案化され、実施されることになりました。

ご質問のなかに、「三方一両損」と、小泉さんがいつからか言い出して、誰が振り付けたのかということがありますが、あまり記憶にありません。小泉さんは、97年改正の1割負担を2割負担にする時の厚生大臣でした。私は、保険局の企画課長としてずっと小泉大臣に仕えて、2割負担に引き上げる際の小泉さんを見ているのですが、大統領的とでもいうか、細かいことはおっしゃいませんでした。大臣からの指示は「わかりやすくやってくれ」とか、そういうことでした。しかし、一旦方針を決めたらブレない方でした。うじうじとしたことは一切言わない。健康保険法の改正は、何十時間とわたる国会審議を経るわけですが、小泉大臣のすごいのは、何を言われても「医療保険というのは、保険料と税と自己負担の組み合わせしかないので、この案しかないでしょう」という答弁を何十時間も言えることでした。そして、決してブレませんでした。基本的な枠組みが定まったら、何を言われても、繰り返し、繰り返し、その枠組みで答弁できる大臣でした。小泉大臣には、そのような強さがありましたし、しかも、同じことを答弁しているとは言われないだけの、何かの不思議なうまさがありました。大臣の答弁は、決して長くしゃべるのではなく、ワンフレーズでしたけれども……。

それから、たいへんに時代小説が好きな方で、歌舞伎も好きだったり、そういう素養がありました。だから、「米百俵」とか、いろいろなフレーズが出てくるのですね。当時、『信長の棺』という新しい時代小説が出版されると、我々に「あれはおもしろいぞ」と教えてくれました。よくそんなに本を読む暇があるなと思うくらいでした。「三方一両損」が出てきたときも、大臣が変なことを言っているぞ、何が三方だろうか、と保険局内で議論した記憶があります（笑）。

２００２年の健保法改正は、以上述べてきた小泉政権の特異なキャラクターがあって、建保法改正の歴史の中でも異例の展開になりました。

大臣官房審議官④：２００２年改革の成果とその後の医療保険改革への影響

中村　２００２年の健保法改正後の動きについて述べます。２００２年の改正法の附則で、「医療保険各法に規定する被保険者及び被扶養者の医療に係る給付の割合については、将来にわたり百分の七十を維持する」と規定されています。普段あまり意識されないかもしれませんけれども、健康保険法は、医療保険の基本法になっています。だから、この条文で「医療保険各法に規定する」と書かれているわけです。つまり、この規定で、例えば、国民健康保険法や国家公務員共済組合法などにも効力を及ぼしているわけです。もともと健康保険法は、医療保険各法の中でいちばん古い法律でした。日本の医療保険制度はいろいろな制度が分立しているとされていますが、分立はしているけれども、統一している側面もあって、給付率、すなわち患者の自己負担については、この規定で制約されていることになります。

この２００２年に設けられたこの規定が、その後、大きな機能を果たしていると思います。例えば、財務省が、財政制度等審議会や経済財政諮問会議をはじめ、いろいろな機会をとらえて医療保険見直しの提案をしていますが、「医療保険本体の患者自己負担割合の引き上げ」は主張していません。２００２年改正法附則の壁があって、これに抵触しない範囲で何ができるか、ということを模索しています。そこで、患者自己負担割合が未だ３割になっていない高齢者医療の窓口負担であるとか、介護保険の利用者負担が２割の者の範囲を拡大しろ、という主張はしていますが、医療保険本体の患者負担割合３割のところを動かそうとはしていません。このほか、高額療養費制度の自己負担の上限を引き上げるとか、あるいは、受診時定額負担のように、いわば、免責制を導入するという観点を導入する、という提案になります。これらは、３割負担引き上げには該当しないからです。さらに、医薬品についての給付率を変えたらどうかという提案もあります。これについては、「医療に係る給付の割合」という規定に抵触しないかどうか、という微妙なところはありますけれど。以上のような形で、改正法附則第２条の規定が機能しています。

次に、２００２年改正法で、与党からの要求で規定することになった附則と、それに基づいて年度内に作成されることとされた基本方針についてお話しします。その後の医療保険制度と医療制度の歩みについて振り返りますと、結局、附則に書かれている宿題に答えを出してきた歴史だと思います。例えば、基本方針に書かれた「新しい高齢者医療制度の創設」は、２００６年の法改正で行われ、２００８年４月から実施されました。政府管掌健康保険を廃止し、全国健康保険協会を創設した改革も、おおむね５年を目途に検討を行い、所要の措置を講ずる事項として、「政管健保事業の在り方の見直し」が掲げられていましたので、その実現になります。

また、官邸側についた厚生労働省もけしからんというのでしょうか、「痛みを伴う改革」ということが強調されました。そこで、「おおむね2年を目途に手順等を明らかにし、所要の措置」を講ずる事項として「社会保険病院の在り方の見直し」や「社会保険庁の業務運営の効率化・合理化」が掲げられました。「痛みを伴う改革」というのはそういうことですが、その結果として、社会保険病院などが地域医療機能推進機構に再編されました。その後、年金において未納・未加入の問題が焦点になり、「未納三兄弟」という話になって、社会保険庁をめぐる混乱がどんどん出て来ました。最後に「消えた年金記録問題」で留めを刺されて、民主党への政権交代にもすごく「貢献」することになりました。その過程で、骨太方針２００５によって全国健康保険協会が設立され、骨太方針２００７によって社会保険庁の解体が決まりました。

そもそも、「保険者の統合・再編を含む医療保険制度の在り方」が大きなテーマになっておりましたので、「基本方針」において都道府県単位で運営していくということを打ち出し、それが２０１８年４月から実施されている国民健康保険法の改正に結実しました。このように、２００２年改正法で規定された附則が、今日までの医療保険改革を牽引してきたと言えるでしょう。

大臣官房審議官⑤：2002年診療報酬改定

中村　あと、もうちょっとだけ保険局の話をさせていただくと、診療報酬の改定も、これは小泉総理の「抵抗勢力と闘う」という方針と密接に関連します。

まず、小泉厚生大臣時代の時に戻りますと、1998年の診療報酬改定ですが、マイナス1・3％のマイナス改定でした。これは、当時、財政構造改革法が成立し、非常に厳しい予算のシーリングがかかって、社会保障予算を編成するためのマイナス改定でした。

小泉総理になって最初の診療報酬改定が、2002年の診療報酬改定でした。小泉総理からは、「過去最大の引き下げをしてくれ」という注文でした。過去最大の引き下げというのは、1984年の吉村（仁）保険局長時代に、健康保険本人の1割負担を導入した際に、患者にも1割負担を求めるのだから医者も泣けということで、それこそ三方一両損かどうか知らないけど、薬価を引き下げて診療報酬は2・8％の引き上げにとどめ、2・3％のマイナス改定となりました。小泉大臣が求めているのは、これを超えるマイナス改定ということです。

2002年を過去最大のマイナスにしろということだから、2・3％を超えなければいけないということで、出来上がりが2・7％のマイナス改定になりました。この時の薬価の引き下げ幅は1・4％でした。そこで、史上初めて診療報酬本体を1・3％引き下げるマイナス改定を行いました。診療報酬本体の引き下げは歴史上、初めてでした。

当時の環境としては、「ああいう無茶な総理だから、これは相当下げられるぞ」という相場観が次第に出てきました。この時だけは、丹羽さんと保険局の束の間の融和がありました（医療保険制度改革では対立する構図になっていました）。年末の政府の予算編成を控えて、丹羽さんが、「これでまとめないと、官邸が出て来てもっと酷い目に合うぞ」と言って、関係者を説得、牽制しながらまとめたのが、このマイナス2・7％でした。

一方、厚生労働族はじめとする党内では、丹羽さんが診療報酬のマイナス改定を勝手にまとめた、との反発も強くなったことがあります。それがまた逆バネになって、「制度改正ではもっときつく厚労省に当たろう」ということで、先ほど述べたような附則を列挙するということになりました。診療報酬改定とこの制度改正は、ロジカルにいうと無関係ですけれども、担うメンバーは同じですからマイナス改定と制度改正は連動していたということです。

当時は、2年に一度、4月に日本医師会長の選挙がありました。2002年の会長選挙で坪井さんは再選されましたが、診療報酬がこれだけ下げられたので批判票が多く出ました。日本医師会は、中医協委員を差し替えなければならないことになりました。日本医師会からの中医協委員は、糸氏（英吉）副会長と菅谷（忍）保険担当理事でしたが、保険担当の菅谷理事が、1人責任を被る形で退かれました。青柳（俊）副会長と櫻井（秀也）常任理事に代わりました。この診療報酬改定では、施設基準で手術料は、一定の症例数に達していない医療機関については減額することとしましたが、医療機関からの反発が強く、医師会が代議員大会を乗り切るために手直しが必要だという事態にもなりました。このように、医師会もそうとう苦境に陥った診療報酬改定となりました。

大臣官房審議官⑥：総合規制改革会議の対応

中村　もう1つは、規制改革についてです。規制改革が本格化したのは、村山（富市）内閣の時からだと思います。規制改革が始まった直後に、私は保険局に行きましたし、規制改革の省内の窓口は政策課長だったので、政策課長時代も引き続き規制改革と付き合っていました。審議官として保険局に戻ってみると、ますます規制改革が燃え盛っている時であり、２００２年３月の「規制改革推進3ヵ年計画」の改定に向けて、規制改革推進派にとっても、これに対峙する医療界にとっても勝負の時になっていました。

そこで、医療保険関係で争点となっていたのは、病院経営への株式会社の参入、混合診療の自由化、保険者と医療機関の直接契約、そして保険者によるレセプトの直接審査支払いなどでした。私は、ずっと規制改革を担当してきていましたが、これらのテーマについては、もう百年戦争ともいうべき様相になっていました。省内では、規制改革というと「駄目だ、駄目だ」と、とにかく一歩も引かないスタンスでした。私はむしろ、医療・医療保険の制度改革は、厚生労働省だけではできないことも多いので、よい規制改革であれば積極的にそれに乗って進むべきだ、という考えで臨んでいましたので、自分ではわりに規制改革派の人には評価されていたと思っています。

混合診療の解禁については、実施するのであれば特定療養費を拡大すればよいというのが、私の整理でした。株式会社の病院経営の参入については、アメリカから民主党と共和党の議員グループが視察で来日し、厚労省にも来ました。その時に、「株式会社病院を認めろと言われて、困っているんです。アメリカではどうなんですか」と聞いたら、民主党の議員も、共和党の議員も、「もちろん、アメリカには株式会社病院はあるけど、株式会社病院というとちょっと眉に唾つけて行く。特に、株式会社が経営しているナーシングホームは、アメリカ医療の恥部で、日本ではやらないほうがいいよ」という答えでした。そこで、私は、けっこう自信をもって、「株式会社病院を認めることが、医療改革の鍵ではないので、断る」という対処方針で臨みました。

ちょうどその時に、規制改革会議のワーキンググループの座長に鈴木良男氏が就任されました。鈴木さんは、旭化成のシンクタンクである旭リサーチセンターの社長でした。規制改革で、タクシーの台数規制の自由化を実現するなど、辣腕をふるった方で「今度は医療だ」といってワーキンググループの座長として乗り込んで来られました。帝国ホテルのタワーに同社オフィスがあり、鈴木さんに説明に通いました。私が強調したのは、今の医療はブラックボックスになっているから、医療の透明化とか、そういったことが大事なので、株式会社病院や混合診療などと言う前に、レセプトの電子化を第一に進めるべきだし、まずは、そのために必要な基盤をつくってほしい、ということでした。

１９８２年に、当時の保険局は、「レセプト処理の機械化システム基本構想」というレセプトの電子化構想を打ち出しました。医療機関と審査支払機関を虹のようにつなぐとして、「レインボー計画」と名付けましたが、その構想は虹のように消えてしまって（笑）、医師会と協議し、実証事業などを重ねていましたが、それから20年近くたっているのに、事業は全く進んでいませんでした。２００２年のレセプトの電子化率は０・７％にすぎませんでした。医療界は、なんだかんだ理由をつけて、レセプトの電子化に抵抗して進まない状態でした。そこで、鈴木座長に規制改革としては、これを最優先に取り上げてほしいとずいぶん説得して、了解していただきました。株式会社の参入などの順位を下げてもらって、レセプトの電子化の優先順位を上げてもらいました。

このレセプトの電子化の推進は、保険局としても自民党のＩＴ戦略本部などで「推進するように」と迫られ、苦しい状態でした。その後、例えば、請求省令といって、レセプトの様式などを決めている厚生労働省令に、レセプトの電子化について書き込むことができ、後に私が支払基金の理事長になった２００８年から辞めた２０１０年までの間に、レセプトの電子化率が５割を超えるまでになりました。保険局の審議官時代にこういう振り付けをして、その後5～6年でレセプトの電子化が5割を超えたのです。20年間の低空飛行から、離陸しました。現在、医療や介護については、ナショナル・データベースとか、ビッグデータとか言われています。これを実現するためにも、レセプトの電子化が必須でした。規制改革はそういったことで、むしろ相手が株式会社とか、そういう目標で突進してくるのを、ちょっと赤い布を振って、こっち側に牛を逸らしたということであります。結局、レセプトの電子化の推進にとっては、非常によかったのではないかと思います。

ちょっと話が長くなりましたけど、足りない点とか、あるいはここはどうかということがあれば、覚えている限りでお話できると思います。

高齢者医療制度をめぐる議論――1997年改正と2002年改正

土田　ありがとうございました。最初に、ちょっとお聞きしたいのですが、後期高齢者医療制度が生まれていく過程ですけれども、97年の時には、4つの案が出ましたね。その後、一応それがまとまらずに終わって、2001年頃には突き抜け方式と独立方式という2つがあった。その後、突き抜け方式が落ちて独立方式でいくという時に、それを財政調整するのか、それとも今みたいな各分担でやるのかという議論になる。結局、それも国が50％負担していくという方式に変わっていったわけです。そこで、お聞きしたいのは、突き抜け方式が破れていく過程の、その前の段階あたりから、厚労省としては現在みたいな体制をある程度イメージしていたのか。これは、どこを読んでも出てこないんですけれども。

中村　私も途中で異動してしまったのでちゃんと話せるかどうかわからないですが、まず2002年改正では、97年改正の時にも言われていた、新しい高齢者医療制度をどうするかというのは、まさに最大の宿題でした。私たちが、保険局に異動してくる前から実質的に作業されていた『医療制度改革の課題と視点』という冊子を、異動後に発表しました。前のチームが一所懸命に作業した成果ですが、そこでも、「高齢者医療制度の見直しにおける4つの考え方」が記載されています。ここでも4案が出ています。その4案というのは時間稼ぎというか、いかにまとまらないかということを納得してもらうための4案だったというお話もいたしました。私自身は老人保健法はけっこううまくできているという考えでした。老人保健制度についてはみんな悪口を言うけれど、そもそも拠出金の負担が大きいとか言っているほうがおかしいという立場でした。そこで、高齢者医療制度の見直し自体にあまり前向きではありませんでした。拠出金制度についても、何も不公平なことはないし、どこがおかしいのだろうか、というスタンスでした。また、97年改正時に与党が独立の高齢者医療制度をつくるということを取りまとめ文書で書いてしまったけれども、それについてはきちんと議論されていないという思いもありました。したがって、独立方式も案としては完成しておらず、4案どれでもやろうと思えばできるけれども、そうしなければならないものでもないという気持ち、いわば中立的な態度が私としては強かった。

したがって、老人保健制度を見直せと言っているのは、拠出金負担をしている被用者保険グループで、彼らは、拠出金負担が苦しいからそう主張しているわけです。私は、被用者保険が苦しむのは仕方がないと思っていました。だって、高齢者が増えますし、どの世界でもそれを支えるのは現役世代に決まっているので、そういう人口構造になれば現役世代が苦しくなるのは当たり前で、それは避けがたい運命だという主義ですから。しかし、私は、実利主義者でもありますので、財政的に苦しいのであれば、少し緩和することも必要だと思いました。それは結局、老人医療費というお神輿が重くて、皆が困っているのだから、そのお神輿を軽くするしかないということになります。お神輿を軽くするためには、拠出金の対象となる老人医療費の範囲を「70歳以上の医療費」から「75歳以上の医療費」に変更し、支え合う部分を小さくいたしました。それから、その老人医療には、国と地方の税金（公費）を3割入れていて、残余の7割が保険料（拠出金）でカバーしているけれども、保険料（拠出金）でカバーする部分を小さくすればよいので、税金（公費）を5割にしました。このように極めて単純な発想ですが、お神輿を少し軽くすることができました。繰り返しますが、老人医療費が増え、現役世代の負担が重くなるのは仕方がないという考え方だったので、老人保健法を是が非でも直さなければいけないという意識は、強くはありませんでした。

このように私は局内で主張しましたが、局長の大塚さんも同じ意見で、「そうだね」ということになりました。

この2002年の改正で、70歳から75歳に年齢を引き上げている時には、拠出金でみるべき老人医療費は11・7兆円から11・3兆円と、ほとんど増えませんでした。この期間は、健保連の人たちにとっては非常に恵まれた期間で、いわば「我が世の春」ともいうべき5年間でした。財政的な効果が持続した時期でした。その後どうするかは、5年後の担当が考えるべき課題です。それで、彼らの考えたのが後期高齢者医療制度という現行制度で、独立保険者方式です。保険者として独立させればガバナンスが効くという、一見もっともらしいけれども、実効が伴わないと思います。広域連合でガバナンスができるわけがない。だから、その後、老人医療費は着実に増加します。医療保険は所詮、お金の話です。誰が、いくら出すのか、費用をどう分担するのかという話なので、独立型にすれば解決するという抽象的な話ではありません。保険者機能と言っているけれども、あまり機能していないのが現実です。国会答弁を書いたり、解説書を書く時には、きれいな言葉なので「独立型にしたほうがガバナンスが効く」と書けるけれど、本当かなあという思いがあります。

話を戻しますと、2002年の制度改正法案が国会で成立した後、年度内に基本方針をつくることが義務付けられました。このための作業に当たることになりますが、私たちの旧チームは、この間、自民党からさんざんな目に遭いましたので、その時は、医療保険制度の見直しをするならば、徹底的につくり直す案を出そうという意識が強かった。それで、根本的にやり直すにはどういう案があるかということで、局内で検討しました。そこで取りまとめたのは、当面は、年齢リスク構造調整を被用者と国保の両ブロックで、それぞれ財政調整しながら、将来的には、制度の一元化までやるという、リスク構造調整的な案をつくりました。それを大臣にもレクチャーいたしました。そのほか、例えば、政管健保も、財政運営は都道府県単位にしたらどうかとか、国保も、財政単位は都道府県化にするという案を出して、政管健保の民営化まではしないけれども、公法人のようなものをつくってやったらどうかという、自分たちは、法律改正をしなくていいと思っているから（笑）、けっこう大胆な案をつくりました。自民党も「案を出せ」と言うから、すごく高いボールを投げたほうがいい、という思いでした。まだ、法案を出して国会を通したという興奮状態も残っており、そういう案をつくりました。そこで、人事異動でチームが変わったということです。

だから、大臣が頭にあったのは、そういう案がベースにあったのではないでしょうか。

人事異動で就任してきたチームは、翌年の3月31日までに案をつくらなければいけないという状況の下で、前のチームは何を考えていたのだ、というふうになるはずです。少し頭を冷やして考えたほうがいいといって、現実的にまとまる案を模索することになったのだと思います。厚生労働族の顔を見たりしていると、さすがに前のチームの案ではどうにもならない。そこで、前期高齢者は、突き抜けで財政調整、後期高齢者は、独立保険者という折衷案というか、木を竹に継ぐというか、そういう案を採用することになったのだと思います。どうしてこういう案になるのか、普通の人にはわからないでしょう。しかし、高齢者医療に投入できる税財源（公費）の額が限られているとか、そんなに増やせないわけです。そういう中で、新しい高齢者医療制度をつくれという。片方では、独立方式だという主張者もいる。そんな中での改革案つくりです。頭を冷やして考えると、そのように与えられた条件下で、厚生労働省として提案して、国会でも通せる法案ということで、あまりおもしろくない案になるということではないかと、私は思っています。

だから、その後の展開というのは、政治的な実現可能性を考えて、保険局長を引き継いだ人、保険局の審議官になった人、次のグループが自分たちで提案を背負っていくということを考えるから、極めて現実的な案になったのだ、と私は思っています。

田中　前回の97年の時も、独立保険方式を丹羽さんがわりと強く主張した、と。今回のお話を聞いていても、次を引き継いだチームは、わりと政治的な実現可能性も配慮して、独立保険方式になったのではないか、というお話だったように思うのです。それを要約すると、厚労省の外から、独立保険方式を、と言われてきたと思ったんですけど、省内で独立保険方式を強く主張する方はいたんですか？

中村　いたかどうかはわかりませんが、独立型に行かざるを得ないという判断はしたのだと思いますね。むしろ、その場合、独立保険方式でいちばんの問題は、介護保険と同じように、それを受けてくれる保険者がいるかどうかがポイントでした。２００６年に後期高齢者医療制度がやっとできる目処がついたのは、市町村側が広域連合をつくる用意がある、ということを言ってくれたので、実現の道が拓けたわけです。あの時、都道府県は、絶対に引き受けませんでした。市町村も、保険者は引き受けられないと言って拒絶していました。「第三の道として広域連合が浮上して、それでは広域連合でやろうということになって、やっとたどり着いたというわけです。もし、広域連合ができなければ、今も独立型はできていなかったと思います。あるいは、「国がやれ」という話になった可能性すらあると思います。医療保険制度では、誰が保険者になるかというのは常にキーポイントです。介護保険制度だって、最後まで保険者を市町村が引き受けるかどうかが焦点となったのと同じです。

保険者で難航した点は、介護保険制度と同様でしたが、後期高齢者医療制度では、保険料についても、介護保険のように年金から特別徴収できる形にしました。しかし、介護保険導入時は、保険料を徴収することについて、住民の理解を得るために、みんなで真剣にキャンペーンをしたわけですが、２００８年の後期高齢者医療制度の導入時には、それほど熱心には取り組みませんでした。そこで、「保険証が来てない」などのトラブルになったということですね。介護保険についで、保険料徴収が2度目だったので、やや甘くみたのではないでしょうか。それで一気に、後期高齢者医療制度廃止という民主党のマニフェストに繋がってしまいました。

田中　後期高齢に重点化するということで、渡邉芳樹さんの本を見たら、年齢を引き上げるという案については、関係者の中ではあまり考えられていなかった。結構、意外な案だったのじゃないか、というふうに書かれていたのですが、どのタイミングで、どういうふうに決まったのですか？

中村　あまり覚えていないですが、例の、伸び率管理の時にもお話ししましたけれども、私の頭の中では、何が問題かというと、診療報酬改定がどうとかではなく、医療費が伸びていることが問題で、そこをわかってもらうために伸び率管理という、あえて意地悪なことを提案して問題意識を喚起しようとしたということです。それと同じ発想で、何が困っているかというと、拠出金が増えて困っているのだから、少し荷物を軽くするしかないということでした。また、負担が合理的なものであれば、皆で持ち合う部分を小さくするしかない。そうだとすれば、保険料だけに負担を任せるのではなく、税金で支える部分を増やす、という2点でした。

その発想は、私自身は、年金改革を担当した時に年齢引き上げを行ったので、頭にありました。それから、その時に議論したのは、今の高齢者と昔の高齢者とは違ってきているということもあります。昔の65歳とか70歳は、今の75歳に相当するだろうということです。そこまでは高齢者医療でカバーしなくてもよいと思いました。だから、守備範囲を小さくするというか、いわば高齢化率でいうと、現在は75歳以上の総人口に対する割合は13％程度です。この12～13％程度という数字は、80年代の65歳以上の高齢化率と同じです。高齢者対応については、少し発想を変えるべきだと考えました。さらに言うと、例の高齢者医療の4パターンについてはどれも実現しそうにないし、そもそも関係者の合意がまとまりそうにない。今できるのは、とにかく「苦しい、苦しい」と訴えている人たちに手を差し伸べて、負担を軽減するしかないということでした。

被用者3割負担の導入論議

菅沼　被用者保険の3割負担の導入ですけれども、審議官になられた時には、厚生省の内部ではすでにそういう方向は固まっていたのでしょうか。

中村　負担割合の引き上げについては、結構おっかなびっくりだったんです。健保法改正の歴史を見ても、1割負担の導入は大事業でしたし、2割に引き上げる時は非常に苦労しましたので、局内でも「3割までいくのか」という雰囲気はありました。私の記憶では、大塚局長が割り切っていて、「それは給付の統一だ。国民健康保険が7割だから、7割」ということを、局内検討のわりに早い時期に決めていました。このことについては、私はいつも、なぜかなと思うのですが、大塚さんは国民健康保険課長を経験したことが大きいのではないかと思います。当時、省内ではよく、マル金派とマルビ派がいるということが言われていました。保険課長経験者にはマル金派が多く、国保課長をやるとマルビ派だと言われていました。典型的なのは、辻哲夫さんは国保課長で、堤（修三）さんが保険課長で、あの2人は同期入省ですが、考えていることがまったく違うと言われていました。あの2人が両極ですが。確かに、国保を担当するとそういう傾向が出るのかも知れませんね。

私は国民健康保険をやっていないから、その感覚がよくわからないです。たぶん、そう分類されると、私はマル金派のほうになるんだと思いますけど（笑）。その要素は強いのではないかと自覚しています。しかしその当時、3割負担が当然という感じではありませんでした。もちろん、財政効果を考えなければいけませんが、3割負担で本当にいいのかという思いはありました。吉村さんだって8割給付で統一と言っていたぞ、とかね。その意味で、大塚局長の決断には、少し驚きました。

土田　附則第2条で、これ以上にはしませんよ、ということは、僕も非常に大きな意味があったと思いますが、これは厚労省のなかで？

中村　いやいや、あれは自民党との関係です。

土田　それは、どなたが言い出したんですか。

中村　自民党のほうからです。自民党は3割にするのは反対だったわけですから。「3割にするなら、もうこれで終わりと書け」という話ですね。

菅沼　よく自民党が飲んだなという感じもするんですけれども。

中村　自民党は、医療問題に関して、誰のほうを向いているかということですね。特に、厚労族の人たちは、健保連を向くよりは、やはり医師会です。いわゆる、政治力という力関係が働きます。健保連は、サラリーマンのグループです。要するに、昔の日経連、現在の経団連と連合に軸足を置いて乗っているような組織です。どうしても、所詮サラリーマン組織です。彼らは、自民党に投票する人も多いけれども、投票しない人も多いわけです。それに、医師会と違って政治献金もそれほどするわけではありません。

田中　当時は、前期高齢者という発想はあったのでしょうか。

中村　当時のことを考えると、前期高齢者、後期高齢者と分ける意識はありませんでした。老人医療費の無料化以来、対象者は70歳以上であったわけです。当時の見直しとしては、対象年齢の引き上げです。若年世代からの拠出金で支援を受けている範囲を、70歳以上から75歳以上に縮小するという意識です。老人保健法が70歳以上の医療費を各保険制度で持ち合いをしている。老人保健法はシステムとしては、それ自体は悪いシステムではなくて、当時の審議会の会長であった塩野谷祐一先生のように対象年齢を0歳まで下げろという人もいたくらいですから（笑）。それが年齢リスク構造調整となるわけです。そういう提案もあるくらいですけれども、さすがに70歳以上の医療費の持ち合いについて不満が多い中で、持ち合いの範囲を医療費全体に拡大すると言うとみんなひっくり返ってしまいます。だから、対象年齢を引き上げようという発想でしたね。

保険局内では、定期的に局長室で、みんなで議論します。とにかく、案を補佐以下につくらせて、それで議論します。議論しているうちにだんだんとコンセプトが固まってきて、大塚さんは「3割負担だ」と言うし、高齢者医療はどうするか、という議論になります。高齢者医療は現実路線でやると決まります。すると、補佐たちから、「審議官が言っている、伸び率管理というのはどうするんですか。難しくて制度的になかなか仕組めない」と言うから、「黙れ、うるさい、兎に角つくれ」とか言って（笑）、最後まで伸び率管理の旗は降ろさせませんでした。常々私は言っているのですが、伸び率管理は、3割負担と診療報酬のマイナス改定を勝ち取り、その代償として実現しなかったのだから、ちゃんと虎は皮を残して死んでくれたのだ、ということです。それで、伸び率管理が、適正化計画に振り替えられました。

伸び率管理の検討

中村　伸び率管理は、制度化しようとすると、結構難しいものでした。当時、いちばん医療費が低いのは長野県でしたが、「長野も、高知も、同じ率で管理するのか」とか、どの時点の医療費をベースにして、どの時点の医療費の伸びを抑えるのか、その方法はどうするかなど難題でした。医療費の統計が得られるのに時間がかかりますので、伸び率管理をやるとすると2～3年前の医療費の伸びで、今期の伸び率を管理するのかとか、実際に制度化すると、実務上も相当に課題が多いものでした。下手につくると、制度化してもぜんぜん機能しないものになる可能性もありました。医療保険制度として仕組むよりも、むしろ、支払いのほうで「この病院はここまで」と決めて、それ以上稼いでも翌年の払いを差し引くとか、そういうことならできると思います。そっちのほうが現実的かもしれないですが、当時のミッションは医療保険制度の改正だったし、また、そういうことを言うと世の中がひっくり返るから、やめておきました。

土田　でも、一時は伸び率管理を本気になってやろうと、あるいはできると思ったことがあるんですか。

中村　2000年の官邸の有識者会議の報告書でも書きましたので、「とにかくやるんだ」と言っていました。私に言われて、伊原（和人）君（昭和62年入省）が苦労しました。彼は、「審議官、できません」と言ってくる。私は「できないと言うな」の一点張りでした（笑）。でも、「本当にやることになったらどうしましょう」という感じでした。

DRGの導入

土田　ただ、後で考えると、２００２年改正の後、２００３年の閣議決定で医療保険の大改正をやると決まってきますよね。振り返ってみると、この２００２年改正の時のいろいろな議論がぜんぶベースになっていますよね。各都道府県化とか、組合健保統合にしてもそうですね。

中村　与党から突きつけられて、列挙された課題でした。診療報酬のＤＰＣだって、与党に迫られてつくることとなった基本方針が淵源になります。それから、医療必要度とＡＤＬと組み合わせ、３×３のマトリックスが作られた療養型の定額払いも、池上（直己）さんにご指導いただきましたが、同じく基本方針で方向性が示されています。その意味ではよかったと思いますね。

菅沼　政府として、自民党との平成14年２月の合意というところに出てくる、診療報酬体系の見直しというのは、いま言われたようなＤＰＣとか、そういうのも含めて見直しというのが入ったのでしょうか。

中村　当時はＤＰＣの影も形もありませんでした。ＤＲＧ／ＤＰＳについては、アメリカが導入した直後、我々は偶然にもＭＯＳＳ協議の準備のためにアメリカ出張した際にボルチモアに行ったりして、勉強しました。わが国の診療報酬をめぐっては、出来高払いの弊害という議論が常にあったので、定額払いなり、包括払いなりの導入が長らく課題でした。それから、老人医療についても点滴漬けや薬漬けという問題があったので、出来高払いの是正という問題意識はずっと持っていましたね。

土田　DRGのモデルを実施したんじゃないですか。

中村　これでしました。

土田　そうですよね。

中村　それが、だんだんDPCという日本流になってきました。とにかく日本の場合、月単位の請求・支払いから超えられません。DRGのように入院してから退院するまでの管理がまだいまだにできないので、月単位のDPCとなったわけです。また、診療報酬については、橋本龍太郎さんが常にドクターフィーとホスピタルフィーということを言っていました。自民党にはずっとその「方言」があって、診療報酬を議論すると必ず出てくるんですね。このように、「なんだそれは」と言いながら、心ならずも使わなければならない言葉もあります（笑）。橋本さんが「ドクターフィー」と「ホスピタルフィー」が大好きで、1970年代くらいからずっと言っていて、これを言わないと機嫌が悪いということがありました。自民党ではずっとそういう言葉を使っていたので、基本方針の診療報酬体系を論じた部分に入っています。

土田　今でも使っていますよね。

中村　今でも使っていますね。結局、アメリカはオープンシステムをとっていて、いわば病院貸し業です。したがって、病院に出向いて来て手術するお医者さんの取り分と、病院を貸している病院側の取り分とが分かれているから、こういう概念を立てる意味があるわけです。日本の場合、医者を雇ってやっているので、あまり意味がありません。そんな議論を局内ではしていました。いずれにしても「ドクターフィー」と「ホスピタルフィー」という説明をしたほうが、いままでの診療報酬の議論などで受入れやすいということだと思います。

首相の意向と伝達過程

菅沼 それからもう1つ。小泉さんに「史上最大の下げ幅にせよ」と言われたのは、いつ頃でしょうか。

中村 総理の周辺にはいろいろな人がいます。小泉内閣の前は、総理大臣のところに秘書官を置ける官庁は、今でいう財務、通産、外務、警察と決まっていたのですね。それ以外の官庁は秘書官を置けませんでした。小泉内閣になって、他の省庁の職員を官邸に置こうということになり、秘書官を出していない省庁から参事官（課長クラス）を出すことになりました。後にチーム小泉と言われています。厚生労働省から香取（照幸）君が初代で行きました。小泉内閣が成立したのは2001年4月26日ですが、直後の5月11日にハンセン病国家賠償訴訟の判決が出て、国が敗訴しました。国は控訴を断念するのですが、その断念の首相談話を香取君が書くことになりました。厚生労働省からの職員の配置が早速効果を上げた例として有名です。このように、官邸から様々な発信したり、判断したりする際に、各省から出向して、総理の周りにいる人間が機能するわけです。

そうすると、診療報酬の下げ幅についても、「総理は最大にしろと言っている」という情報が保険局にも入るのです。小泉さんのところにわざわざ行って「どうしましょうか」なんて言わなくても、また、総理は何も言わなくても、総理がどう思っているかということがわかる場合があります。それは、あるいは「忖度《そんたく》」かもしれないけれども、だから難しいところですね。

ちなみに、その後、２００６年の小泉総理が辞める直前の診療報酬の改定時には、小泉さんから「下げ幅は２００２年より大きくしろ」という指示がきました。それで、２００６年の下げ幅はマイナス３・16％となりました。技術料の下げ幅も１・３では駄目で、１・３より下げる必要があり、１・36％と、下二桁まで出すことになりました。

小泉さんは、このように、細かいことを言わず、ズバリと指示してきます。とても分かりやすく、大統領的なリーダーだと思いました。

コラム

小泉総理からの「陳情」

小泉さんが安倍さんに総理をバトンタッチされた後のことである。内閣官房から、小泉さんがお呼びなので集まってほしいとの連絡があった。場所は上野駅構内にあるフレンチの店。私は社会・援護局長であった。

行ってみると、幹事役の内閣官房の高官のほか、法務、警察、農林水産、厚生労働（私と労働部局）の局長が集められていた。個室ではなく、一般のお客と一緒の大広間で、気づいたお客さんはチラチラ小泉さんを見るような席であった。一座の中央に座った小泉さんから「この店は上野のオペラを聴きにきた帰りによる店。同系列の銀座の店より格段に安い」と教わった。

召集の理由は、刑務所から出所した人が、再犯でまた刑務所に戻っている、これを何とかしてほしい、ということであった。小泉さんからは、「出所しても生活ができず、刑務所に戻ってくる」、「職業訓練も必要だし、農業での受け入れはできないのか」、「高齢者や障害を持った人もいるので福祉の問題でもある」など次々と指摘があり、「各省協力して改善するように」ということであった。小泉さんからの意外の

「陳情」に驚いた。

前総理だし、我々に指示する方法はいろいろあるだろうが、上野のレストランに集めて頼むのというのはいかにも小泉さんらしかった。この日、安倍総理が外遊されており、各省局長を集めても業務に支障がないということにも配慮されたようで、心憎かった。各局長、精一杯頑張りますとお約束して散会した。

早速、法務省にお願いし、府中の刑務所を訪問した。沿革を辿ると長谷川平蔵に至る刑務所だという。受刑者が多く満杯で、2段ベッドを入れて収容していた。刑務所には定員がないのだと変なことに感心した。刑務所と言えば、スウェーデンの刑務所しか見たことがなかったので、正直言ってカルチャーショックを受けた。福祉の世界とは対極の世界であった。都内の女性向けの矯正施設も見せていただいた。社会福祉施設に比較して資金が潤沢とは言えないようであった。

当時の社会・援護局の総務課長の藤木君が熱心に取り組んでくれて、先鞭をつけ、その後、この分野の施策は進み、2009年度から高齢または障害により支援を必要とする矯正施設退所者に対して、保護観察所と協働し退所後直ちに福祉サービスなどにつなげる、「地域生活定着支援センター」の整備がはじまり、2011年度末に全国47都道府県への整備が完了している。

これは、そのスタート時のエピソードである。

老人保健制度の評価

松本 少し話が戻って恐縮ですけれど、老人保健制度の改正のことを、大変興味深くお聞きしました。そこで、年齢を上げて税金の投入の割合を上げるという、両方を実施することで、少しずつではありますけど、それほど税金の投入料が増えないという形になると思うのですが、そういった財政的な効果の試算についてはいかがですか。

中村 財政効果がポイントですから、予測を立てて、綿密に計算します。公費については、3割で負担していたより5割で負担するともちろん増えます。公費の3分の2は国が負担するというシステムですから、公費5割にした場合でも国と地方の負担割合が2対1であるということは変わりません。すると、老人医療費の3割を税金で払うのを、5割にすれば、当然、国の負担も増えます。しかし、患者負担割合を2割から3割に引き上げますので、医療費全体が減るので、その分、国の負担は軽くなります。このように、財政効果についてマトリックスをつくって、増加分、削減分をぜんぶ組み合わせて計算します。財務省は、とにかく舌も出したくないという人だから（笑）、とにかく医療費の増加は極力抑制したいという話になるし。そういうやり取りのなかで政策メニューを選択して、財務省も了解するという形で進行します。

医療費の推計に当たっては、患者さんの負担割合を増やすことによって、一時的でも医療費の伸びが、どのくらい減るかを、どう推計するかも問題になります。タクシーの運賃の値上げと同じで、当初、タクシーの利用は減りますが、新料金に慣れてくるとまた元に戻るということがあります。患者の自己負担を2割負担より3割負担にすれば、1割分はその瞬間には浮くわけで、医療費のうち、保険料と税で負担する10％分が患者負担に置き換わります。その10％の医療費のなかの25％が国のお金だとすると、という計算をしていくと、国の負担の減少分が出るわけです。さらに、値上げ効果で、一時的にも医療費が減れば、その分、財政効果が追加されます。それと、公費の負担割合を3割から5割に上げた場合に、国の負担がどのくらい増えるかということを計算します。もちろん、財務省のほうも計算して、国の財政がこれで傷つかないか、傷つくかというのを注視するわけです。そういうやり方で作業が進みます。

松本　改正をする際に、老人保健法はよくできているという評価だったとのことですが、その後の後期高齢者医療制度が独立型の仕組みになっています。それと比べて、どういう点が、当時はいいと評価されていたのか、教えていただきたいのですけれども。

中村　というか、例えば、当時、日本の医療保険制度は分立しているわけで、分立しているから老人が入っている割合が変わっているわけですね。当たり前で、企業の健康保険に入っている人は、リタイアすれば国保に移るわけで、国保に老人が集まっている。それで、国民健康保険の老人医療費の負担が大きくなるわけで、それをどう是正するかというのを考えた場合に、もちろん、国保と健康保険と一緒になるというのも1つの解決策だけれども、それはいろいろなことがあってできない。とすると、分かれていることを前提に、どうやって医療費を持ち合うかという制度をつくることになります。そのような観点からすると、老人保健制度というのは非常によくできている。すなわち、みんな同じ割合で高齢者を、お神輿を担ごうということです。このコンセプトを認めるのであれば何の矛盾もない制度だから、それはそれで公平ではないかと思います。それに文句を言う人の理由は、とにかく高齢者を支えるのに自分たちの財布からお金が出て行くので嫌だと言っているだけで、それは高齢者を支えることを否定するかどうかの話です。私は、そういう立場に立たないのであれば、老人保健法は何の問題もないのではないか、ということで言っていたわけですね。

老人保健法は、老人医療費のお金が回っているだけで、例えば、拠出側の健康保険組合が何もそこにコントロールする手立てがないとか、市町村は老人医療費を出している形になっているけれども、市町村は老人医療費に関する対策を何もしていないとか、そういった意味で、誰に責任があるかよくわからない、ということがよく言われていました。つまり、高齢者は、国民健康保険やそれぞれの制度に属しているものの、老人医療費が各制度で負担されているものの、その老人医療費について誰も仕切る人がいないのが欠点なんだという議論になってきて、それならば独立した保険者をつくったらいいという話になってきた。そこが後期高齢者の独立保険をつくる時の1つのコンセプトになっています。

こういうことを言うと、保険局の審議官としては叱られるかもしれないけれど、私は、それほど保険者ということに信頼を置いていなかったので（笑）、独立型の評価については低くなります。だって健康保険組合からして、健康保険組合は誰がやっているかというと、企業の人事担当の人が出向したりしていてクルクル変わるし、そういう意味でちゃんとした保険者ではないと思っていました。市町村になると、もうお役所です。政府管掌健康保険は、社会保険庁が保険者です。全国をカバーしていると言ったって、各都道府県に支店（保険課）を置かせてもらって、保険課長は地方事務官で、いるけれども働いていない。だから、現実の保険者はそういう意味で機能していないというか、それは問題だと思っていました。だから、むしろドイツの疾病金庫のように、本業として保険者機能を果たすグループが出てくれば、そっちのほうがいいのではないかと思います。当時は、やっぱり親方日の丸になっていました。保険者を本当に自分の仕事としてやる人が、日本にいないのではないかと考えると、独立型がよいとは単純には言えませんでした。保険者機能については、特定健診、特定指導やデータヘルスとか、いろいろたくさん仕掛けはつくられてきています。保険者機能という人たちはそっちに走っていく。

土田　新しい保険者機能ですよね、あれはね。

保険者の都道府県化、医療提供体制について

菅沼　保険者の単位ですけれども、2002年の段階で、例えば、国保については都道府県化とか、中小の健保組合の動向によるある意味での都道府県化、それから政管健保の都道府県化ということで、将来的には、都道府県単位にぜんぶ保険者を統合していくというようなビジョンがあったのでしょうか。

中村　1つは、財政単位という言い方をしていて、保険者そのものをどうするかについては、踏み込めませんでした。皆保険になって以降、ずっと国民健康保険に関しては、「都道府県にもっと関与して欲しい」という厚生省と、「絶対に嫌だ」という全国知事会とで折り合わなかったのです。これも今回の一体改革のなかでやっと合意ができました。国民健康保険財政を支援する財源を、消費税と後期高齢者医療の支援金を総報酬割にすることで用意する、ということで合意が成立しました。とにかく、総報酬割で浮いた国費をぜんぶ国保に注ぎ込むということを条件に、やっと飲んでもらったということです。我々が2002年改正の法案をつくった後に議論していた時も、この2002年度の基本方針が確定した時も、たぶん都道府県単位にするということは言えなかった。そうあって欲しいとは思っていましたけれども。

菅沼　理想的なビジョンとしては、提供体制も都道府県単位で整理するというので、保険者の単位と提供体制の単位が一致するというのが、厚生省としてはビジョンとして描いていたのかなと、外から見ていてそういう感じもしたんですけれども。

中村　そういう方向性というか、そうであればいいな、という気持ちはみんな持っていたと思います。例えば、提供体制の改革と医療保険の改革と担っているチームが違うので、提供体制の改革をやっている人たちは、良くも悪くも医療保険のこととは無関係にやっていましたから。

それでも、提供体制改革もしなければならないというので、皆さんにはあまり記憶がないと思いますが、２００1年の9月に厚生労働省試案（21世紀の医療の将来像）が出されています。そこでは、急性期病床の将来試算というのも出して、今でいう地域医療構想と似ていますけれども、試算A、B、C、D、Eを推計しています。中村審議官は、「だから急性期の病床数は42万床なんですよ、皆さん」といって説明して回りました。

土田　これは、いつ試算をしたんですか。

中村　ですから、２００1年9月25日の厚生労働省試算です。

土田　そうですか、初めて聞きました。

中村　この厚生労働省試算では、現状の課題として、「医療提供体制の効率化・重点化の不足」、「競争が働きにくい医療提供体制」、「比較可能で客観的な情報の不足」などを挙げています。また、「情報基盤等の近代化の遅れ」も指摘しています。ＩＴ化の遅れ、標準化の遅れ、医療経営の近代化が遅れているとした上で「情報化、経営の効率化の推進」を訴えています。標準化の遅れ、医療経営の近代化が遅れていると、指摘しています。どうして、ここで情報化を書いているかというと、規制改革会議にレセプトの電子化と言わせているから、こちらでも受けなければ駄目だというので入れているわけです。「医療におけるＩＴ化の推進」をうたいました。

当時、駒場エミナースという施設があって、坂口大臣に泊まっていただいて、大臣を缶詰にして保険局と医政局で朝から1日半、レクチャーと討論会をしました。法改正に向けた作業のキックオフとしての合宿でした。時期は忘れてしまいましたけれども、保険局が新メンバーになって、とにかく法改正に向けた作業をやっていくので大臣に知っていただこうということでした。その時には、保険局も医政局も駒場エミナースに詰めて、まず時間割を作って、それぞれ大臣に聞いていいただき、ディスカッションしました。その際、医療提供体制の姿についても、両輪としてつくりますという話をしました。

土田　それを9月25日に示したと。

中村　ええ。だから、なるべく提供体制改革もついてきてもらうというか、一緒にやろうということでした。提供体制についても課題は多く、いろいろと責められていたわけですから。

平成17年介護保険法改正

老健局長①：2003年介護報酬改定

土田　それでは、後半の介護保険法改正についてお願いします。

中村　医療保険が終わって、検討を指示している附則を見返してやるような立派な改革案をつくると言っていたら、2002年の夏に、みんな一斉に所払いになって、私は介護保険を担当する老健局長になりました。私は、2002年8月に老健局に来たわけですが、介護保険は2000年4月に始まっており、3年に一度の介護報酬の改定が迫っていました。つまり、2002年12月の予算で介護報酬の改定の枠を決め、2003年4月に介護報酬の改定をしなければならないという時期でした。また、介護保険は実施後5年たったら見直しをするということを約束していました。その5年後の見直しを担当することになりました。堤さんが前任の老健局長だったので、堤さんからバトンタッチをして老健局長になりました。老健局長に就任した時は8月でしたので、介護報酬改定については介護給付費分科会がある程度動いていましたが、とにかく改定幅が決まるのが12月なので、それに向けてどうするかということでした。最初の介護報酬の改定なので、すごく緊張もしましたし、それから介護保険料の全国平均が確かその時２９１１円でしたが、関係者はみんな次の保険料がどうなるか心配していました。要介護認定を受けている人も増えているし、介護給付費も順調に増えているので、将来の持続可能性を考えて、あまり大盤振舞いはできないと思いました。特に、介護報酬の改定は、第２期の介護保険料に連動しますので、その点は、すごく気にして改定をしました。

それから、小泉総理の下での介護報酬の改定です。小泉総理は、引き続き「痛みを伴う改革」と言っていましたので、介護報酬については全体でプラス改定はないなと思いました。２００３年度の予算編成も厳しい状況でしたので、省全体の予算編成にも貢献することが求められていました。したがって、介護報酬のマイナス改定は必至でした。私から見ると、当時の介護保険は、施設偏重で、かつ、施設の経営状態は良いものでした。さらに、措置費の時代から介護保険に切り替わる時に、介護報酬において施設に財源を積み込み、施設経営には余裕があると認識していました。つまり、措置費の時代は50人の経営している施設と１００人の経営している施設では単価を変えるなど、いろいろきめ細かく措置費を設定していました。介護報酬では、それに比較して均一で設定していますので、移行時に施設にある程度の余裕財源が生じました。とにかく、これからの介護保険において施設偏重は是正する必要があるし、在宅サービスが脆弱であり、その充実が必要でした。したがって、在宅部門はマイナスにしないということにしました。質問票にも出ていますが、在宅は何とか＋0・1％のプラス改定で、施設をマイナス4％ということで、全体の改定率マイナス2・3％のマイナス改定になりました。

それに、介護保険は医療保険と違って、中医協のようなしっかりした3者構成になっていません。中医協はいろいろ議論があっても、最終的には医師会が束ねて、医師会が交渉する。そういう意味では中医協は中央交渉に相応しいのですが、介護給付費分科会はとにかく事業者側が分散していています。施設だけでも、特別養護老人ホーム、老人保健施設、介護療養型医療施設の3施設があり、その代表が3人出席します。在宅では、ヘルパーの代表、ケアマネの代表、デイサービス、デイケアの代表がいるなど、いわば陳情合戦です。介護給付費分科会は、毎回2～3時間の会議時間ですが、委員1人が1回発言して終わりになってしまいます。それぞれが要望事項を述べて終わり、という陳情大会の様相を呈します。そこで議論が積み上がるということはありません。したがって、私は、それぞれのサービスの現状と課題について、局内で整理して、改定の対応方針を決めていきました。

最も留意していた第2期の保険料は、2911円から3293円に上がりました。2003年の介護報酬の改定後、2005年に制度改正をしました。この2003年の介護報酬の改定と、制度改正に伴い2005年の介護報酬改定、さらに3年に一度の定時改定である2006年の介護報酬の改定をしています。２００５年の制度改正と、一連の介護報酬の改定で、介護保険の費用の伸びが鈍化しました。例えば、介護用品のレンタルでも、歩けるような人に電動ベッドを支給するのはどうかとか、きめ細かく見直し、特別養護老人ホームなど施設の居住費、食費は基本的には自己負担という制度改正をしました。今日でも、介護レンタル業界の人に会うと「酷い目に合った」と言われますけれども、実際に、給付の伸びが鈍化した改正ではなかったかと思います。

老健局長②：高齢者介護研究会の設置

中村　それで、２００３年２月に老健局内の改定作業が終わりましたので、２００３年３月から、本格的に介護保険法改正の作業に取り組もうということになりました。介護保険法の改正案については、最後には審議会（老人保健部会）にかけるのですが、審議会にかけると陳情大会で、利害調整に終わってしまうので、審議会にかける前に、今回の改正でできることを目一杯「陣取り」をしようということで、「高齢者介護研究会」を立ち上げました。メンバーは、個々の組織の代表というよりも、有識者に入ってもらって、何が問題かということを、自由に議論していただこうということにしました。メンバーの1人の樋口恵子さんは、3月19日付けで辞めているのは、都知事選で石原慎太郎さんと闘うために立候補したためです。そういう時代でした。

このメンバーで、とにかく理論的な整理をしようとしました。改正に向けて、最大の陣取りをするという狙いでした。そこで、有識者間の討論と、外部から16人のゲストスピーカーを招いてヒアリングをしました。けっこう寒かったけれども軽井沢で合宿をして、それから長野県の当時真田町（現在は上田市）にある、「アザレアンさなだ」という、施設を地域に分散してケアを行っている事業所を視察しました。質問にも出ていますが、「高齢者の尊厳を支えるケアの確立に向けて」という副題が付いていますが、これは座長の堀田（力）さんが強くこだわり、認知症になってもその人らしさが残っているから、認知症になっても尊厳あるケアをしなければいけないということで、サブタイトルが付きました。それからキーワードでいうと、「長期継続ケア」とか「多職種協働」は、尾道の医師会長であった片山壽委員がずいぶん言ってくれました。

それから、個室化とかユニットケアは、亡くなってしまいましたけれども当時京大の建築の教授をしていた外山義さん（高齢者介護研究会の委員ではありませんでしたが）が主張していたものです。彼は私がストックホルムにいる時に、私費留学で来ていて、スウェーデン王立工科大学で学んでいました。彼とはその頃から友だちで、帰国後病院管理研究所に入り、日本財団が全室個室の施設をつくるというので、外山さんが各地に日本財団の資金で施設をつくっていました。「個室・ユニットケア」は外山さんの貢献です。それから、宅老所が認知症ケアに有効だというので、福岡の宅老所「よりあい」の下村恵美子さんとか、熊本の「きなっせ」の川原秀夫さんに来てもらってヒアリングをしました。これをもとに、「小規模多機能」を組み立てていった。それから、「地域密着型サービス」、「施設機能の地域展開」については長岡市の小山剛さん、それから視察に行った「アザレアンさなだ」の宮島渡さんにもヒアリングに来てもらいました。

さらに、「地域包括ケア」という言葉は、広島のみつぎ病院の院長の山口昇さんが、自ら地域で実践していることを「地域包括ケア」と呼んでいたのですが、山口さんの場合はみつぎ病院が市役所も飲み込むという、いわば垂直統合型です。我々の地域包括ケアはそれとはちょっと違う地域包括ケアです。それから認知症については、認知症疾患研究・研修センターの東京センターの研究部長をしていた永田久美子さんたちの話をよく聞いて、「リロケーションダメージ」などの表現が盛り込まれています。

とにかく、たくさんの人にヒアリングしました。自慢できるのは、当時あまりスターではなくて、というか正式な審議会では声がかからない人たち、あるいはそれぞれの業界の、いわゆる、本流の人たちではない、いわばニューリーダー、あるいはアウトサイダーのような人たちをたくさん呼んで組み立てたことです。そういった意味で既存の福祉業界の人たちからは、少し危険と見られていた人物でもありました。このようなことも、全国老人福祉施設協議会から「今度の老健局長は特別養護老人ホーム解体論者だ」というビラが出回るきっかけになったのではないかと思います。

高齢者介護研究会はこういう形で議論しました。報告書では、介護保険施行後見えてきた課題で6つあるはずですが、その中で、例えば、「在宅サービスが脆弱」だとか、「要介護高齢者のほぼ半数は、痴呆の影響が認められる」とかが指摘されています。介護保険制度がスタートした2000年4月の介護保険給付費は、72％が介護3施設の費用で、居宅サービスは28％しかないとか、要介護の認定者が314万人いるけれども、認知症の影響のある人が149万人、施設に入っている人の8割が認知症の影響があるということもわかりました。そこで「新しいケアモデル」をつくろうとか、「在宅で365日・24時間安心を提供する」、そのために「地域包括ケアシステム」をつくるということを言い、やはり、地域包括ケアはこういうことだ、ということを報告書で書きました。また、サービス基盤の整備としては、「小規模多機能」とか、これはサービス付き高齢者住宅として実現するまでに7年くらいかかりましたが、「新しい住まい」を提案しました。「地域密着」、「サテライト」、「個室ユニットケア」について提言し、これが制度化されました。

老健局長③：2005年改正の概要

中村　法改正としては、目的規定を整備し、「尊厳の保持」を規定しました。食費・居住費の自己負担の導入、要支援の者に対する新介護予防給付の創設、地域密着型サービスの制度化、給付のメニューとして小規模多機能の追加、それから地域包括支援センターを創設しました。地域包括支援センターの設置には費用がかかります。その財源を確保しなければなりませんので、介護保険制度の中に「地域支援事業」という枠組みをつくりました。地域支援事業は、介護保険の財源（これには保険料財源も含まれます）も使って、市町村が一定の事業ができることにするというものです。この仕組みによって、市町村は地域包括支援センターの費用を出すことができるようになりました。当時、例の小泉内閣の「三位一体改革」が進んでいて、「国から地方へ」という流れがありました。その一環で補助金制度の見直しがあり、既存の補助金は定着するとみんな地方交付税回しになるということになりました。そうでなくとも、義務的経費以外の補助金は毎年10％カットされる状況でした。そういう中で、一般の財源をつかった場合、地域包括支援センターの全国的な設置、普及は望めませんでした。そこで、地域支援事業を創設し、地域包括支援センターの設置を進めたのです。現在では、地域包括支援センターの数は4000ヵ所を超えていて、その支所も入れると7000ヵ所を超えています。

このような財源は一般財源では出せないので、我々はそのことを強く意識して、地域支援事業をつくりました。かつて、補助金の見直しでいちばん被害にあったのはがん検診です。健診は定着したので、交付税回しにしろと迫られ、がん検診を地方交付税回しにしてしまったのですね。それで、わが国のがん検診は普及せず、質的なコントロールも十分ではなくなってしまいました。地域包括支援センターがそういう目に合わないようにするためにつくったのが、この地域支援事業です。これは、介護保険のための「特定財源」なのです。この仕組みであれば、10％カットとか、地方交付税回しと言われずに済みます。児童相談所が、いまだに全国210ヵ所とか、そういうレベルです。児童相談所はなぜ増えないか。財源が一般財源で、国からは地方交付税です。十分な財源が確保されていません。そういう中で、なぜ地域包括支援センターが7000ヵ所もできるか。ある意味でアンバランスです。アンバランスですけれども、仕方がないのです。介護保険制度は、幸いにして今、11兆円を超える財源が確保されています。その中で、例えば、3％だとしても何千億円という規模になるわけです。その財源を利用できるから地域包括支援センターが整備できるのです。これがないと地域包括支援センターもできないし、そうすると高齢者の相談の窓口がないし、そうなると地域包括ケアもできない。それから、介護保険法の改正では、「認知症」への用語の変更も致しました。

老健局長④：介護予防の推進

中村　その後の給付費の伸びは、居宅と地域密着が伸びて、2000年4月分の給付費が2190億円といっていたのが2017年4月分では7230億円になって、施設のシェアは72％から33％まで落ちている。

介護保険制度が直面していたもう1つの課題が、要介護認定者、特に、軽度者の増加です。これに関連して、ケアマネジメントがうまくできていないということがあります。

介護保険制度のスタート以来、要介護認定者が増加したのですが、特に軽度の要支援、要介護1の人の伸びが3・53倍と大きいことが目立ちました。要介護2の人の伸びも2・75倍でした。要介護度の軽い人の伸びが大きいということで、ここをどうするかというのが課題でした。それに対する施策としては、やはり、介護予防だろうというので、高齢者介護研究会に続いて2004年に「高齢者リハビリテーション研究会」を立ち上げました。そこで、議論して介護予防を中心に制度改正に取り組みました。

軽度の人を中度、重度にしないように介護予防に努める。それから、人口の5%程度がハイリスクグループなので、この部分に対して予防事業をやれば要支援、要介護にならなくて済むのではないかと考えて、これも地域支援事業の枠組みで、市町村に予防事業を実施してもらうことにしました。こういう介護予防の推進をしようということで制度改正に取り組みました。これは評判が悪くて、当時、パワーリハということを言い出した先生がいました。このパワーリハというのは、筋力トレーニングをするのですが、使用する機械が高額でした。そうすると、「今の老健局はパワーリハ集団と癒着して業者の利益のためにやっている」とか、「介護マフィアだ」とか週刊誌に書かれたりしました（笑）。それから、国会審議でも、野党の議員から「高齢者に筋トレを強制する」とか、「根拠がない、効果がない」とさんざん責められました。国会審議でこの介護予防の問題が延々と議論されて本当に大変でした。そういうことでしたが、制度改正の柱の1つとして、介護予防に取り組んだということであります。

その後の介護予防事業の変遷を振り返ってみますと、2006年に市町村を実施主体として創設されました（これは我々がやったことです）が、市町村事業として実施した二次予防事業には高齢者人口の5％が参加することを目指してきたけれども、0.7％しか見つからなかった、とされています。事業の対象者を把握するために高齢者にチェックリストを配ったのですが、この費用が3割もかかってしまうので見直しをしようということになりました。この方式ではうまく対象者が把握できないので、地域で様々な事業を企画して、そのようなイベントなどに住民の方に出てきてもらって、その活動に参加しているなかから、ハイリスクの人を見つけるようにしようという方式に転換することになりました。地域でカフェとか、集いの場、体操教室をやるとかし、そこに参加する人たちに声かけをして、ハイリスクグループを見つけようということです。2014年の介護保険法改正で、要支援の人に対する訪問介護、通所介護（介護予防給付）が、3年間で廃止され、以後、地域支援事業に移行することになりました。それまでの地域支援事業での予防活動に加えて、要支援の方々への支援を含め、新たに介護予防日常生活総合事業として実施されることになっています。このように、介護予防が歩んだ道は平坦ではありませんでしたし、今日でも引き続き介護保険制度の課題であり続けています。いずれにしても2005年の制度改正は、介護予防の出発点になっています。

老健局長⑤：高齢者リハビリテーション研究会の設置

中村　「高齢者リハビリテーション研究会」を立ち上げたと申しましたが、リハビリテーションについては、じつは私自身、リターンマッチという思いがありました。1990年に老人福祉課長になった時に、今日的な表現でいえば、もう少し自立支援型の介護ができないのか、老人福祉においてもう少しリハビリが強化できないのか、という思いがありました。老人福祉課には、リハビリテーションに関する専門的なスタッフがいなかったので、老人保健課であった伊藤雅治課長のところに行って、そこの課長補佐の長谷川敏彦君（医系技官）に「一緒にやろうな」と声をかけました。彼も「はい、中村課長、わかりました」と調子よく言っていたのですけど、結局、何もできなかったということがありましたので、その後も、ずっと高齢者のリハビリについては、問題意識を持っていました。

話はさらに遡るのですが、1977年だったと思いますが、国立身体障害者リハビリテーションセンターができる時に、大臣官房の総務課で審査係長をしていました。国立身体障害者リハビリテーションセンターの設置に関する厚生省令の決裁が回ってきました。元々私たちが審査して、「名称は、国立身体障害者リハビリテーションセンターとする」などとした厚生省令ですので、決裁文書に判子を押して、総務課長のところに持って行ったらなかなか通してもらえませんでした。総務課長は、何故、身体障害者のリハビリテーションセンターなのか、医療のリハビリテーションを先に整備しなくてよいのか、という政策論としての問題提起でした。その時以来、「日本のリハビリはどうすればいいのか」ということがずっと頭の隅に残っていました。日本の医療の中でリハビリテーションはきちんと位置付けられていないという意識がありまして、機会があればリハビリテーション研究会をつくりたかったのです。しかし、老健局長としてそういうことをやると、他局の領域を侵犯してしまい、越境して撃ち落とされることになるので、高齢者リハビリテーション研究会にしました。

実際は報告書を読んでいただくとわかりますが、急性期のリハが足りないとか、けっこうリハビリテーション全般にわたって議論を展開しています。老健局としては、その中で必要な部分を取り込んで、介護予防事業に仕立てたという訳です。この研究会は、本当は日本のリハビリテーションの総ざらいを目指したのですが、そうしたら意外なことに研究会の議論は難航し、取りまとめは大変でした。研究会をしてみてわかったのは、東大の名誉教授の上田敏先生を座長にお願いしましたが、「なんであの先生を座長にするんだ」という声が出るように、リハビリテーション関係者の間で流派争いというか、いろいろあることがよくわかってえらい苦労しました。例えば、「急性期のリハ以外は、リハじゃない」という先生が出て来たりということだったのですが、とにかく報告書を何とかまとめました。

そうしたら、この時期は、今から思うとリハビリテーション医療の夜明けでした。2000年の診療報酬改定で回復期リハビリテーション病棟が創設され、少し広がり出したところで、その関係者とか、医療界からの反応がけっこうありました。この研究会報告は「リハビリに光をあててくれた」というので評価していただいて、その後、回復期リハビリテーションなどが大きくなるのに、多少は貢献した面もあるのではないかと思います。

コラム

初台リハビリテーション病院

「高齢者リハビリテーション研究会」を機縁に親しくなったのが初台リハビリテーション病院の石川誠先生だ。保険局の審議官時代に「良い病院」を見て回ることを心がけていた。その頃、東京都渋谷区初台に、リハビリテーションで有名な石川誠先生が病院を開設したと聞いたので、早速訪問した。その時、石川先生とは初対面であった。後で伺うと「何の監査に来られたのだろう」と思ったそうで、何となくぎこちなかった出会いであった。

高齢者リハビリテーション研究会の報告書をまとめたところ、石川先生から関係者を集めた説明会を開催するので来てほしいというお話があった。高齢者リハビリテーション研究会を設置したことを評価していたのだ。これを機会に親しくなった。

当初、タクシーで「初台リハビリテーション病院まで」といっても、場所を知る運転手さんはいなかった。長嶋（茂雄）さんが入院した病院ということがスポーツ紙に載ると効果覿面《てきめん》で、以後、運転手さんに告げると、「ああ、監督の病院ね」ということで全く苦労がなくなった。

石川先生は、元浅草、成城にも在宅地域ケアセンターを持ち、地域リハビリテーションに取り組んでおられる。船橋市の委託を受けて、市立船橋リハビリテーション病院も運営している。回復期リハビリテーションの発展、地域リハビリテーションの展開を、石川先生を通じて学ばせていただいた。

石川先生が文科系の本を読む読書会をしたいというので、2006年5月から朝の読書会が始まった。週1回、朝7時半から、初台リハビリテーション病院の会議室に集まり、終了後朝食を頂いて、8時40分に終了という輪読会だ。メンバーは出入りがあるが医師、看護師、介護事業者、建築家、ジャーナリスト、電子カルテメーカー、公務員（現役・OB・OG）など多彩だ。和辻哲郎著の『風土』ではじまり、この13年間で50冊を超える本を読んできた。

この読書会が続いている理由の1つに、この病院の朝食が大変に美味しいということがある。毎回の朝食が本当に楽しみなのだ。「リハビリテーションは患者さんの意欲が大事で、そのためには食事がおいしくなければならない」という石川イズムが徹底しているのだ。

読んだ本に因んで（というより強引に理由をつけて？）金沢、長崎、高知、京都への「修学旅行」も行った。仕事を通じたご縁が、私の人生を豊かにしていただいている。有難いことだ。

老健局長⑥：介護保険部会での議論（被保険者の範囲）

中村　審議会である介護保険部会のほうは、２００４年に本格的に審議していただきました。改正内容には、もちろん食費とか居住費負担もありましたが、この点については、各委員に理解していただいてそれほど苦労した覚えはありません。いちばん大変だったのは被保険者の年齢拡大です。現行制度では、40歳以上の人が被保険者として、介護保険の保険料を払いますが、介護保険をつくる時から「介護の普遍化」という議論がありました。被保険者は20歳以上の人として、保険料を払ってもらって、要介護の人は全年齢を対象にするという主張です。制度設計当初からその議論があり、2005年改正時では、労働組合の連合が「介護の普遍化」を支持していました。介護保険部会では、連合の花井圭子委員がずっと「20歳以上にすべきだ」と発言していました。私が局長になって2年目から、山崎史郎君（昭和53年入省）が老健局の総務課長になってきて、彼は香取君と一緒に介護保険の制度設計をし、つくった人間ですが、彼もずっと将来の介護保険料を見越せば、支え手を広くしておいたほうがいいので、被保険者範囲を20歳からに挑戦しようということで頑張りました。

この問題に密接に関連した動きとして、障害福祉の動向がありました。障害保健福祉部でつくった支援費制度が2年間で破綻して、これを何とかしなければいけないということになっていました。その時に、1つの案として、介護を普遍化することによって、障害者の介護保険相当部分は、若年の障害者でも使えるようにする、という案が浮上しました。いわば、支援費制度を介護保険が抱きかかえる案です。つまり、連合も言ってくれている、介護の普遍化という理念がある、それから、将来の保険料負担の問題がある、加えて、破綻した障害者福祉を支える、この3点からチャレンジすることになりました。

しかし、企業の保険料負担が増えるということで、経済界が猛反対、障害者団体も反対に回りました。これは、まず、介護保険に入るとサービス利用時に1割負担がかかるので、これが反対の理由です。それから、被保険者として保険料を負担するので、若い障害者の保険料負担が発生するというので反対でした。このように障害者団体との調整がつきませんでした。

それから丹羽雄哉さんが、絶対反対と言われました。支援費制度は、丹羽さんが厚生大臣の時につくられたのですが、その制度が破綻する事態になって、「支援費制度では（当時の社会・援護局に）騙された」と言って、すごく怒っていました。丹羽さんには、介護保険制度をつくったという意識があって、「きれいにできている介護保険に、あんな失敗策の尻拭いをさせると、介護保険の純粋性が失われる」と、これはテコでも動かないという感じでしたね。

そういう経過で、与党からの支持も得られないことになりました。他の議員は経済界から言われると反対するけれども、丹羽さんが賛成してくれて、何とかまとめられるかどうかという話です。なにしろ、丹羽さんは、介護保険を２０００年4月1日に実施する時の大臣であったわけですから。その際、亀井静香さんたちの介護保険実施延期論も何とか乗り越えた大臣ですので、介護保険については丹羽さんの発言力が強いのです。我々は、介護保険部会で、一旦は、年齢問題以外の部分の報告書をまとめるまで審議をして、年齢問題だけをさらに延長戦で議論したのですが、その丹羽さんが「障害との統合は、駄目だ」ということがあって、最後まで駄目で、

2005年改正における年齢問題は断念することになりました。その後の改正では、基本的に2005年ほど年齢問題は正面から取り上げられていません。

年齢問題を最終的に断念できたのは、「支援費に利用者負担1割導入すれば、障害福祉サービスについては、義務的経費化を認める」と財務省が言ってくれたので、障害者自立支援法で1割負担を書いて、そのかわり義務的経費化するということになりました。そうすることで、障害サービスは、支援費制度のようには破綻しなくて済むということになりました。その目処が立ったので、障害保健福祉部も、もうご心配なく、ということになって、2005年改正では、対象年齢の引き下げを諦めたという経過です。

介護保険法の国会審議は、さっき言った介護予防でさんざん揉めて長くかかりました。尾辻（秀久）大臣の下でやっと介護保険法を通すことができたわけです。その途端、国会が終わってしまったので、障害者自立支援法も国会に提出していたのですが、通らなくて、国会は郵政解散があり、廃案になってしまいました。尾辻大臣は、「ぜひこの障害者自立支援法は、臨時国会で再提出して通したい」ということになって、私は即戦力になるし、「廃案にした責任の一端があるから」というので社会・援護局に行きまして、10月の臨時国会で、障害者自立支援法の国会審議を担当しました。障害者自立支援法の1割負担はさんざん国会でも反対されました（笑）。

老健局長⑦：認知症への名称変更

中村　それから、認知症については、名称を改めたいとずっと思っていました。痴呆性疾患研究・研修センターが、全国で3センターあるのですが、長谷川和夫さんが当時、東京センターの所長をしていました。長谷川さんに会ったら、「やはり、痴呆という名前だと予防活動がしにくい」と言ってくれたので、「私もそう思うので、じゃあ、名前を変えましょう」と提案しました。「できるの？」というから、「まず、3センターの所長で坂口大臣宛ての要望書を出してください。そうしたら直しますから」と言って、要望書を出していただきました。坂口大臣に要望書を持って行って、「こういうことで名前を変えたいと思いますので、変えさせてください」と言って、了解していただき、検討会を設置しました。高久（史麿）先生に座長になってやっていただいて、名称案について公募もしました。「夢見老人」とか、いろいろおもしろい案も来ました。それから当時のぼけ老人を抱える家族の会（現アルツハイマー協会）の人たちからも要望を伺いました。彼らは「病気であることをはっきりさせて欲しい。障害という名前は、使わないで欲しい」とか、いくつか条件がつきました。検討の結果、最終的に「認知症」になりました。

２００４年12月24日、クリスマスイブの日に、検討会でまとめていただいて「認知症」と決定しました。嬉しかったのは、25日の朝刊各紙が1面に「おことわり」として、「厚生省の検討会が認知症としたので、これから認知症にします」と報じてくれました。ＮＨＫもその日から「認知症」にしてくれて、「痴呆」が一晩で「認知症」に変わりました。これにはすごくびっくりしました。今の老健局長の大島（一博）君（昭和62年入省）が、当時、我々がつくった厚生省の痴呆性老人対策室の初代室長で、この室の名前も変わりまして、認知症対策室長ということになりました。このように用語が変わったので、介護保険法でもグループホームなどは「痴呆」という言葉を使っていたので、法改正時に「認知症」と法律上も見直しいたしました。

土田　どうもありがとうございました。

介護報酬と保険料水準

田中　まず、介護報酬の改定からお伺いできればと思います。保険料の引き上げは、ひと月5000円みたいな、そういう相場観はあったんですか。

中村　2000年4月に法施行する半年くらい前から、「介護保険の施行を先延ばししたらどうか」という議論が出るなど、緊迫した状況でした。私は、政策課長だったのですが、丹羽さんに「介護本部が大変だから手伝ってやれ」と言われて、介護本部に出入りしていました。その時、2000年4月1日時点の全国の介護保険料の見込みについて、一所懸命作業しているところでした。月額2900円程度というのがわかってきて、介護本部では、将来どこまで出してもらえるのだろうかということをさんざん議論していました。その当時は、審議官が堤さん、老人保健福祉局長は大塚さんでしたが、堤さんは「5000円がいいところじゃないか」と言っていました。だから、将来5000円を超えないように頑張らなければいけないし、その5000円に達するようになったら少しずつ、譬えがおもしろかったのですが、気球が重りの砂を落とすように、介護保険も少しずつ砂を落とすのだと言っていました。私も、「へえ、そうかね」と思ったりして、当時の山崎君、香取君、唐沢（剛）君がいたり、堤さんや、大塚さんと話をしていると「5000円かなあ」と言っていたので、それが当時の担当者の共通の見解だった思います。だから、最初の介護報酬改定をする立場としては、先の保険料のことも考えて、2911円からスタートしましたけれども、できるだけ上がらないに越したことはない、というスタンスでした。ただし、一方では、ちゃんとサービスも普及しなければ駄目という認識でした。さっき申し上げたように、介護給付費は非常に伸びていました。だから、必要なサービスはきちんと伸ばさなければならないし、もし過剰な伸びということがあるのであれば、そこのところは、介護予防や適正化で何とかしなければいけないという気持ちでした。

ちょうど、2000年の高齢者の数が2180万人で、要介護認定を受けた人が218万人で、その割合は10％だったのです。その要介護認定率がどんどん上がっていく状況で、現在では全国平均で18％ぐらいになっています。この18年で2倍近くになっています。それは、単に高齢者の数が増えているだけではなくて、質的に後期高齢者が増えているので、要介護の人が増えているという要素もあるとは思いますが、一方では、介護保険を使いたいという人が増えているということがあります。保険料を払っているし、サービスを使わなくては損だという人もいるかもしれない。そこの一種モラルハザード的なものがあるのであれば、それを防ぎたい。本当にそういうことをやるためには、ケアマネージャーがちゃんとしなければいけない。最後は、そこの議論になりました。地域包括支援センターをつくった時に、予防給付のケアプランの作成は、ケアマネージャーに任せないで地域包括支援センターで実施するとしたのは、じつは、ケアマネージャーのあり方が非常に問題になっていましたので、そこを締めなければいけないということでした。

ケアマネジメントには問題意識を持っていました。「アセスメントなど、当然行われるべき業務が必ずしも行われていない」ということです。現在、例えば、和光市は介護予防を非常に一所懸命やっていて、要介護認定率も低くて有名です。和光市が特別ではなくて、和光市こそが我々が考えている本来の姿です。最近では、大分県が和光市を見習っています。大分県は、以前は要介護認定率が全国平均より高かったけれども、現在で全国平均を下回る効果をあげています。このように地道な努力をきちんとすれば、効果があると思います。

例えば、和光市の要介護4、5の認定率は全国平均と同じくです。つまり、和光市の要介護認定率が低いのは、軽度の者の認定率が低いからです。そういう特徴があって、和光市民はそれで文句を言っているかというとそういうことではなくて、むしろ要介護にならなくてハッピーです。しかし、脳血管疾患などで要介護度4、5の人の出現率は同じでしょうから、和光市はそこをセーブしているわけではないのです。だから、少なくとも2005年チームからすると、和光市の取り組みが特別ではなくて、彼らが本来やるべきことをやっていて、ほかの市町村ができていないということです。このような介護予防をどうやって全国的に広めていくかが課題ですね。

田中　ちょっと細かい話になってしまいますけれども、保健師さんをここで入れたのは、ポイントというのはあったんですか？

中村　もともと1990年に在宅介護支援センターをつくった際、これは補助金で実施したのですが、その職員は、保健師と介護福祉士、それから看護師と社会福祉士の組み合わせとし、常に医療と福祉の組み合わせということで考えていました。そういう意味では、特別に意識したわけではなく、自然な流れで地域包括支援センターにも保健師さんはいるという経緯です。

田中　あと、今日もちょっとお話があった、介護報酬は施設側に有利な部分があった、と。はじめ介護保険をつくる時というのは、高めに出していたと考えてよろしいんですか。

中村　というか、2000年4月の状況を見てもわかるとおり、ゴールドプランで在宅福祉の推進をやっていたようにみえて、じつは、やはり施設しかなかったということですね。

介護保険制度に切り替わる時に、とにかく従来、措置制度で運営してきた人たちが、介護報酬制度に移るわけだから、本当は嫌がるのが自然です。措置制度であれば、何もしなくたって措置費というお金が入ってくる仕組みでしたから。それが介護保険になって介護報酬で運営することになる。急に「これからは経営だ」とか言われて、みんな不安になります。いかに措置制度で経営してきた人たちに、介護保険制度にうまく渡ってもらえるかということは、大きな課題でした。だから、移行時にあまり厳しいことはできなかったのです。みんなが「よかった」と思って、まず、介護保険への橋を渡ってもらうことを考えたはずなのです。そういう意味では、施設に対して手荒なことはしていない。手荒なことはしていないというか、穏便に、移行時には、みんないいようにする。そういった中では、経営がうんとよくなる人もいるわけですね。初期の頃はそういう状況でしたので、私のときは、施設の介護報酬は、まだ4％下げることができました。

食費・住居費の見直し

菅沼 介護報酬改定でのホテルコストのところですが、これを利用者負担にしていくというところでは、スムーズにできたのでしょうか。

中村 まず、厚生労働省内の要請としては、2005年度の予算については、老健局が、つまり、介護保険制度の見直しで財源を出すということがありました。振り返りますと、小泉内閣時代の5年間で1・1兆円、社会保障予算の伸びが抑制されました。平均すると1年間に2200億円の伸びが抑制されました。その後の話になりますが、小泉さんが総理を辞める時に策定した骨太方針2006で、社会保障予算については5年間、毎年伸びを2200億円削減することが決まりました。その後の第一次安倍（晋三）内閣はじめ歴代内閣は、みんなそれで苦労したという経緯があります。自民党の厚労族には、この2200億円のカットが民主党政権につながったというくらい、トラウマになっています。

小泉内閣が成立した2001年から辞める時までの5年間で1兆1000億円の伸びを削れたというのは、毎年何か抑制策を実施してきたからです。02年、04年は保険局が3割負担の導入や診療報酬のマイナス改定で対応しました。その足りないところは、国保の国庫負担金の一部を都道府県の負担にするとか、様々な方策が模索され、各局にいろいろな注文が出た。そのように当番制になっていました。2005年は、医療保険は制度改正も診療報酬改定の予定がないし、介護保険だという話になった。そのような背景もありますが、もともと介護保険の将来のことを考えれば、食費・住居費は自己負担にしていただかなければいけないという判断でありましたので、食費・住居費負担を導入することで制度見直しを進めました。ただ、低所得者対策の必要性があります。このため、補足給付という、低所得者に対する負担軽減措置を介護保険の中でつくりました。低所得者に対しては、食費も居住費も減免措置をとることにしました。こういう措置を講じて、食費、居住費の自己負担を何とか導入しました。

本当は、ヨーロッパのように住宅手当があると楽でした。低所得者には住宅手当があると、年金制度も楽で、基礎年金だけでも住宅手当があればきっと生活保護にはならないでしょう。これから先の制度改正の課題は、年金の最低保障機能を高めるのか、今の年金を基本にして、住宅コストを別の方法で賄うのかという問題がある。住宅手当があれば、補足給付を介護保険でやる必要はないのですが、住宅手当がいまの日本にはないので、介護保険で食費、居住費の負担を求めた上で、低所得者に対しては補足給付として、もう1度負担軽減のための給付をしています。ただ、補足給付をする時に、ご承知のとおり、低所得者の定義が税制しかないので、そうすると本当に低所得者なのか、見掛け上の低所得者なのかという問題がでてきます。その後の介護保険改正で問題になりましたけれども、遺族年金などは非課税になっているけれど、遺族年金も補足給付の判断をする時に考慮に入れるとか、もし資産を持っていれば資産も考慮に入れるとか、そういうことに次第に目配りしなければならなくなっています。真に必要な人に補足給付を出すという制度にしていかなければいけません。

補足給付を制度化した時には、介護の保険料は5段階でした。1段階、2段階は減免した保険料が適用されていました。また、保険料の3段階目までは、住民税は本人非課税でした。したがって、本人非課税の人を補足給付の対象者にすると、65歳以上の人の6割くらいが本人非課税になってしまいますから、これらの人が食費・居住費を徴収しても一部は減免されることになります。本当に住民税が課税されている人は少数派です。

それから、４人部屋で居住費を負担させるのは酷だという議論がありました。大熊由紀子さんに「雑居部屋」と批判されていましたし、雑居部屋からまた居住費を取るとなったら大熊さんに何と書かれるかわからないというので、最初は４人部屋から居住費を取るのをやめておこうとか、いろいろ工夫はしました。

個室ユニットケアについてですが、現在、入居者の3割か4割くらいは個室に入っています。特別養護老人ホームの部屋数を計算すると、既に部屋数としては個室のほうが４人部屋より多くなっています。そのくらいがんばって個室を整備してきたということです。いまだに、高齢者に個室は「贅沢だ」と言う人もいますけれども、でもそういう人に限って自分は４人部屋に入らないと思っているのです（笑）。

要介護認定のあり方と介護予防

土田　予防給付についてお聞きしたいのですが、介護保険は非常に成功した制度だと思いますけれども、あそこで見直しが必要だったというのは、要支援とか要介護1の人が予想以上に増えたということで、そこをどうしようかということだと思います。その際、もともと日本の要介護認定というのは、下から認定しますから、ドイツなんかですと要介護3くらいですね。要介護者対象者をもう少し引き上げようという、逆の発想はなかったですか。

中村 ありますね。亡くなった池田省三さんもよく言っていましたが、ドイツの介護保険の対象者は、日本の要介護度3、4、5に該当する人だということで、日本の介護保険は優しすぎるというか、対象者の範囲が広すぎるというのはよく指摘されたことです。しかし、介護保険をつくった人たちに言わせると、「空くじなしにしろ」と言われたということで、老人福祉法の世界で何らかの面倒を見てもらった人は、みんな介護保険の対象にしてくれというのが政治的な要請だったということです。要は、老人福祉法時代でいうと、寝たきり老人のような、「常時の介護」を要するという者が、特別養護老人ホームの対象と定義されていましたが、そういった高齢者以外に、さまざまな虚弱高齢者に対するサービスも行われていました。そこで「空くじなしにしろ」という政治的な要請に応えて、「要支援」もつくることになった。介護保険法上は、要支援の人については予防的な観点で、介護給付は要介護1、2、3、4、5に対して行うということでした。私も、2005年の見直しの時に、要介護度の中・重度の人に限定するという案も考えました。その誘惑は非常にありました。道がそこで2つに分かれたはずです。軽い人たちを放置しておくとどんどん重度化する。結果として、重度になった人に事後的に介護保険を使うのか、むしろ積極的に軽い時に対応して、重度にしないという予防のほうに行くのかという、2つの分かれ道になったと思います。２００５年改正は、予防の道を選んだというのが本当のところだと思います。

しかもそれだけではなくて、要支援になる前のハイリスクの人たちにも手を着けて、ここから要支援に入らないようにする、それから要支援の人から要介護にならないようにという方式をとった。それは高齢者リハビリテーション研究会の報告書にも出ていますが、当時、日医総研にいた川越雅弘さん（社人研にいてその後、県立埼玉大学の先生になっています）が、島根県の要介護認定者の分析をしていて、軽度の人は、膝が痛いとか腰が痛いとかいう筋骨格系で、重度の人は、脳血管疾患の人であるとか、そういう実態が明らかになってきた。いわゆる、廃用性モデルのグループと脳血管疾患グループ、認知症によって低下するグループと3パターンがあって、それぞれに対応していかなければいけないという整理をしました。廃用性グループは数も多いし、女性も多い。このグループに対しては適切なリハビリテーションをすれば、大川弥生さんなどに言われましたが、とにかく予防できるということでした。そこで、そちらの道を選択しようと舵を切った。その点は、高齢者リハビリテーション研究会の報告書が影響しています。

片方で、パワーリハとか筋トレも出てきて、国会で阿部知子議員に「中村局長、あなたみたいな人がやっているから駄目なんです。根拠もない、データもない」とさんざん怒られました。筋トレなんかとんでもないということでした。阿部さんは徳洲会のお医者さんでしたが、私は、徳洲会の建て替える前の湘南鎌倉病院に見学に行って、いま徳洲会の理事長になった鈴木（隆夫）さんというお医者さんに案内してもらったことがあります。その時に、徳洲会の老人保健施設に行ったら、パワーリハの機械が10台くらい置いてありました（笑）。そこのスタッフに、「僕、阿部さんにさんざん言われた」と話をしたら「いや、阿部さんが来て、『これは、いいわね』と言っていましたよ」と言われてびっくりしました。いつか阿部さんに会ったら言ってやろうと思って、いつも会うのですけど、気が弱いものだからちょっと言いそびれて今日まできています（笑）。

その後も、例えば、日本医師会の常任理事をされた鈴木邦彦さんは、茨城県常陸大宮市で病院を経営されています。彼のところに行ってみても、リハビリの病院を持っていて、退院した人がリハビリできるように、通所のリハビリセンターをつくっているんですが、そこでのリハビリテーションを見ても、筋トレマシンではないけれども、ちゃんと機器を使ってやっていて、高齢者の人が本当に喜んで使って予防していました。きちんとリハビリテーションをしている人たちには効果があるのではないかと思いますね。

土田　調査を委託されまして、リハビリを初期にやればどうかと。そうすると、杖をついて来た人が、２週間ぐらいあればほとんど歩いて帰っていくという事例がいくつかありまして。ただ、その後で、「そういうことができる場所なり人がいないんだ。それをあまり計算しないで実施したからうまくいかなかった」ということを言われたんですけれども。

中村　例えば、高齢者に数メートル先のポールを回って帰ってくる秒数を測ると、訓練する前は本当によろよろしているのが、訓練した後はスタスタスタと歩いて帰ってこられるようになっています。高齢者は歩くのが遅くなり、信号が渡れなくなります。だけど、リハビリテーションをすることで、信号がちゃんと青信号の時に渡れるようになる。それで出歩けるようになりますが、問題は、そういう訓練はできるけれども、家に帰ってそれを使うインセンティブがあるかということです。つまり、行く場所があったり、参加したいことがあったりするかどうかという話になって、リハビリテーションは何かやりたいという人に対しては効果があるけど、訓練室でとにかくやらされている感があって、やっても、退院したら家で寝ているという人は、リハビリテーションの効果はすぐなくなってしまうということです。それなので、「参加や活動が」大事だという話になってきます。だから、単にチェックリストを配って、今これができないからこれは介護予防事業の対象者だ、特定高齢者だと思ってピックアップしようとしてもうまくいかない。健康教室などしても、そういうところに来る人は関心の高い人なので、その人たちは繰り返し、繰り返し来る。その人は来なくてよくて、本当に来てもらいたい人は、行政が掴めないという問題が出てくるわけですね。

土田　ちょっとお聞きしたいのは、もう1つはその前から福祉系大学がいっぱいできまして、それでいろいろ養成されますよね。その後、いわば過剰状態になってくるんですけれども。そういう場合、文部省に「新設大学で、そういうスタッフをもう少しつくってくれと」いうような、厚労省が要請してああいうふうに増えていったわけですか。

中村　それはないと思います。

土田　そうすると、文部省独自の?

中村　ええ、厚労省から「これ以上医者を増やすな」ということを要請したことはあるし、ある時期は「医者が足りないから医学部を増やしてくれ」という要請をした歴史はありますが、それ以外の個別の職種について言ったことはないと思います。

土田　介護関係では言ったことはないと。

中村　それからもう1つは、柔道整復士の養成校を厚生省が制限しようとして裁判で負けたことがあって、それ以来、学校をつくることについてストップはかけられなくなっています。いわば、学校を開設したい人がいて基準が合えば、学校であれば文科省が、養成校としてつくるのであれば厚労省が所管ですが、つくることができます。そこで卒業してきた人が、国家試験なりに合格すれば、資格を認めるという仕組みになっているので、ある時期から需給のコントロールは効かなくなっていると思います。大学設置認可申請する時に、医学部と教育学部と獣医学部は新設できないとされてきました。文科省が告示で止めていたのです。医学部は琉球大学の医学部以来、何十年もできなかった。それが、震災対策で東北薬科大学が医学部をつくって、国家戦略特区で国際医療福祉大学に医学部ができました。獣医学部については、加計学園が開設しました。これも国家戦略特区の枠組みでした。

将来の発展を見据えた地域包括ケアシステムの構想

菅沼　地域包括支援センターはワンストップで相談できるという、これはいつ頃から構想されるようになったのでしょうか。

中村　さっきの2003年の高齢者介護研究会の報告書で、地域包括ケアシステムをつくっていくこと、そのためにそれをマネジメントする機関が必要であると指摘されました。1990年にスタートしたゴールドプランにおいて、在宅介護支援センターをつくっていたのですが、その報告書をもらって、2005年の法改正の時に在宅介護支援センターでは不十分なので、地域包括支援センターをつくって機能強化をしようということになりました。特に、先ほど申し上げた軽度の人に対するマネジメントができていないので、そこをまず担当することにしました。さらに、ケアマネさんも困っているだろうから、ケアマネさんの相談にも応じるような機能を果たすものとして、地域包括支援センターといたしました。「地域包括ケアシステム」としたものだから、それの中核となるセンターなので、地域包括支援センターということになりました。

地域包括ケアシステムの役割としては、様々なサービスのコーディネートです。連携と連絡調整、コーディネートを行うことが仕事です。従来の在宅介護支援センターの役割の再検討を行い、その機能強化を図ることとしました。そして、法律で規定する際に地域包括支援センターとしました。その費用が必要となるので、先ほど説明したとおり、地域支援事業を創設しました。あと、成年後見制度も振るわないと言っているから、地域支援事業で支援できる事業といたしました。

地域包括支援センターは、介護保険の制度ですので、高齢者の相談センターなのだけれども、地方自治体では他にセンターはできないから、このセンターがいずれ児童への相談とか障害者の相談とか貧困者の相談に使われるに違いないと考えました。あるいは使われるようになってほしいと思いました。いずれ、地域包括支援センターは、地域のプラットホームになるはずだから、「高齢者」とか「介護保険」という名を付けないで、「地域包括支援センター」にしました。この点については、みんなで議論して、「地域包括支援センターという名無しの権兵衛でいこう」ということになりました。「どうせそうなるよ」ということでした。

そうしたら、私は世田谷区の住民ですけれども、世田谷区は地域包括支援センターを「あんしんすこやかセンター」といって、「あんすこ」と言うのですけど、2年ぐらい前からその「あんすこ」では、高齢者以外も相談の対象とするようになっています。障害者、貧困、児童の問題も全て「あんすこ」で受け付けるようになっています。これは世田谷区の取り組みですが、各地でだんだん広がるでしょうね。厚生労働省も「我が事・丸ごと」と言っています。市町村も言われる度に相談センターばかりつくっていられません。一方、働く人も少なくなり、市役所だって人員カットされているわけですから。そうすると、1人の人がいろいろなことをやらなければならなくなります。地域包括支援センターはいま7000ヵ所もあります。これを利用しない手はないということになると思います。

その時に難しいのは、児童の相談をした時の費用を介護保険に回すと問題になるということです。現場では会計検査院が来て、どうだとか、いろいろそういう話が出てきています。本当は厚生労働省が、そういったことをもう少しきちんと整理してあげる必要があります。「我が事・丸ごと」というのは格好いいけれども、本当はそこの制度化をどうしていくかが課題です。2017年の介護保険法の改正と2018年の介護報酬の改正で、共生型サービスが創設されました。これは、障害者支援法の事業所が介護保険の対象者を引き受けられるし、介護保険の事業所が障害者も引き受けられるという、相乗りスタイルです。だから、先ほど申し上げた障害者と介護保険の関係も、正面から「40歳から」を「20歳から」という議論よりも、現実のほうはこういう形で「ごちゃ混ぜ」にしてケアするとか、それを実践している「富山型デイサービス」とか、いろいろな形態ができてきており、そういう形で収斂していくのではないかと思います。

制度ごとに、この箱は高齢者、この箱は障害者というのではなくて、相談支援もそうですけれども、1つの箱（サービス）の中にいろいろな対象者が入ってくるようになるのではないでしょうか。こちらの動きの方が、年齢拡大より早いかもしれないと思います。

田中　2015年の高齢者介護の報告書ですけれども、報告書をまとめる時には委員の方が直接書かれるパターンと事務局のほうが書くパターンと、これはどちらだったんですか？

中村　これは事務局です。でも、軽井沢で合宿して、夜の7時か8時頃まで議論して、その後、委員と私たちは懇親会になりましたが（笑）、北波（孝）君（平成2年入省）たちが当時課長補佐で気の毒なことに、別室で泣きながら修正作業をするという次第でした。そのようにして、徹夜で修正した原稿を、また委員に見てもらう形で進めました。その繰り返しですけれども、100%原稿はそのスタッフが書きました。

土田　北波さんは非常に詳しいので、どこで覚えたのかなと思ったら、こういう作業で覚えたんですね。

田中　地域包括ケアシステムは、今おっしゃられたように介護保険に留まらないで、医療も福祉もこの発想でということだと思いますけれども、この報告書の中で地域包括ケアを中核に添えようということになったのは、どういうふうな経緯ですか。

中村　先ほど申し上げましたとおり、介護保険施行後の課題が6点ほどありました。その課題を解決していくためにはどうすべきかという議論を重ねました。そこで、サービスメニューが足りないとか、居住費を徴収するとか、そういう話は別として、『2015年の高齢者介護』だから、10年後にどういう介護を目指すかということが主題になります。そうすると、認知症に対応できていないからそういうものに対応する。つまり、これからの高齢者介護は認知症に対応できないと半分の人に対応できないから、認知症対応で考える。そのため、サービスも、例えば、小規模多機能は固定したスタッフで認知症の方と向き合える。認知症の人は、担当者がクルクルと変わるのが苦手だから、ということで、そういうサービス体系を組み立てていくわけですね。

もう1つは、サービスを地域でマネジメントする役割が必要になります。サービスについてはそれぞれのパーツはあるけれども、高齢者の状態は刻々と変わります。病院から地域に帰ってくる人もいる、地域から病院に行く人もいる、その繰り返しで推移していく。最期、その人が死を迎える。そこまで面倒みていく。看取りの問題です。それから、困難ケースがある。介護保険のサービスだけでは対応できない。だからといって、放っておけないから周りも動員しなければいけない。そうすると、そういうことの調整機能なり、地域資源を捕まえてくる人がいなければいけない。それはコーディネート機能だということになりました。そういうふうに見ていくと、そういうオペレーションがないと個別のサービスだけをつくってポンポンポンと置いておいても駄目だし、ケアマネさんだけでも駄目だろうということになりました。そうなると、そのオペレーションをする機能が必要で、それを地域包括ケアと名付けたということです。

地域づくりと地域包括ケア

中村　このようにして地域包括ケアが登場した。地域包括ケアは、要介護高齢者を在宅で支えられないとか、認知症に対応できていないということを乗り越え、これらの人々が在宅で暮らし続けられることを実現するための、あくまでも手段であって、地域包括ケアシステムをつくること自体が目的ではない、ということです。逆にいうと、地域包括ケアシステムがなくても、そこの目標が達成されればいいわけですね。だけど、介護保険施行後5年の見直しを行う段階では、在宅福祉が極めて脆弱な状態で、在宅では支えられていない現実がありましたので、とにかく地域包括ケアシステムが必要であると訴えたわけです。継続的な支援ができなければ駄目で、ターミナルまで支えられなきゃ駄目で、困難事例も支えられなければ駄目ということで、その解決のためには多職種協働や住民参加が必要であるということでした。それに向けて、みんなを動かすようにしていかなければいけない。それができれば、何も植木鉢だろうが葉っぱだろうが形はどうでもいいのです。それが地域包括ケアシステムの原点だと思います。

だから、あくまでもポイントは「見えてきた課題」でした。要介護認定者が増加している、在宅サービスが弱い、居住系サービスは伸びている。つまり、居住系サービスが伸びているというのは、自宅では暮らせないけど、自宅に替わる住まいがあればよいという話と、あとは個別ケアの取組みが課題だし、ケアマネジメントが十分でないということになりました。さらに、認知症への対応が必要だということでした。これをやっていくために、こういうことが必要だという形でアプローチしてきました。いろいろ分析すれば、コミュニティベースのケアとかネットワークづくりとか、概念的にはインテグレーテッドケアだとか、後日、皆さんがいろいろ分析していってくださいます。それはもういくらでも分析していただいても結構だと思いますが、実務家としては、とにかくこういう人たちが孤独死したり、引きこもりになってしまったりすることのない、地域がつくれればいいということでした。

だから、市町村ごとに考えれば、大分市ではこうだし、国東半島のほうではまた違うのだとか、置かれている状況は市町村ごとに違うし、そもそも住民も違うでしょう。したがって、そこは自治体職員の腕の見せどころではないですかね。それから、地域に住む人たちが自分たちはどうしていくかという話になります。

田中　お話を伺ってなるほどと思ったところは、三位一体の関係で地域支援事業が頭にあってできてくるというところですけど、保険料が事業に入ってくるといったことについて……。

中村　それはすごく反対されました。特に、医療保険者の代表の健保連、それから経団連の人たちにはすごく反対はされましたが、「まあ、そんな大した額じゃないし」とか言って押し通しました（笑）。

田中 法制局なんか、すごく煩そうですけど。

中村 いや、そんなことはないです。ぜんぜん煩くないと思います。だって、これは決めの問題ですから。

データと取組事例による政策の説得力

松本 審議会とか介護給付費の部会が、なかなかまとまった制度設計とかあるべき姿の話が難しいのでというお話をされましたが、そうするとこの改正を主導されたのは、まさに老健局という理解でよろしいのでしょうか。

中村 とにかく、介護保険法の制定に当たって、「5年たったら必要な見直しをするからやらせてください」と約束した経過があるし、政府は「5年たったら検討し、所要の措置を講ずるものとする」と法律の附則に書かれています。まず我々（政府）がここは義務として負っていたという意識がありました。どの改正もそうだというわけではないですが、これについては当事者意識がありました。それで、5年たったら見直しをするという以上、その時にわかった実施状況を踏まえる必要がある、と考えました。

介護保険がよかったのは、データがたくさんあるということです。即時的に出てくることでした。措置費の時代でやっていた時は、まず決算の数字があがるまでに2〜3年かかるわけです。だから、実施した政策の効果がどうであったかがわかるまでに時間がかかりました。現時点でわかることは、2〜3年前の結果で、しかも詳細なデータはほとんどない。せいぜいわかるのは特別養護老人ホームの措置費の決算額というデータしかなくて、利用者ベースのデータはほとんどないという状況でした。

それに対して介護保険は、要介護認定のデータがあります。それから毎月、毎月診療報酬と同じように事業者が介護報酬を請求します。要するに、翌月の10日までに前の月の分の請求を出し、その翌々月には介護報酬が支払われるという仕組みになっているから、データは非常に早く入手できます。それぞれの市町村に、要介護度別に何人いるということがすべてわかるし、サービスの利用状況も全部わかる。したがって、政策の検証ができるし、タイムラグなく政策が組めます。2005年の改正に向けて議論をした時も、2000年、2001年、2002年の3年分のデータがあって、しかも新たなデータが月々入ってくるわけです。そういう面で、非常に検討がしやすかったと言えます。

利用者の半分が認知症の症状があって、施設に入っている8割が認知症というようなことは、措置の時代には全く掴めませんでした。だから、旧厚生省は、認知症に関し、もっともらしいことを言っていましたが、ほとんど手さぐり状態でした。その頃はいくつかの自治体で、精神科医が参加した調査の調査結果から得られた出現率の平均値をもって、「認知症の人がこれだけいる」というような状態でした。それと比べると、介護保険はデータが得られて、ものすごく政策が立てやすい、反省もしやすい仕組みになっていました。今後は、それがもっともっと進むと思うし、我々の時代は介護保険のデータしかなかったですが、これからは医療のデータと結びつくようになります。それから、現状では個人のデータはつながっていないから、その人がどうなったかフォローできませんが、マイナンバーができてそれと組み合わせることができれば、10年間、20年間の個人のデータがつながるようになるから、医療や介護に関してもっとわかってくることがあるはずです。

そういう意味では、これからの政策の可能性は、2003年当時のこの議論と比べ、もっともっと進んでくると思います。格段に政策ツールが増えてくるし、たぶん研究者の皆さんにとってもたくさんデータが出てくるし、逆にいうと、そういうデータを扱えないとこれからは研究者として生きていけないかもしれないですね。だから、これからの役人もかわいそうですよ（笑）。データがわからない中でやっていれば、いい加減なことをやっても結果が出るまでに数年かかるから責任が問えません。今は結果がすぐに出るから、そういう意味では厳しいけれども、だんだんいい社会になりますよね。

松本　今の報告書のところですけれども、委員の先生方以外にたくさんのヒアリングをされたりとか、お話を伺ったりされた。そういった方々は、必ずしもその業界で、まだ共通認識になっていないようなことも含めて、最先端というか、ニューリーダーの方でいらっしゃったと。そして、その成果が、その後の政策に反映されていったようにお伺いしたのですが、わりと新しいというか、その取組みを政策に取り入れて実現できたというのは、局長のお考えがすごく反映されているのか。

中村　まず、そういう人の話を聞いてレポートにまとめて、「だからこうするんだ」という方針でやることにしました。その方針で、今度はステークホルダーのいる審議会に出ていくわけですね。ステークホルダーの方々は、「自分たちを蔑ろにして勝手にこういうことをして」と必ず思っているわけです。したがって、審議会が始まった冒頭で、「そういう研究会の報告書があったけど、自分たちはそれに捕らわれない」と必ず言い、実際、そのような発言が続きました。私は「どうぞ、どうぞ。捕らわれなくてもいいけど、じゃあどうするの」というスタンスで臨みました。結局、そういう形でやっていくしかないわけですね。そもそも高齢者介護研究会にどういう人を呼ぶかというのも、こちらも考えがあって呼んでいるわけですから。こちちもゲストスピーカーがどう言うかもわからないで呼んでいるわけではなくて、当方では、ある程度、こういう報告書を書きたいという希望があって呼んでいるわけですから。これからの介護のあり方はこうで、そういう目で見て、モデルになる人がいるかということで選定していました。望ましいと考える取り組みを、1人でも実践をする人がいれば、こちらの立場は強いと思います。誰も実践していないことを報告書に書いても誰も信用しませんが、1人でも実践していたら強いわけですね。そういう人を見つけて、連れて来られるかが、結構大事になります。その後は、やってみてその政策が広がるかどうかとか、今度は政策評価の話になります。だから、失敗が許される官庁だったら……千言って三つ当たればいいというのが経済産業省だけど（笑）、われわれはそれとまた違いますから。みんなの保険料と税で実施する事業ですし、利用者、患者の生命と健康に直結し、その人の生涯に係わる仕事をしていますから、千に三つ当たればいいという役所のようにはいきません。むしろ、万に1つでも失敗すると大騒ぎになるというところですし、その大騒ぎによって、内閣だってひっくり返るかもしれないということですから、自ずとアプローチが違うわけです。全世代型社会保障にしても、誰がつくるかによって、だいぶ肌合いの違ったものになる可能性はありますね。

介護労働者の処遇問題

土田　最後に、介護保険でこれからの問題というのは、労働者の問題ですよね。働く方の、賃金の問題とか処遇の問題とか。そこのところは、当時はそれほど重視していなかったのですか？

中村　調べてみようと思うのですが、ちょうど私たちがやっている頃にワーキングプアという話が出てきました。それをＮＨＫが取り上げて、「介護従事者がワーキングプアだ」ということを言って、それからすごく逆風が吹くようになりました。当時の介護関係者はみんな「ＮＨＫはひどい」と怒っていました。ワーキングプアの議論で、ちょうど潮目の変わる頃が、２００５、６年だったと思います。別にＮＨＫだけのせいにするわけではないですが。

そのようにして、人手不足の問題が次第に深刻になってきました。人手不足の面からいうと、バブル期の１９８０年代後半がいちばん深刻でした。その時は、看護師不足が最も深刻でした。それは、85年の医療法改正で、病床規制を始めました。しかし、改正法の施行までタイムラグがあって、この間、医療機関の駆け込み増床が起こりました。そこで、看護師が必要になりましたが、そうでなくともバブルの真っ盛りで人手不足の中で、駆け込み増床による看護師ニーズが高まり、深刻な看護師不足が生じました。私は、当時、北海道庁で勤務していたんですが、道庁に東京のお医者さんが立ち寄りました。「先生、何しに来たの？」「いや、看護師を求めて道内を歩き回っているんだ」という状況でした。

私は89年４月に帰って来たのですが、老人保健福祉部でも、人材確保対策をしなければいけないということになりました。それで、当時、厚生省は人材確保指針を策定しました。しかし、確保指針ができた途端にバブルが弾けて、一挙に人手不足はなくなって、それからまたずっとなくて、私が社会・援護局長になる前後、ですから10年振りくらいに、不況の中でも介護職を中心に人手不足が起こってきて、また人材確保指針を変えなければいけなくなりました。でも、今から思うとだんだん若い人の数が減ってきていました。だから、有効求人倍率は、これからは景気に関係なく、これからはずっと高いのではないかと思います。ということなので、そういう中で若い皆さんから行きたくない産業と思われている建設とか介護をどうしていくかというのは、大きな課題だと思います。介護労働者の処遇を改善するというのであれば、社会保障システムでやっている限り、保険料を引き上げるしかないですね。保険料を上げたくない、人は確保したい、というのでは通りません。

菅沼　老健局長の時の介護報酬改定で、居宅介護支援費を改定して、ケアマネージャーの待遇がかなり改善されたと思いますけれども、あの頃、ケアマネージャーを介護事業所から独立させる、自立して営業できるようにしたらどうかという議論があったと思いますけれども、その点については何か。

中村　ケアマネについてはずっと議論があります。というのは、介護保険をつくったグループの中でも議論があって、私が、彼らの話を老健局長として聞いていても、香取君と山崎君がいつも2人で喧嘩しているのです。じゃれているようなものだけど。「山崎さんがああいうケアマネ制度をつくるから、こういうふうに苦労している」と香取君は言うし、山崎君は「香取、そんなことを言ったって、ケアマネ制度をつくらなくちゃいけなくて、それをつくるためには独立のケアマネだけではできるわけがないから、これでしょうがなかったんだ」というやりとりでした。そもそも制度創設時もそういう議論をしていたということです。我々の改革については、報告書とか、あるいは審議会の答申を読んでいただくとわかりますが、ケアマネージャーの中立性ということを強く意識して書いていますが、やっぱり個々のサービス事業者から切り離すまでにはいかなかったし、いまだにそこはできていなくて、大きな課題だとは思います。

あと、まったく当てずっぽうなことを言ってはいけないですが、介護ニーズを持った人は医療需要もあります。そうすると、医療と介護の連携が必要になります。そういう側面からもう1回、ケアマネジメントと医療マネジメントについて議論し、見直すチャンスがあるのではないかと思います。高齢者医療の改革を考える時に、私は「医療ケアマネ」をつくるべきだと言っているんですが、その話をどうしていくのか。あるいは、家庭医の議論はずっとあるので、かかりつけ医でもいいですが、日本流の家庭医的なものがもしできたとして、その家庭医（かかりつけ医）とケアマネの関係をどうしていくかがテーマになるでしょう。そして、かかりつけ医がある程度ケアマネを監督できる、アドバイスできるというか、一体として動くようになってくると、状況がちょっと変わるかなという気がしています。

土田　介護医療院が、一歩先にいったんじゃないですか（笑）。

菅沼　つまり、いろいろな人がケアマネできる。看護師もできるし医師もできるし、資格は取れるという形にはしていましたよね。

中村　もともと公務員の人もいます。この前、奄美市に行ったら、奄美市役所の人がケアマネの資格を持っていていていました。奄美市は地域包括支援センターを直轄でやっていますが「地域包括支援センターができて以来、私はそこにいます。なぜならケアマネの資格を持っていて」と言っていて、「当時は、ちょっと勉強すると公務員でもケアマネ資格を取れたんです。今はそうでなくなったので、後輩がいないので私はずっとここです」と言っていました（笑）。おもしろいなというか、いろいろなことに影響がありますね。

土田　どうもありがとうございました。

厚生行政オーラルヒストリー

第4回　ヒアリング

日　時　2018年10月26日(金)　13時25分〜17時10分

場　所　医療介護福祉政策研究フォーラム

聞き手　土田　武史（早稲田大学　名誉教授）

山田　篤裕（慶應義塾大学経済学部　教授）

岩永　理恵（日本女子大学人間社会学部　准教授）

松本　由美（大分大学福祉健康科学部　講師）

深田耕一郎（女子栄養大学栄養学部　講師）

田中聡一郎（関東学院大学経済学部　講師）

第4回　質問表　社会福祉・援護行政、社会保障と税の一体改革に関する質問表

社会保障と税の一体改革に関わる事柄についてお伺いしたいと思います。なるべく当時、ご一緒にお仕事をされた方々（上司・同僚・部下）の名前を挙げてお話頂きますと大変有難く存じます。

社会福祉・援護行政　※平成17年8月〜20年7月：社会・援護局長。厚労大臣：尾辻秀久、川崎二郎、柳澤伯夫、舛添要一。

1　**骨太の方針2006（平成18年7月）の衝撃**

※省内では、5年間2200億の削減の手法／日程をどのように議論したのか。

2　**障害者自立支援法の国会審議（平成17年2月国会提出、8月郵政解散。同年10月可決。70時間審議、衆参34項目の付帯決議）。**

・改革内容：障害サービス一元化、障害程度区分の導入、原則1割の利用者負担、就労支援強化、義務的経費化。

・国会審議での主な争点、障害団体の動きと支持の取り付け（賛成5団体、反対3団体）。

・施行後：利用者負担とサービス抑制の議論、負担軽減のための特別対策の立案、応益負担廃止論への対応。

3　**社会福祉・援護行政**

・生活扶助基準に関する検討会（平成19年10〜12月）：局長としての関わり　※19年7月北九州の事件報道。

・社会福祉士・介護福祉士改正（平成19年12月）：定義・義務規定の見直し、資格取得方法の見直し。

・生協法改正（平成19年5月）：共済の契約者保護、員外規制・県域規制の緩和、利用事業（医療福祉）の法定化。

・「これからの地域福祉のあり方に関する研究会」の設置意図（平成19年10月〜20年3月）。

社会保険診療報酬支払基金　※平成20年9月〜22年9月　社会保険診療報酬支払基金理事長

1　**レセプトの完全オンライン化（平成23年度）に向けて**

・三師会の反対（高齢医師）とレセプト電子化が急速に進んだ理由、「事業仕分け」対応、支払基金と国保連の統合論（審査支払機関の在り方に関する検討会）、支部間格差の要因（今後の審査委員会の在り方に関する検討会）。

社会保障と税の一体改革　※平成22年10月〜26年2月：内閣官房社会保障改革担当室長

※平成24年10月〜25年8月：社会保障制度改革国民会議事務局

1　平成23年7月「社会保障・税一体改革成案」の立案　※21年8月：民主党政権発足

・着任の経緯。社会保障改革担当室のメンバーと役割分担（厚労、財務、総務省？）、担当室のミッション。

・（もしご存知であれば）平成21年度税制改正法附則104条の形成プロセス。

・有識者会議による3つの理念、5つの原則の提案　※構成員の提案なのか？

・ねじれ国会の不安定な政権運営の影響（平成22年7月より）　※担当室は与党・野党とどのように調整するのか？

・「成案」における具体策、工程、所要財源の検討プロセス（消費税引上げの社会保障支出等の増1％、機能強化3％、機能維持1％）　※どのように立案されたのか。提案をする関係者や政策の優先順位のつけかた。

・民主党の社会保障案（後期高齢者医療制度廃止や所得比例年金＋最低保障年金）の検討状況と挫折のプロセス。

2　平成24年8月「社会保障・税一体改革関連法案」の成立

・平成23年12月29日民主党一体改革調査会、税制調査会合同総会：消費税引上げ時期の明記を了承。

・「成案」から「大綱」にいたる中での内容変化。※社会保障の部分と税の部分をどのように調整するのか。

・マイナンバー制度の検討状況　※民主党は低所得者対策の基盤としての期待？　自民党や公明党の意向は？

・国会審議の様子や三党協議による修正プロセス（総合こども園の削除、低所得高齢者の年金加算の設計、交付国債規定の削除、短時間労働者の被用者年金の適用拡大から「検討」へ、給付つき税額控除と複数税率、国民会議の設置、景気弾力条項など）。

3　**平成25年8月「社会保障制度改革国民会議報告書」の発表**

・21世紀（2025年）日本モデル（全世代が年齢ではなく負担能力に応じて負担し支え合う）の発想の源。

・政権交代を挟んだ事務局運営（近いうち解散）。議題の設定方法や印象深い論点。報告書起草の様子。

4　**平成25年12月「社会保障制度改革プログラム法」の成立**

※社会保障制度改革国民会議報告書との関係

以上

社会福祉・援護行政

社会・援護局長①：障害者自立支援法の制定

土田　それでは、始めたいと思います。

中村　社会・援護局長は3年やりました。障害者自立支援法は、私が老健局長をやっている時に、2005年の通常国会で老健法の一部改正が揉めたものですから時間をとってしまって、廃案になってしまいました。尾辻（秀久）さんが厚生労働大臣でしたが、「ぜひ臨時国会で再提案して通したい」という大臣の強い意向がありまして、それで人事異動があり、私は、社会・援護局長になりました。障害保健福祉部長は、私の入省2年下の塩田（幸雄）君が部長やっていたのですが、同じ人事異動で医系技官の中谷（比呂樹）さん（その後WHOの本部に行って活躍されて、いま慶應大学の医学部の公衆衛生の先生をしています）が就任しました。そうすると、それまで国会では、障害保健福祉部長が政府の参考人で答弁をしていたのですが、急に、医系技官の中谷さんが来て、法案の審議での部長答弁は酷だろうというので、局長が答弁することになりました。

もともと野党民主党はこの法案に反対でしたから、「なんで答弁者が変わるんだ」という質問まで出たりして、尾辻さんが、「適材適所です」とか、「部長より局長が答弁するんで、格が上がったからいいでしょう」などという変な国会のやり取りもありましたが、そういう形で国会審議に対応しました。

これは、お話したかもしれませんが、支援費制度が基礎構造改革の一環という触れ込みで制度化されました。しかし、制度が動き出してすぐに、財政的に破綻に瀕しました。身体障害と知的障害を対象にした制度でした。保険料はないけれども、介護保険的なイメージでやろうということで、サービスをどんどん使ってくださいということになりました。施設の費用は国庫負担が義務化されていましたが、在宅の費用はそうなっていないということで、制度施行後すぐ、ホームヘルパーの費用とかそういうのが払えなくなって、行き詰りました。厚生労働省が、障害者団体の人たちに車椅子で取り囲まれるという事態になりました。それで、前にもお話しましたが、介護保険の年齢引き下げで対応するのか、障害者の新法で対応するのか、という選択肢になったわけです。障害者団体は、「介護保険は嫌だ」と言います。また、丹羽雄哉先生は、社会・援護局に騙されてこんな不完全な法案にさせられて、そういう不完全な法案の尻拭いを立派な介護保険にやらせるのは絶対反対だということで、政治的にもその道は絶たれることになりました。

それで、利用者の1割定率負担を導入することが条件で、財政当局ともセットできて、国庫負担の義務化が実現することになりました。精神障害も加えて3障害セットで障害者自立支援法をつくることになりました。また、「定率1割負担」というのは国庫負担の義務化のために、どうしても欠かせない条件であったわけです。3障害統合と、サービス体系としては介護保険よりもさらに進んだ形で、日中活動と夜の居場所を分けるという進んだものになっていました。地域移行、就労支援をサービスに組み込むこともしていました。

報酬の支払い方も変わりました。措置費の時代には、知的障害などでは定員に応じて措置費を支払う「定員払い」、「箱払い」が行われていましたが、新制度では実際の利用者数に応じて支払う「実員払い」、「利用実績払い」にすることになりました。既存の事業者たちには、厳しい見直しになりました。

制度的には、1割負担がいちばんの問題になりました。事業者の中でも、地域移行、就労支援を目指すニューウェーブのグループと、昔ながらの入所施設でやってきた旧来の障害グループとの対立があり、そこに、それぞれに国会議員もついてという構図でした。ですから、私がバトンタッチを受けた時は、法案は既に1度国会に提出されており、これが再提出でしたので、ご質問にあるような障害者団体との対応ということはありませんでした。とにかく「天下の悪法だ」という民主党と、郵政解散後で多数を取って、政治的には強くなった小泉（純一郎）政権の最後の時に、1割負担で押し切るような形でこの法案は成立しました。

ただ、国会審議の過程でも、繰り返し「値上げ法案だ」、「非人道的な法案だ」と言われ、障害者の方々にそう言われると政治家も弱いものですから、さまざまな低所得者対策とか、特例措置を講ずることになりました。したがって、応益負担、定率負担とは言いながら、妥協を重ね、実質的な負担率は1％にも満たない、ほとんどただに近い状態です。障害者は貧しく、自己負担は限りなく少なければならないという、旧来のパラダイムで攻撃する長妻（昭）さんや山井（和則）さん対政府という対立の構造であったわけです。

法案成立後も、1割負担は攻撃され続けて、柳澤（伯夫）大臣からも、「障害児は無料にしたらどうか」とかずいぶん言われて、大変辛い思いもいたしました。しかし、財務省との約束もあり、筋は筋だというので、できるだけそれに抵抗するというのが、法案を提出し、また施行に移すのが私たちの立場でしたので、大変でした。

民主党のマニフェストには、障害者自立支援法の廃止が謳われていました。民主党政権になって、いよいよ障害者自立支援法を廃止するということで、障害者団体の人たちも入れた検討会もつくられました。結局、野党自民・公明と協議する中で落ち着くところに落ち着いて、私の感じで言うと、ほとんど障害者自立支援法の骨格を変えないまま障害者総合福祉法になったという経過だと思います。

障害者自立支援法ができた時に5000億円程度であった障害福祉サービスが、今は10年超えて1兆3000億円とすごく増えました。とにかく国庫負担の義務化をすることによってサービスも伸びるようになったということで、一定の成果はあがっていると思います。ただ、例えば、働いた障害者に支払われる工賃をもっと引き上げてという点についてはなかなかうまくいっていないし、就労支援のA型の事業者が倒産して障害者が解雇されるとか、問題がないわけではありません。それでも地域移行、就労支援は進んできたし、月額約8万円の1級の障害基礎年金があって、これに加えて数万の就労収入があれば、地域で何とかアパートを借りて自立できるようになっているのではないかと思います。それが障害者自立支援法です。

社会・援護局長②：三位一体改革と生活保護問題

中村　それから、小泉政権で行われました三位一体改革、権限と補助金を地方に移管するという方針の下で、生活保護がポイントになりました。骨太方針2004の三位一体改革で地方へ3兆円税源移譲するとされました。それに合わせて補助金もカットするということで、11月16日の政府・与党の三位一体改革の合意書で、「平成17年度中に以下について検討を行い、結論を得る」とされ、生活保護・児童扶養手当に関する負担金の改革は、「地方団体関係者が参加する協議機関を設置して検討を行い、平成17年秋（2005年の秋。つまり、私が局長になった秋）までに結論を得て、平成18年度から実施する」とされていました。

私が局長になった時に、「生活保護費及び児童扶養手当に関する関係者協議会」という検討会が設置されていて、厚労大臣、総務大臣、財務大臣の3大臣と、石川県知事の谷本（正憲）さん、高知市長の岡崎（誠也）さん、それに地方財政審議会委員だった木村陽子さん、社会保障・人口問題研究所の京極高宣所長の7人が正規のメンバーでした。協議会は4、5、6月と3回やってて、4回目から私が局長で引き継ぐことになりました。厚生労働大臣は、尾辻さんと川崎（二郎）さんでした。協議会には必ず厚生労働大臣が出席し、財務省と総務省からは副大臣が出ていました。知事会の谷本さんと市長会の岡崎さん対厚生労働省となりました。そこに木村陽子さんが地方自治体側で参戦し、京極さんが厚労省側に味方するという、非常にわかりやすい構図で議論が行われました。

予算編成時期も迫ってきましたので、大きいボールを投げようと大臣に了解をもらって、都道府県が生活扶助基準を設定する、その代わり国の負担を2分の1にするという見直し案を提案しました。国の生活扶助費の国庫負担6270億円が3分の2になるという案で、国の財源が2000億円ぐらい浮くというものでした。さらに、住宅扶助は、国の関与をやめて一般財源化するという案でした。地方公共団体が自分のところの家賃などはわかるのだから、それでやりなさいということでした。医療扶助も4分の3から2分の1だという案をぶつけました。

この案を11月4日にぶつけたところ、大騒ぎになりました。反対も続くので、11月25日には、

「生活扶助基準の移行はやめてもよい」、補助率についての修正案と住宅扶助の地方自治体の引き取りを提起しました。予算編成のギリギリの段階で、川崎大臣のところに地方団体側から、「生活保護さえやめてくれたら、他は何でも厚労省の言うとおりにする」という話が入って、ひどいことでしたが、生活保護の見直しは一夜にしてぜんぶ見送りということで決着しました。そのかわり、児童扶養手当の見直しと社会福祉施設整備費の地方回しということで決着しました。

川崎大臣は、自民党で国対族をやってこられた方で、ネゴシエーターとしてはそれでよかったと思いますが、政策的な観点からは、私は生活保護を改革するための非常によい機会ではなかったかと今でも思っていまして、それは惜しいことをしたと考えています。大臣と大臣官房とで梯子を外したということで、その後、次官と官房長が一席設けて「お詫びの会」をやってくれましたけれども、とんでもないことだったと今でも思っています。

提案した見直し案はよい案だったと思います。政策論になってこのオーラルヒストリーには合わないのかもしれませんが、要は、日本には住宅手当がありません。高齢者の生活保護が増えているというし、低年金者の問題があります。住宅手当があれば低所得者対策にはかなり有効です。そういう意味では住宅手当を実施するという選択肢があります。生活保護の住宅扶助を地方回しにするというのは、地方の責任として住宅手当政策をやることの第一歩だと思っていました。スウェーデンは、住宅手当があるからそれのイメージが私にはありました。政策として間違ってはいないし、国の責任放棄ではないし、とにかく地方に財源を与えることは非常にいいことなので、これこそ良い案と思ったのですが、こんな形で梯子を外すとは、厚生労働省も情けないということであります。

社会・援護局長③：生活扶助基準に関する検討会

中村 生活扶助基準の見直しは、2003年から2004年にかけて、社会保障審議会の福祉部会で「生活保護制度の在り方に関する専門委員会」をつくって、5年に1度扶助基準を定期的に見直すということが決められました。なぜ5年に1度かというと、全国消費実態調査が5年に1度、大規模調査をするからで。その個票を使うといろいろ分析できるからです。皆さんご承知のように、生活扶助の基準の設定は、マーケットバスケット方式とか、エンゲル方式とか、格差是正方式とか、水準均衡方式でやってきましたが、本当にこの水準でよいのかという議論が高まりました。国会や自民党の部会などの、クローズドの会で言われる8割方の意見が、「生活保護の水準が高すぎる」という、生活保護に対する厳しい議論です。だから5年ごとにきちんと評価していくのはよいことだと思いました。

そのルールができて、最初の見直しがたまたまこの年に当たったのでそれに取り組みました。2006、7年の我々がやった見直し作業では、やはり生活扶助基準のほうが少し高めなので見直しをする余地があるということで、２００７年11月30日に報告書がまとまりました。この時も予算編成が迫っていましたので、この扶助基準の見直しを実施するという方針で大臣と相談しました。舛添（要一）大臣で、舛添さんは「きちんとやってください」ということだったのですが、与党回りをすると、選挙が近いということで極めて消極的でした。そういう状況の下で当時、原油価格が高騰していたこともありまして、また、基準の見直しがなくとも何とか予算編成もできるということなので、実施見送りとなりました。

生活扶助基準の見直しなどは、実施しないと予算編成できないというほど大きな規模ではありません。つまり、医療保険とか介護保険はその可否が、厚生労働省の予算を組めるか、組めないかにかかわります。生活扶助基準くらいになると、非常にマージナルになるので、命を賭けてでもやらなければいけない、というほどには省内のエネルギーが高まらないのです。だから、局長がいくら頑張っても、「あの先生からそう言われているなら」というので、最後は舛添大臣も、「しょうがないな」ということで、「局長、我慢してよ」という話になり、政治的な妥協が図られたという例です。

コラム

第1次安倍内閣での中国在留邦人問題

『厚生行政のオーラルヒストリー』の報告書を読まれた神奈川県立保健福祉大学の名誉教授の山崎泰彦先生から、社会・援護局時代の中国残留邦人問題のことが一切話題になっていないことが物足りないというご指摘を頂戴した。

第1次安倍内閣では、消えた年金記録問題、C型肝炎訴訟、大臣の「産む機械」発言で炎上など、厚生労働省は各方面で追い詰められた状況であった。それに追い打ちをかけるように、中国から帰国した残留邦人の方々が、帰国後、生活に困窮しているとして、国に対して集団訴訟を起こすという事態となった。

当時、北朝鮮から帰国した拉致被害者に、月額17万円の支援金が支給される制度があり、それをにらんだ給付金の支給が課題となっていた。政治的に苦しくなっていた総理官邸は、政治決着になびきそうであったが、無原則的な対応は将来に禍根を残す。次官であった辻さんとともに中川昭一政調会長のところに飛び込み、安倍総理に電話してもらって、「厚生労働省に作業させる」ことで了解を得た。

それまで、援護担当審議官が辻次官と相談しつつ対応していたが、辻次官から「自分は手が回らなくなったので、君に頼む」と言われ、本件に取り組むこととなった。

早急な対応が求められるので、「中国残留邦人への支援に関する有識者会議」を2007年5月17日に立ち上げ、6月12日まで5回開催して、報告書を急ピッチで取りまとめた。

座長は貝塚啓明先生（経済・財政学）、メンバーは、猪口孝（政治学）、山崎泰彦（社会保障）、森田朗（行政学）、堀田力（弁護士）、金平輝子（法テラス）、岸洋人（読売新聞）の各氏であった。

金平さんは、最初に残留邦人が帰国した時に、受け入れを担当した東京都の福祉局長であり、岸さんは読売新聞の記者としてその報道に当たり、その後、中国に取材した経験をもつなど、この問題になみなみならぬ関心をお持ちだった。

わが国の福祉制度としては生活に困窮すれば生活保護制度があり、実際に被保護者になっておられる残留邦人も少なくなかったのだが、「生活保護制度ではいやだ」というのが残留邦人の皆さんの主張であり、そこが検討の出発点であった。

まず考えたのは、国が残留邦人の基礎年金の保険料相当分を支払い、満額の基礎年金を支給できるようにするということだった。沖縄の厚生年金格差問題の経緯で分かるように、年金局が反対すると厄介である。当時、社会・援護局総務課長が矢崎君であり、小生が年金課長の時の補佐であった。その頃、年金局の1年生だった竹林悟史君が年金課の補佐だったので、そのラインで年金局対策をした。そのようにして満額の基礎年金を保障した上で、公的年金制度による対応を補完する別途の給付金制度を設けることとした。この給付金については、生活保護制度に「準拠」するものにし、満額支給される老齢基礎年金と合わせ、受給者の実質的な収入の増加につながるよう、必要な措置をとるとともに、制度の運用や実施体制において、極力制約があると感じられることがないような配慮をしていくこととした。

これによって、老齢基礎年金とこれを補完する新たな給付金制度とを的確に組み合わせて生活を支援することが可能となり、その上で更に家賃、医療費、介護費用などの支援を必要とする場合には、その個別のニーズに応じて、住宅扶助、医療扶助、介護扶助などに相当する給付を行うことができる仕組み（これが生活保護制度に「準拠」の意味）とすれば、中国残留邦人の老後の生活の安定が図られ、かつ、一般国民への施策との均衡も図られるものとなると考えたのである。

この報告書にそって法改正が行われ、2008年4月から実施された。中国残留邦人の原告団はこれを評価し、官邸を訪問し安倍総理に面会し、感謝の言葉を伝えた。第1次安倍内閣が終焉する直前のエピソードであったが、当時、失点を重ねていた厚生労働省においては珍しく得点を挙げた事案であった。

社会・援護局長④：介護職の資格制度・人材確保指針の見直し

中村　次に、資格制度の見直しと人材確保指針の見直しがあります。これはなぜやったかというと、2005年の介護保険の改正をした時に、国会審議でも「介護従事者の処遇が悪い」とか、「介護従事者の確保に問題がある」という意見が出まして、附帯決議でも介護労働者の雇用管理や労働条件の改善、研修体系や資格のあり方の見直し、そういうことが議決されました。審議会である介護保険部会の報告書でも「これからの介護は介護福祉士を基本とする」などとされています。このような2005年の介護保険法の国会審議などを踏まえて、資格制度の見直しに取り組みました。介護に従事する人全員を一挙に処遇改善することはできないけれども、介護福祉士の制度をもっときちんとし、専門性を高めることを条件に、そういった人たちには処遇改善をしていったらどうかという考え方でした。介護の質の向上と一生働く場としての福祉の場を用意するために、介護についてのキャリアラダーを開発するという狙いのもとで、この介護福祉士法の改正に取り組みました。附帯決議でも、見直しをしろということなので、その資格の見直しをしたということです。

介護福祉士養成校の教育内容の充実を図るなど一定の教育プロセスをきちんとした上で、国家試験を必ず受けるという、見直しをしました。これはその後すったもんだして、今の専門学校は無試験で資格が取れますので、国家試験の義務化については適用延期の法律改正がなされ、6年くらいの経過措置を講じていたのですが、いよいよあと1〜2年で試験を受けなければならないという形になりました。

それから人材確保指針は、1993年の社会福祉法の改正で、厚生労働大臣は「社会福祉事業従事者の確保を図るための措置に関する基本的な指針」をつくらなければいけないとされ、1993年に人材確保指針を策定しました。これはバブルの末期で、あの頃は、介護の人手不足が深刻だったからです。それに加えて、同時期に医療計画がスタートして駆け込み増床が起こりました。看護師不足が深刻化するという状況のもとで、人材確保が必要だということでした。しかし、人材確保指針をつくった途端、バブルが弾けた影響がバッと出て、その後、他産業が人を雇わないので、長期不況は介護には非常に追い風で、人が集まることになりました。ですから、93年に指針をつくって以後、特に、人材確保策としての新しい政策はうたれませんでした。しかし、2005年の介護保険法の改正議論をしている時くらいから、「介護労働者はワーキングプアだ」という議論も出て来て、人手不足感も強くなってきました。たぶん、総人口も減りだすようになっていますし、若い人の人口は前から減ってきているので、そういう構造変化もあったと思います。

我々はこの指針の見直しをしようということで、この福祉人材確保指針の見直しもしました。この時の基本的な考え方も、さっき申し上げたとおり、介護あるいは福祉で生涯働ける場をつくっていかなければいけないということでした。そこで、処遇の改善を含めた労働条件の改善、キャリアアップできる仕組みをつくるという形で、それぞれの事業者、職能団体、行政などが、果たすべき役割を提示した指針になっています。

社会・援護局長⑤：社会福祉法人経営研究会の設置

中村 そのほか、社会・援護局長としていくつか手掛けたことがありますので、ざっとご説明しますと、社会福祉法人経営研究会をつくりました。これは2006年8月に報告書が出ています。全社協に経営者協議会があって、経営者協議会の人たちから、社会福祉法人についていろいろなことを外部から言われているし、「勉強会をしましょうよ」という話があって、「じゃあ一緒にやろう」ということで、この社会福祉法人経営研究会をつくりました。全社協から報告書を出版して、1万部売れたらご馳走してくれるということでした。1万部売れまして、ライオンか何かでごまかされましたが（笑）。

報告書では、これまでの福祉経営について総括し、これまでは施設管理中心で法人経営が不在だったということを指摘した上で、経営環境が変化したとしています。特に、１９９０年代以降、「措置から契約へ」などの大きな変化があって、多様な主体の参入、競合が生じてきている。そういう中で、イコール・フッティング論とか、規制改革とか、社会福祉法人に対する批判が出ている。また、財政的な制約も増大しているので、新たな時代における福祉経営の基本は、法人単位の経営にしていかなければいけない。規模の拡大とガバナンスの確立、経営権の向上が大事だとしています。複数事業を運営したり、多角的な経営を行えるようにしたらどうか、合併とか事業譲渡、協業化の推進が必要だろうともしています。経営自由度も拡大し、理事会・法人本部の機能強化を図り、中間管理職層も育成して、マネジメントも強化していかなければいけない。それから、先ほど来言っている介護従事者の質の向上、キャリアパスの形成が必要であるとしています。それから行政も、不必要に些細であったり、合理性に欠ける指導はやめていかなければいけない。新たな福祉の産業政策の確立が必要だということを言っています。

それから数年後、２０１１年の日経の経済教室に、例の松山幸弘さんの社会福祉法人の内部留保問題に関する論文が掲載され、騒ぎになりました。社会福祉法人の理事長が、自分の経営している会社に発注して利ざやを稼ぐというたぐいの問題が出てきて、社会福祉法人改革が迫られ、社会福祉法の改正が行われました。この社会福祉法人経営研究会は、その予行演習にはなったのかなとは思います。

社会・援護局長⑥：これからの地域福祉のあり方に関する研究会

中村　それから、もう1つ、「これからの地域福祉のあり方に関する研究会」をつくりました。これは介護保険をやっていて、地域のことを考えざるを得なくなりました。また福祉の研究者の皆さん方からは、「地域福祉」と言われることが多いけれど、行政的にぜんぜんしっかりしていない。つまり、昔から地域福祉と言われてきましたが、厚生行政で正面から受け止められていないのではないかという思いがあって、1回やってみようと思いました。また、社会福祉協議会に対しても、「社協、社協と言っているけど、本当に機能しているの？」という問いがありました。社協不信は、特に、介護保険をやっている人間には多いですね。アンチ社協の人は、先輩たちにも多く、嫌いだという人も多くて、じつは旧厚生省全体としては、社協とあまり仲が良くないのです。

かねてからの友だちの全社協の渋谷（篤男）さんが当時、地域福祉部長でしたので、「渋谷さん、ちゃんとやっているというなら見せてよ」と言って、土、日曜日を中心に全国8ヵ所くらいの社協を渋谷さんと回りました。その時に、豊中市社協の勝部（麗子）さんとか、宝塚市社協の佐藤（寿一）さんなど、カリスマ職員にも何人か会い、確かにこういう人がいれば、と思いました。松江市では公民館中心の活動をしているとか、いろいろなところに行って学びました。そういう作業をした後で、だいたいの感触を得ましたので、地域福祉についての考え方を整理していこういうことで、この検討会を開催しました。大橋謙策さんに座長をやっていただいて、社会学者の今田高俊さんにも入っていただいて、議論はおもしろかったです。

この検討会で、フォーマルサービスとインフォーマルサービスの話とか、制度の谷間に入ってしまうニーズであるとか、そういうニーズに対しては地域での支え合いが大事だということが明らかになりました。「地域における新たな支え合い」は、住民主体で、住民の自発性が大事で、それを補完する地域福祉のコーディネーターが求められる。最終的な運営・マネジメントは市町村の責任であるが、あくまでも下支えに徹するということが求められています。それから、さまざまな関係者で支えるとか、圏域のレベルの話を次にしました。いちばんおもしろかったのは、当時の1中学校区の状況というのを調べたことです。当時、全国の中学校数が1万92校でしたから、それで総人口を割ると、1中学校区当たりの人口は11623人となります。そこで、1中学校区では65歳以上の高齢者が2336人いて、当時の要介護認定率でいうと394人の要介護認定の人がいることになります。1中学校区内に高齢者介護施設が1ヵ所以上あるとか、通所施設（デイサービスとデイケア）が2・5か所あることなどがわかります。同様なことが、保育、障害者福祉、生活保護についてもわかります。そして、介護保険の給付費として6億円を超えるお金がこの中学校区で使われていることが示されています。

このように多額の資金が介護保険制度では動いています。一方、住民活動をみますと、1中学校区に自治会が16から17あります。1中学校区で共同募金として集められる資金は171万円です。それから社協の会費として同じく171万円が集められています。余談ですが、豊中市の社協を訪問した際に、どういう権限で社協の会費を徴収しているのか、と勝部さんに問い詰めたら、泣かれちゃって。勝部さんを泣かせた男、と私はなっています（笑）。「なんでそんなお金を取っているんだ。何に使っているんだ」とか問い詰めましたら、勝部さん、悔しくて泣いちゃったんですね。

つまり、言いたいことは、税金や保険料以外で、地域の福祉のためのお金として動いているのは350万円くらいとなります。あと市役所からは20～30万円程度の補助が出て、住民が様々な地域活動をしています。当時、社協のふれあいサロンが3・5ヵ所ありましたし、公民館の鍵を住民に渡して活動の拠点とするなど、インフォーマルサービスが行われていました。フォーマルサービスとインフォーマルサービスの地域における機能の実態を明らかにし、インフォーマルサービスをもう少し充実したらどうかということを提言しているのがこの報告書です。

じつは、中学校区とか1万人程度の生活圏域ということを、厚生労働省内で言ったのはこれが最初で、その後、2010年頃から例の一体改革の論議があり、地域包括ケアシステムを本格的に唱えだし、日常生活圏域は人口規模1万人のケースなどと言い出して、中学校区が着目されるようになりました。そういった意味では、この地域福祉研究会は、先がけの議論として、練習編としてはよかったのかなと思います。現在は、２００５年の介護保険法の改正で創設した、地域支援事業の財源で日常生活支援の充実のための資金が使えるようになっています。地域に生活支援コーディネーターの配置が認められ、協議体の設置も進められています。これらの費用も、地域支援事業から支出されます。ですから、この検討会当時と比べると、インフォーマルサービスのためにも資金がふんだんに出るようになっていて、本当に様変わりしていますね。当時は、なんの政策メニューもない中で、どう実現するかが問題でした。地域福祉のコーディネーターが重要だと言っても、どのようにしてそのコーディネーターが置けるのか、目途が立っていませんでした。この報告書を出した後、後任の人たちが20億円程度の補助金は用意してモデル事業を実施できるようにはしてもらいましたが、全面展開にはほど遠い状況でした。それから10年経ち、当時は、まったくの絵空事のように思われていたことが、現実に政策化されたということであります。

社会・援護局長⑦：生協法改正

中村　それから、生協法の改正です。１９４８年に消費生活協同組合法がつくられ、以来、実質的な改正が行われずに今日まで来ました。長らく生協は、自民党の議員からは、「特定政党の支援をしている自分たちの敵である」とみられてきました。また、大店法の時代などには、スーパーと並んで生協は、中小商店街の脅威になるので、そういった意味でいわば商業界や保守的な人たちからは、厄介な存在とされていたので、厚生省時代から生協法には誰も手を付けませんでした。

そのことを示すエピソードがあります。前にお話したとおり、水道環境部の計画課長時代に、水道の給水装置関連で国家資格を創る法改正を行いました。この法律は、規制改革の一環として行われるので、規制改革一括法に盛り込んで提出することになりました。この法律が、与党の事前審査の手続きで自民党の部会にかけられましたが、了承が得られず、ストップしたことがあります。それは、一括法の中に生協法の改正が含まれていたためでした。生協法改正の内容は、届け出の手続きを簡素化するという、極めて軽微な内容で、しかも、他の法律と横並びの改正でした。しかし、自民党の議員から「生協法の見直しを勝手にするのは許せない」というクレームがつき、了承されませんでした。生協法を所管していた社会局の課長が慌てて、根回しに走り回っていました。そのくらい、生協は「睨まれて」いたのです。

ところが、生協は購買事業だけでなく、共済事業もやっています。全労済とか県民共済は生協です。この分野では、契約者保護を図る観点から保険業法の改正が行われ、生保業界や損保業界はその規制に服していました。生協と同じ協同組合である農協も共済事業を行っていますが、同様の観点から、農協法の改正が行われていました。同様に、中小企業協同組合も中小企業協同組合法の改正をして、契約者保護を図っていました。そこで、当然、生協法も改正しなくよいのかという議論が出てきます。現に、私は、経済産業部会に呼ばれて、「生協法の改正をしないのか」と聞かれたこともあります。しかし、前局長からの引き継ぎでは、「君、生協はいじらないほうがいいよ」というアドバイスでした（笑）。極めて伝統的なアドバイスでした。じつは、私は老人福祉課長をやっている時から、農協や生協などを含めたあらゆる社会資源が、高齢化対応に向かわなければ駄目だという考えでしたので、前から生協に注目していました。さらに言えば、スウェーデン駐在時代にある機会があって、かの地の生協を良く見ていましたので、生協には関心がありました。そこで、生協法の改正に取り組むことにしました。

そうしたところ、いちばん大変だったのは大臣を説得することでした。その時の厚生労働大臣は柳澤（伯夫）さんでしたが、大臣からは、「この株式会社の時代に、なぜ生協か、協同組合かよく理解できない。法改正などやる必要があるのか」と言われました。「いや、農協法改正もしています」と説明するのですが、「君、僕は農協議員と言われていて、農協には詳しいのだ。君の口ぶりを聞いていると、農協は自民党の味方みたいなことを言っているけど、そうでもないんだ。契約者保護というが、私は金融破綻の時に金融再生委員長を務めた金融のプロだ」と言われ、なんと言っても跳ね返されてしまうのですね。また、市場経済における対抗勢力としての生協ということについても、「その議論も知っているけれども、現在の株式会社全盛の世の中にあまり意味がないんじゃないか」などと悉く大臣に反論されてしまいます。大臣とのやりとりは、そのような議論の繰り返しになりました。それで私も懸命に勉強して、説得に努め「とにかくやる必要があります」と言ったら大臣はニヤッと笑って、「局長の責任でやるならいい。自民党が通るかどうかで、国会に出ればこの法案は成立するよ」と言ってくれまして、それで生協法改正法案が日の目をみることになりました。

生協法改正の作業は、結構おもしろかったです。まず生協問題検討会を設けましたが、予想に反して生協陣営内の議論になり、生協陣営も複雑であるということを学びました。自民党にも斎藤十朗さんがつくられた、生協の議連がありましたが、あまり活動していなかったものを動かすということもしました。さらに、法律改正などに慣れていない生協のリーダーたちが誤作動しないように誘導しながら、生協法の改正ができたということであります。本当にこれはおもしろい仕事でしたが、誰も生協法改正の意義をわかってくれないので、法律が通った後に『週刊社会保障』に「現代社会における生協の意義と役割」という文章を2回にわたり掲載しました。法改正の記念です。

社会・援護局長⑧：生活支援技術革新ビジョン研究会

中村 最後は、生活支援技術革新ビジョン研究会についてです。『支援機器が拓く新たな可能性』

という報告書がまとめられています。厚生労働省は人が足りないということです。いろいろやらなければならない仕事があるけれども、年金や医療や介護が大変だということで、省内の人的資源がそこに集中します。どうしても、福祉のほうが手薄になる。福祉の中でもいろいろな課題があって、特に、支援機器などという分野については、ちょっと気の利いたキャリアが2人くらいいれば、法律くらいすぐできてしまうのですけれども、その人的な余裕がなく、この分野は放置されています。

これは残念至極のことなので、私が声掛けをして専門官とこういう勉強会を開催することにしました。何回か会合を持ち、いろいろヒアリングをして報告書をまとめました。この報告書は、支援機器政策についての宿題集になっています。最後の部分には「夢の実現に向けての7箇条」が掲げられています。宿題集――課題の列記に止まってしまいましたが、それでも生活支援技術革新ビジョン研究会については関係者に喜ばれました。有難いことだと思います。今後、この分野は大きく発展するでしょうし、しなければなりません。

社会保険診療報酬支払基金

支払基金理事長①：レセプト電子化

中村　次に、社会保険診療報酬支払基金の理事長時代です。支払基金創立60周年を迎えた直後の2008年9月に就任し、2010年9月までの2年間、務めました。この2年間はレセプトの電子化が急速に進む時期でした。前にお話ししましたが、レセプトの電子化は、2002年くらいからちょぼちょぼと進み出しました。保険局審議官の時に「なんだこんな普及率では、1％もいってないじゃないか」といって、ネジを巻きました。その前の政策課長の時に、規制改革会議の人たちには「株式会社病院や混合診療よりもこっちのほうが大事ですから、こっちのほうをいってください」ということをお願いした経緯があります。それで、平成18年（2006年）にやっと請求省令といって、レセプトの様式を決める省令で、平成23年度までに原則オンライン請求を義務化する省令が出て、それでだんだんレセプトの電子化が進み出したということです。私は、平成20年（2008年）9月から支払基金の理事長ですが、2008年10月に電子レセプトの割合が5割を超えました。私が理事長の2年間は電子レセプトがどんどん増えている時でありました。

支払基金は、保険者が払う審査手数料で運営されています。審査手数料は、レセプト1枚あたりいくらと決められており、保険者、つまり健保組合、協会けんぽ、共済組合が支払います。手数料の単価は、毎年、基金と保険者との交渉で決められます。保険者からは、手数料の値下げが求められています。支払基金の職員は、レセプト枚数の増加に伴い、増加を続け、一時期6000人くらいになりましたが、その後はリストラが求められ、私の時もリストラが進みました。電子レセプトになるので紙レセプトの時代より少ない職員で対応できるだろうということになっていました。

このようなことで、保険者からは「値下げしろ」「リストラしろ」「コストカットしろ」と言われているし、民主党政権になる前後から規制改革のなかでは、支払基金は常に議論の対象に挙げられました。民主党政権下の行政刷新会議の事業仕分けでは、「国保連と統合」という結論になりました。この時期、厚生労働省内の事業仕分けでも対象となりました。私が厚生労働省にも呼ばれて、長妻大臣の下で厚労省の幹部が検察官役で、当方が被告人でという配置です。省内事業仕分けの法廷に引っ張り出されたわけです。検察官の論告が審査の実態を踏まえていないものでしたので、徹底的に反論しました。大臣の意向には沿わない対応だったと思います。医療保険財政が厳しくなったりすると、保険者はどこにも持っていきようがない不満を支払基金にぶつけるということが歴史的に繰り返されてきました。また、審査支払ということについても、世の中では十分理解されていません。これについては、支払基金にも責任があると思いました。だいたい支払基金は秘密主義で、審査の実態についてほとんど何も公表していませんでした。

支払基金は、保険者機能の一部を引き受けるところなので、社会保険庁の影響を強く受けた組織でした。支払基金の理事長になって非常におもしろかったのは、私が入省した当時の役所文化がそのまま残っている、厚生省・厚生労働省ではとっくに変えられたスタイルが残っていて、決済の方式とか職員マナーとしても、社会保険庁よりも社会保険庁的なものが残っているので、一言でいうと「人柄のよい社会保険庁」だと思いました（笑）。

理事長になって、「審査の白書」をつくろうと思いました。審査についての透明性を高くし、何が問題かということをぜんぶ明らかにするためです。それまで、審査の実績とか、審査の構造も明らかにしたことがありませんでした。外部から指摘されている問題点として、審査の地域差の問題がありました。原審査の査定率、査定点数に地域差があるということです。そこで、支部間でレセプトを交換して審査するという実験も行いました。福岡支部は、全国でいちばん審査での査定点数が高くて、山口支部はいちばん低い。私にしてみれば、狭い関門海峡を挟んでなんでこんなに違うの？　という思いでした。基金内で議論すると、審査の地域差は文化の違いだというような議論になりますので、あの海峡を1つ挟んでこんなに違うのはおかしいと反論し、両支部のレセプトを交換して審査してもらうことにしました。第3の支部でも審査してもらうことにして、千葉の支部でも両支部のレセプトを審査してもらいました。その結果は、「審査の白書」である『国民の信頼に応える審査の確立に向けて』に載せてあります。

もちろん、支払基金の改革には全力で取り組みました。支払基金の基本理念を制定したり、一定の支部の集約を目指して、鳥取支部は支部長を置かないで岡山の支部長が鳥取支部の支部長を兼ねるとか、様々な取り組みをしました。私が2年間でいなくなったら、その後8年間ほとんど緩んでしまって、それでまた支払基金は改革の俎上に載っているということです。支払基金のことを勉強されるには、ぜひこの『国民の信頼に応える審査の確立に向けて』を読んでいただくことをお勧めします。以上です。

2200億の衝撃

土田 どうもありがとうございました。

田中 骨太の方針2006が出た時の衝撃についてはいかがですか？

中村 いや、出たなという感じなんですけれども。というか、1回目は橋本さんの財政構造改革の時に経験しています。私たちは1998年の診療報酬のマイナス改定と国保法等の一部改正で対応しなければならなかったという経験です。それから、小泉内閣の下で毎年、毎年「改革、改革」と進んできました。結局、小泉さんの時代に国の社会保障予算は伸びを1・1兆円削減できたから、自分が辞めてもあと5年間、同じペースで削減しろということになりました。

あの頃を振り返ってみますと、これからはどういう財政運営をしていくかという議論の中で、自民党内で委員会ができたのですが、その時に、中川秀直さんたちの、いわゆる「上げ潮派」の人たちが主導権をとりました。当時、「歳出・歳入一体改革」と言われたのですが、歳入改革はほとんどなくて、ほとんど歳出カットで実現しようという内容でした。14兆円規模の歳出カットが必要で、いろいろに振り分けて、社会保障は5年間で1・1兆円歳出カットしろということになりました。「上げ潮派」の人たちが主導で、この骨太方針2006が出てきました。

社会保障予算について、その伸びを毎年2200億円削減するということですが、その規模は、診療報酬改定で全て賄うと仮定すると、2年に1度ではなく、毎年診療報酬を3％引き下げること（マイナス改定）をしなければならないという規模に相当します。3％のマイナス改定は、小泉さんの時に02年と06年に2度行いましたが、それはもう大変でした。それで結局、坪井（栄孝）日本医師会長も、02年のマイナス改定が原因で会長を交代するに至りました。そのくらい、マイナス改定はインパクトが大きいわけです。

その規模の財源を毎年捻出するというのは、非常な難事業です。先に述べた国と地方の三位一体改革も、小泉改革の中で実施されたものでしたが、骨太方針2006が出てきて、このような改革がやっぱり今後も続くということで、毎年これをどう達成していくのか、厚生労働省はずっとそれに苦しむことになりました。

自民党、特に、厚生労働族の人たちは、骨太方針2006による社会保障の削減が、民主党への政権交代につながったという理解です。骨太方針で社会保障予算を削減することは、絶対に駄目だということが染みついています。それで骨太2015では、伸びを5000億円に留めると、「削減」ではなく「伸びをとどめる」としました。しかも「目安」とされました。これからみても、骨太方針2006がいかに嫌われているかということが理解できます。第一次安倍（晋三）内閣も、福田（康夫）内閣も、麻生（太郎）内閣も、「これではまずいな。転換しよう。転換しなければいけない」と言っているうちに、間に合わず、民主党への政権交代になってしまった。福田内閣のときに最初の社会保障国民会議が設置されたり、麻生内閣の安心社会実現会議は、その方針転換のための布石でした。そういってやりだしたら、今度は、リーマンショックが起こってしまって、方針転換に辿り着けなかった。

2200億円の削減は、このように自民党主導でした。その根拠は単純で、小泉さんの5年間で社会保障予算の伸びを1兆1000億円抑制できたから、今後5年間もそれを継続するというものでした。1兆1000億円を5で割ると2200億円になります。橋本（龍太郎）さんの時は官邸主導で、骨太方針２００６は自民党主導でした。このように、党主導だったり、総理主導だったりですが、いずれにしても、厚生労働省や各省にとってはどうにもならない「外圧」でした。官邸や自民党をうまく握って動かしてきたのが財務省ということになります。財務省の力の源泉は、予算編成をする必要からトップを押さえて動かしていくということで、骨太方針で決めてしまうというのが財務省の手法でした。この時期は、財務省の手法が有効に機能していました。

田中　その２２００億を積み上げていかなければいけないのではないのかなと思いますけれども、そういうスケジュールというのは？

中村　まず、自然増から２２００億円を削減しなければならないというミッションを受けると、省内におけるいちばんの当事者は、大臣官房会計課長ということになります。会計課長が省内の予算要求の取りまとめの責任者です。当然、年末の政府の予算案決定を頭に描いて作業しなければなりません。もちろん、次年度の２２００億円をどうやって削減するかを決めなければなりません。そうすると、次年度には何があるか、ありうるかを列挙します。何局で何法改正があるなどと、スケジュールを立てていきます。それで２２００億円削減が調達できるか、ということになります。

こうなりますと、それはもうそれこそ官房全体の仕事になります。事務次官、官房長も当然関与します。実際に法案を担うのは制度を所管する局長ですので、「何局はどういうスケジュールで何をするか。何ができそうか」ということを官房と局で調整に入ります。この年は診療報酬改定があるなら、「改定でどれだけ財源がでるのか」とか、「次は介護だな」とか、そういう形で決まっていきます。

田中　毎年、毎年やっていたんですか。それとも、わりと始めの時に5年間分を見ていたんですか。

中村　予算編成は単年度ですので、基本は毎年、毎年にということになります。しかし、5年間の期間が示されていますので、一応、それなりの見通しは立ちますし、立てます。各局の幹部はプロですから、人から言われなくとも他局のことを含め見通しが立ちますので、相応の覚悟もします。それができないと幹部の資格はないでしょう。小泉改革の時代も2002年は医療保険改革でしたが、2003年は国保の都道府県負担の導入と介護報酬改定で、2005年は介護保険改革でした。2005年は、介護保険法施行後5年で介護保険の改正をしなければならないことは決まっていますので、2005年は介護保険で財源を出すということになります。

このように、小泉改革で省全体が緊縮を迫られている時に、障害者の支援費制度が破綻して資金が不足し、各局から資金の供出を求める状態になりました。それで支援費制度がいよいよ駄目だというので、その対応が必要になりました。結局、自立支援法に行きつくのですが、その自立支援法も、予算全体の伸びが縮減される方向に反することはできません。

支援費制度が行き詰った際には、急遽、省内のみんなで（私は介護保険の局長でしたけれども）、障害福祉の事業所や自立支援運動をしている障害者の人達に会ったり、精神科病院を見学したりしました。省内でまず危機感を共有しようということで、多少のトレーニングにはなりました。

生活保護改革論議

岩永　1つは、保護基準について三位一体改革と地方との協議の場で、都道府県が基準を設定するという案を出されたというお話ですけれども、どの程度の実現性を考えていたのですか。住宅のことはわかる気がするのですが、生活扶助基準についてはどの程度の実現を考えておっしゃったのか、それともポンと言ってみるというところに重点があったのか。

中村　私は本気でした。というのは、協議会自体は全部で9回行いました。私は、終盤戦を引き継いだのですが、前半から中盤にかけての最大の論点は被保護率の地域差でした。厚生労働省側からは、「地方がちゃんと責任をもってやっていないのではないか」ということです。それから、保護の実施機関について「どうも甘いところと甘くないところがある」と、そういう点が議論になっていました。また、「どの程度が地方自治体の責任で、どの程度が国の責任か。この制度が憲法25条の精神を配しているのはわかるし、国が責任を負っていることはわかるけれども、実態はどうか」という議論がありました。私は、地方自治体が財源の半分を負担することになれば、より責任をもって保護を実施するだろうし、地域の生活水準については、地方自治体の方が実態を把握しているので、扶助基準も設定できると考えました。けっこう確信的でした。それで提案したのですが、一方で「ナショナルミニマムというのがあるから、扶助基準の設定まで任せるのは、やりすぎだ」という議論もありました。地方自治体側はびっくり仰天で、「藪から棒に言われた」ということでした。そこで、数日後に修正案ということで、「扶助基準をつくれないというなら、国がつくってあげてもいい」と恩きせがましく言ったということなのです。扶助基準の設定の権限を与えても構わないとは思っていたました。

岩永　たぶん、歴史上初めてそれを言われて、自治体の人たちはすごくびっくりしただろうな、と。私、傍聴も行っていたんですけど。

中村　ちゃんと傍聴者がいてよかった（笑）。

山田　生活保護に関することで細かく2つあります。1つは、関係者協議会でそういう大胆なことをされたので、その時に、地方自治体も明らかに適正化の方向にちゃんと舵を切るようになった。いろいろな研究を見ると、そういうインパクトがあったというまとめ方をされている人もいるのですが、それは、中村さんのほうから見て、その後の動きでそういうふうにまとめてもよろしいのかということと、あと、生活保護部会については、最後のとりまとめの段階で有識者との間でいろいろと議論があったと仄聞していますけれども、お差し支えのない範囲で、どういう経緯があったのかというのを教えていただければと思います。

中村　この提案は、さっき言いましたように梯子を外される形で終わってしまったので、もう本当に1月足らずの命しかありませんでした。お話のようなインパクトが与えられたかどうかは、ちょっと自分では認識できません。ただ、適正化の問題についていうと、日本の保護率のボトムは1995年で、80年代の半ばから保護率が下がってきていました。よく言われるのは、1つは、障害基礎年金などができて、そういったことが少し貢献しているのと、もう1つは、80年代の福祉見直しの中で、生活保護が問題視されて、いわゆる適正化が行政で行われた。そこで、保護率が下がってきたという認識です。

しかし、95年からは保護率が上がりだしました。高度経済成長の時から保護率が下がることに慣れていたので、保護率が上がりだした時に、生活保護を担当する保護課では、保護率が上がった時の経験者がいなかったと聞いています。それだけ、経済の不振が強かったのだと思いますが、そういう中でどんどん保護率が上がるので、生活保護のあり方が問題になってきています。

私が局長をやっている時は、「行政が水際作戦をしているのではないか」とか、「適正な保護をしていないのではないか」という事件が起こりました。北九州市で生活保護を受けたいと言っていた男性が病死したとか、そういった事件が続きました。そこで、北九州市の担当を呼んで議論しました。「おかしいじゃないか。だいたい電気も水道も停まっているような人たちを何故保護しないのか」と尋ねましたところ、「電気や水道が停まっているのは、何万人といるから」という答えが返ってきて、唖然としたりしました。

それで、公開はしていませんが、堀田力さんとあと何人かの生活保護のベテランと言われる地方自治体の人を招き、北九州市の生活保護の担当者を呼んで事例検討会をしました。そこで北九州市側の言い分も聞きましたけれども、庁内連携がとれていないとか、いろいろな問題があることも明らかになりました。最後、堀田さんの締めくくりが的確でした。「いずれにしても、死なれたら負けですよ」という言葉で、そのとおりだなと思いました。ですので、私の問題意識は適正化を図るというよりも、もちろん濫給の問題もありますが、漏給の問題をどうするかでした。本当に救うべき人のところに、生活保護がきちんと届いているのだろうかというほうが心配でした。

社会・援護局では、しばらく福祉事務所長会議を開催していないというので、全国の福祉事務所長に東京に集まってもらい、私から、生活保護の状況の話をしたり、保険局調査課の専門官に来てもらって、医療扶助の特色とかを説明してもらいました。介護保険を担当してきた人間からすると、生活保護行政は、まだまだ分析が足りないと思いました。生活保護でも、少しそういうことをする必要があると思って、福祉事務所長会議なども開催し、局長が出て行って話をするとか、そういうことに努めました。

扶助基準の見直しについては、「生活扶助基準に関する検討会」で審議を検討する会場に、生活保護の受給者の応援団体の人たちが集まって、スピーカーで「改悪反対」を唱えたり、部屋に入ってきてビラを蒔いたりしていくなど反対運動が強くなりました。きっと個々の検討会委員の人たちにも、反対の文書とか電報がたくさん行くようになったのではないでしょうか。とりまとめの段階で、座長が急に報告書の趣旨を変えようとしましたので、それはいままでの議論の積み重ねと異なり、おかしい、と。座長と我々事務局の間でやり取りがあったことは確かです。

生協法の改正とその背景

岩永 生協法の改正というのがとても私も重要だな、と思ってお話を伺ったんですが。

中村 生協側としては、共済事業の対応が迫られているほか、2つ要望がありました。1つは、購買生協の事業の圏域規制の緩和です。これは生協陣営にとっては、昔からの要望です。要するに、1948年に制定された生協法では、生協の事業範囲は都道府県内とされていました。都道府県の境界を超えての事業はできないことになっています。それでは東京都の生協は東京都内でしか事業はできない。現在の流通の形態を考えると現実的ではありません。東京都の生協の商品の振り分けをするセンターは千葉県内にあったりして、事業の実態に合っていないのです。首都圏全体を対象とする生協の設立や経営が許されない法制なので、効率的な生協運営に支障が生じていました。

この圏域規制については、政策的には全面的に撤廃してもよかったのですが、他方、生協そのものについて不信感を持つグループも存在します。「都道府県内に留めておけ」という声も強いなかで、今回は、圏域は、隣接する県には広げてよいことにしました。それなので、首都圏の生協は統合できるようになりましたし、関西でも、県をまたがった生協の統合が起こっています。これも考えてみると変な話で、隣接の隣接はどうだというと、無限にやっていけば広がります(笑)。

生協側のもう1つの要望は、員外利用の規制を緩めることでした。生協は、組合員でなければ利用できません。これが員外利用の禁止です。生協と地元の商店街が対立している場合、生協に買い物に行く人を監視している商店街の人がいて、「あの人、生協の組合員じゃないのに売っていて、員外利用じゃないか」とか、さんざんそういう嫌がらせをされてきたので、員外利用の緩和が要望でした。このように、購買生協のほうは、いずれにしてもいちばんは事業の拡大です。

また、共済事業については、もちろん契約者保護が重要ですので、その面の規制強化があります。しかし、その他にやはり共済事業においても、生協であるということで警戒されて、一般の損害保険の事業者に比べてけっこう制限されている部分がありました。例えば、自動車保険では、車両をチェックしてもらう指定工場がありますが、生協の場合、その指定工場の範囲が非常に狭く制限されています。これらは、今回の改正でも全部は解消されてはいません。これらを見直そうとすると、保険業界とか生保業界からいろいろ意見が出てきますので、生協の要望どおりとはいかない事情もあります。

生協法では、生協の事業の種類として、購買事業、共済事業のほか、利用事業が規定されています。これは、生協法が1948年にできたという経緯から、当時は理美容とか、喫茶店とかが利用事業の中心でした。現在では、医療、介護が利用事業の中心になっています。日本の病院の病床の1％は、生協の病院の病床です。それから、介護事業もよくみると生協のシェアがないわけではないのです。このように、医療と介護事業が利用事業のメインになっている。そこで、今回改正では、利用事業と、医療・福祉事業は条文上書き分けて、医療・福祉での収益は医療・福祉に再投資してもらう規定をおきました。医療、介護、福祉分野での生協の活躍を期待しているわけです。

岩永　利用事業について、生協が運営している医療法人の病院がものすごい件数で、無料低額診療事業を開始して、2008年から全国でも倍以上の数になってきて、そのうちの3割ぐらいを生協法人が占めるのですね。それと、今おっしゃったような介護保険の事業者と……。

中村　それは、直接は関係ないと思います。ただ、今申し上げました生協法の改正を行いましたので、全国医療福祉生協連という組織ができました。医療・福祉に特化した生協連ができ、その人たちがいろいろ活動しています。購買事業の日本生協連、共済事業のグループ、そして医療福祉生協連という、３本建ての全国組織になっています。

岩永　そういうのを促すような改正だったと。

中村　促していると思います。

それから、もう１つだけ生協法でいうと、共済事業をやっているところが他の事業をやっていて、そこが破綻して共済事業が不安定になることを防ぐために、兼業は禁止するという規定も入りました。ですから、生協は購買生協をやっている日本生協連と、日生協も共済事業を持っていたのですが、それを分離して、共済事業専業の生協ができました。したがって、共済事業は大きく言って３つあって、コープ共済がやっていた共済事業と、全労済と県民共済と言われているグループの３グループがあります。全労済は、日本の損保業界でいうと中堅ぐらいの位置を占めています。

土田　医療生協は３つに分けたうちのどこに入りますか。

中村　今説明いたしましたのは、共済グループについての説明です。医療生協は、全国組織としては全国医療福祉生協連に所属しています。購買生協はいろいろありますけど、それこそコープ神戸とか、東京もパルとか生活クラブとかいろいろあります。

生協法改正に向けて、その準備として「生協問題懇談会」を立ち上げました。清成（忠男）さんに座長に就任していただいて、ジャーナリストや保険業法の専門家に入っていただきました。生協側から日本生協連の当時の品川（尚志）専務と、それから生活クラブの小川泰子さんに入ってもらいました。私たちは、生協側からの生協をめぐる説明に対し、有識者側からの質疑・意見があって、審議が進むのかと思っていました。しかし、開催してみると、話の8割は小川泰子さん対品川専務の論争で（笑）。つまり、生協グループはいろいろな流派があって、内部でバトルしているということがよくわかった。品川さんは東大生協出身で、本当にクラシックな生協マンという感じだし、小川泰子さんは神奈川の生活クラブで、特別養護老人ホームを藤沢につくって、そこの理事長もしています。日本生協連の専務理事と福祉もやっている生協のアクティブな女性が、生協の現状と課題についていろいろ説明してくれるかと思っていたら、2人の間のバトルがすごいので、みんな呆気にとられておもしろかったです（笑）。ですので、今の土田先生に対するお答えですが、購買生協をやっているグループもいろいろなやり方があるということです。

山田　生協法を改正する時にあたって、生協側がいろいろと動くのについて懸念されていた旨のお話があったと思いますが、具体的には、どのような動きがあると生協法の改正に困ることになる、と思われていたのかを教えていただきたいのですが。

中村　例えば、私が日本生協連の理事長とそれこそ品川専務に来てもらい、「こういう段取りで、こういうことを考えていますので、頑張りましょう」と説明をしたことがあります。すると、全労済のある人から電話がかかってきて、「あなたのしゃべったことはみんな紙になって回っている」ということでした。つまり、普通は社長同士で話したことを、社員全部に話すことはないでしょう。そのつもりで、「我々としてはこういう形で進めようと思っているから、よくそこを踏まえてよろしくお願いしたい」ということなのだけれども、それがもうみんな紙になって全部外にでるような有様でした。そこで、よく事情がわかっている人からは、「赤ちゃんみたいな人たちだから、気をつけろ」という指導が入るわけです。これには、本当にまいりました。

それから、自民党に生協の議員連盟があるということで、生協側の方々に聞くと、議連の先生と前にも何度も話をしたことがあるということでした。そこで、「じゃあ、議連を開いていただきましょう」と言って、当時、丹羽雄哉さんが議連の会長でしたので、丹羽さんにお願いに行きました。丹羽さんも、「じゃあ、やろう」と言ってくれて、自民党本部でお昼に議連を開催しました。昼ですので、カレーライスが出ました。議連が終わって先生たちが引き上げた時に、生協側の理事長さんたちが感激している。何を感激しているかと思ったら、初めて自民党本部に入れてもらえたということと、カレーライスがおいしかったということでした（笑）。えーっ、何を言っているのだと思いました。「じゃあ、いままで会長さんたちはどこで議連をやっていたの？」

と聞いたら「ホテルにお呼びしてやっていた」というので、この人たちは今まで自民党本部に入れてもらえていなかったのか、と私は思いました。そのくらい自民党とは距離があった人たちだったのですね。こういう人たちと法律改正するのかと思うと、一抹の不安がよぎりました。

毎年、日本生協連のグループが主催して賀詞交歓会が開かれます。現在では、全政党の代表者が来て、例えば、自民党からは二階（俊博）幹事長が来ています。皆さん登壇して鏡開きをしています。厚生労働大臣も出席して挨拶していくようになっていますので、非常に開かれた、いい会になっています。生協の組合員は数千万人いて、日本国民の4割か5割は組合員だったと思います。お蔭さまで（笑）、なんで私が言わなくちゃいけないのかわからないけど、我が家は子どもが3人いますが、子どものが育ちざかり一時期、私の給与のかなりの部分は生協に払われていたのではないかというくらい（笑）、家内は利用していました。下馬生協などは潰れちゃったりして、彼女は「あの出資金はどうなるの」とか言っていましたけれども。

資格制度の見直しについて

岩永　資格制度についても、例えば、介護福祉士法が変わるのはわかるのですが、社会福祉士法もついでに変わっているような気がしています。でも、ついでの割りにはけっこう大きい改正で、また2年後にも改正すると言っている。すごく短期間で制度が変わっていくことについてはどのようにお考えですか。

中村　弁解するわけではないですが、資格法は88年にできているので、10年経っているし、この間、介護保険ができて環境が大きく変わっていて、社会福祉士さんのニーズもそうとう増えてきているので、見直しに取り組みました。やっぱり、つくった時は、とにかく資格法をつくることが第一優先順位だったと思いますが、その後、ニーズが変わってきているし、２０００年以降大きな動きがあったので、それに合わせる改正をする必要があると考えました。最初に介護福祉士法の見直し検討会をやって、次に社会福祉士法をやったので、ついでにみたいに思われるかもしれないけど、別についでではなかったと思います。

障害福祉政策の展開と評価

山田　障害者に1割負担、実質1％負担だとおっしゃられましたけれども、負担させる時に障害者がいったいどういう所得状況なのかというのを、たぶんいろいろと考えなくてはいけないと思うんですね。所得を調べるということについては、かなり障害団体も抵抗感があると思いますので、それをどういうふうにやって把握されていたのでしょうか。

中村　私が社会・援護局に来た時には一部負担の体系はできていました。そうは言っても何とか特例措置を講ずるというので所得区分をつくって、こういう区分の人には食費はただにするとか、ものすごいマトリックスの表があって、大臣に対してこれの説明をできるのは2人の女性しかいませんでした（笑）。尾辻さんも、その2人の女性の話しか聞かないというので、「大臣がなんか言ってる」というと彼女たちを連れて行ってレクチャーするということでした。だから、私は細かいデータの話までは覚えていないですが、それなりに影響も試算してやっていましたので、推計かどうかは知らないけれども、そういうデータを使ってやっていたことは確かだと思います。だから、そこの問題は別になかったのですが、むしろ、費用を負担させるということに対する批判が非常に強かったですね。

それから、野党からは、応益負担はよくないという議論があって、応能負担にすべきだという主張が展開されました。山井さんたちの質問は、応益負担は悪いということを前面に出したものでした。質問の前提として、障害者は低所得ということがあり、障害者の人に対して「優しい」感じではあるけれども、それが本当に正しいことかどうかは疑問があります。

松本　2000年代の障害者福祉施策を考えた時に、自立支援法をもっと評価したほうがいいのかなと思ったりするんですが、その後の流れも含めて、歴史的に振り返る時のご自身の評価というか、障害者福祉施策のなかでどういう位置づけかというところをお聞かせ願いたいと思います。

中村　まず、障害者福祉政策の問題は、障害者福祉政策間に格差があったということですね。まず、身体障害者がいちばんよくできていて、次に知的障害、あるいは障害児、次に精神障害という順で、明らかに福祉施策に格差があった。それは担当している局がまず違って、身体障害が昔の社会局更生課、障害児と知的障害が児童家庭局の障害福祉課、精神障害が公衆衛生局精神衛生課と分かれていたし、公衆衛生局のほうは医療で、かつ、社会防衛の意識でやっているから、医療には関心があるけど福祉には関心がない。それから、医療の体系でやっているから、もし福祉政策があったとしても補助率3分の1という低率の補助だから、あまりこの事業に取り組む事業者が出てこない。そこで格差がさらに開きます。さらに難病となると、全く福祉施策はないということで、そういう格差がありました。これらの格差を是正することがいちばんの課題でした。

各施策をバラバラにしておいたら駄目なので、役所のいつもの流儀ですが、まず、障害保健福祉部をつくって、3障害を1つの部でやらせようということが第一歩でした。第二歩は、支援費制度のように、できるだけ1つの法律で共通の福祉政策サービスができるようにしようということでした。支援費で2障害を対象にし、次の障害者自立支援法で3障害を対象にできたということは大きかったと思います。それから、どうしても数が多いのは高齢者だったから、最初に高齢者の福祉をゴールドプランなどで先行しました。介護保険法ができて、「次は障害者だ」という気運も高まったので、基礎構造改革についてはあまり評価しませんが、やはり障害行政を進めなければならないということは正しくて、支援費制度の功績としては、騒ぎになったことが大きな功績です。それで「しょうがない、これは省全体で建て直しをしなければいけない」ということになりました。失敗もいいことがあって、「もっとちゃんとしよう」ということで、やっと自立支援法ができて3障害が統一されました。

省全体にかかわる課題になりましたので、この制度づくりにはエースを投入しますから、それでサービス体系としては非常に革新的な体系もできた。介護保険よりもひょっとするといい体系かもしれないし、そういった中で地域移行とか、就労支援とか、いままで担当ベースでは一所懸命やっていたかもしれないけど、それが本当にやらなければいけないことだ、とメインに出てきたので、後戻りできなくなりました。そういう意味では、合理化して言えば、支援費制度も含めて、必要なプロセスではあったと思います。

その後の歩みを見ると、議員立法ですけれども発達障害の支援法もできた。発達障害については、精神障害で読めるのか読めないのか、あるいは知的障害かと言っていて、いままで位置づけが曖昧だったものが、明確に位置づけられて、発達障害も福祉施策の対象になった。それから、今度の一体改革の中で消費税財源ができたら難病対策に取り組むということで、難病が医療費の助成の対象になりました。これと併せて、難病も障害サービスの対象とすることができたので、施策間の格差解消が進んできていると思います。

深田　2004年、5年あたりは、私はまだ学生で、障害者の方のヘルパーをしておりました。

支援費制度以降、障害者介護にも報酬がつくことになり、学生のちょっとしたアルバイトとして成り立つようになっていました。そうしたところにちょうど支援費が破綻して、自立支援法になっていくというあたりに現場にいましたので、制度の移行を間近に見ていました。自立支援法になった時に、明確に支援制度は破綻しているという認識があったということでしょうか。

中村　支援費制度は、実施直後から破綻していました。支援費制度については、省内の議論でみんな止めたのに、社会・援護局がやりたいといって突っ込んだという経緯もあります。さっき言ったように社会・援護局は、予算的にも省内全体で背負うような事態はなかなかありません。良くも悪くも、局長ががんばれば法律は出せるわけです。生協法がそうでした。局長というのはそのくらいの力はあり得るわけです。だから、生協法を改正してよかったかどうかはその後の歴史が証明する。同じように、支援費制度ができてよかったかどうかは、歴史が証明しています。

制度としては、駄目だったということで、それはやっぱり制度としてのできが悪いのです。介護保険はつくって2~3年で破綻はしていないわけです。確かに、介護保険は支援費制度に比較してできがよい。それに比べると、支援費制度はできが悪い。「基礎構造改革」の成果が支援費制度であるとすると、「基礎構造改革」はそう成功しているとは思えない。「思い」があってもいいけど、それだけでは、政策は進みません。

深田　法制定後の展開のところで、もうご退官後のことだと思いますけれども、民主党への政権交代があって、自立支援法は廃止だということになりました。それが総合支援法になっていくわけですけれども、その時に当事者の人たちが参加した障害者制度改革推進会議が設置されました。

中村 確か、福島瑞穂さんが担当大臣で、内閣府で会議をつくりました。だけど、その会議の路線では法案にまとまらないというので、法案は会議を棚上げにしてまとめたはずです。

深田 そうですね。その提言の受け止め方は、いかがだったでしょうか。

中村 「制度」にするというのはそういうことで、様々な制約を乗り越えなければなりません。物事を進めるには相手もあるし、相手には野党もある。内閣府の会議の議論ではまとまらないというので、当時の内閣府は、会議の議論をスルーして、まとまる法案にしたということだと思います。あの「まとまらなさ」が残念ながら民主党政権の本質を表しています。物事がまとめられない。それが最大の問題だったと思います。

内閣官房社会保障改革担当室の設置

中村 一体改革でも出てきますけど、結局、民主党ではまとまらなくて、元自民党の財務大臣まで務めた与謝野（馨）さんを招かなければまとめられませんでした。

民主党は、もともと重要政策は国家戦略局をつくって決定するとしていました。そこで、とりあえず、国家戦略室をつくりましたが、うまくいかなかったので社会保障改革とマイナンバー制度は、わざわざ元からある内閣官房副長官補室のラインに戻しました。

内閣には、官房長官と官房副長官がいます。その補佐をする官房副長官補がいます。かつて内閣官房に内政審議室がありました。官房副長官補は内政審議室長に該当します。その官房副長官補室の分室としてできたのが、内閣官房社会保障改革担当室です。つまり、私が室長になったあの部屋をつくったということは、民主党の国家戦略室では、社会保障改革はできなかったからです。

民主党の国家戦略室は、もともとそういう重要事項を取り扱うということで、経済財政諮問会議を開かずに、その国家戦略室で決めていくという構想でした。できれば財務省の予算編成権も取り上げたいということだから、財務省は非常に警戒していたわけですね。しかし、この国家戦略室には、民間企業からも人をたくさん連れて来て、それこそ各省庁、財務省も含めて官僚を投入してつくっていたけど、政策がつくれなかった。

これでは駄目だし、危ないというので、社会保障改革担当室をつくりました。国家戦略室に任していた番号制度もできないから、社保室で社会保障改革と番号制度とをやれということになりました。ですから、マイナンバーも形式的には私が室長のところでつくったことになっています。向井（治紀）君という財務省の審議官が来て、向井君がマイナンバーの仕事はぜんぶやってくれました。しかし、番号制度についての全国行脚は、向井君と、内閣参与の峰崎（直樹）さん（民主党の前参議院議員で、元財務副大臣）と、私の3人で全国を手分けして説明会に回りました。

支払基金の支部間格差

田中　せっかくですので、支払基金のほうでは、支部間の格差の要因についてどういった議論があったのか教えていただけませんか。

中村　なかなか難しい問題で、いろいろな議論があります。

審査の支部間格差については、ずいぶん格差があるように論じられていますが、どういうレベルの格差かについて理解していただく必要があります。支払基金の中でこの格差についての議論をした時に、厚生省出身の元健康局長の中島（正治）理事という医系技官がいて、彼が言っていたのは、「この査定率ってどのくらいかというと、全請求点数の0・2％です」と。だから、請求点数の99・8％は査定されておらず、平均では0・2％の中での差異であることを認識する必要があります。みんなが「格差、格差」といっていますが、この差が請求医療費を大きく動かすレベルではないことを理解していただく必要があります。それから、請求件数でみるとひと月に3900万件あって入院の請求件数は2・2％に過ぎないことがわかります。それが、査定点数となると、入院レセプトに係わる査定点数は20・6％にもなります。このように、査定点数は、特定のレセプトに集中しています。詳しい説明は省略しますが、これまでの審査は大病院の入院のレセプトを最重点としていました。このこともみんな審査の白書として作成した『国民の信頼に応える審査の確立に向けて』に書いてあります。とにかく査定の対象のかなりの部分が、その県の5つ程度の大病院のレセプトの査定であるという状況です。そういう審査の現状をまず明らかにして、そういう中で支部間の審査に格差があると言っているという状況がありますので、そのことを考えていかなければならない、ということです。

この問題を議論する際に問題となるのが、各都道府県の審査委員会の判断基準が異なるのではないかということです。よく、「ローカル・ルール」と言われます。ローカル・ルールというと悪いように聞こえますが、当該審査委員会に言わせれば、例えば、こういう地区に、どう見てもおかしい診療をしている病院がある。これを防ぐために、特定のルールをつくって、「こういう薬については、この基準でカットしよう」ということを各審査委員会で定めている、ということです。これを全国一律で揃えてしまうと、このようなレセプトは容認されることになり、保険者にとっても、医療保険財政にとっても良い結果をもたらすものではない、というのです。審査の現場ではこういう議論があるので、慎重にしなければいけません。

ところが、審査格差の問題は、請求点数の0・2%の話ではなく、イメージとして「審査の差というのが相当大きなもので、それによってその県の医療費も変わるかもしれない」と捉えられているところが1つと、ローカル・ルールというのは、医療機関のためになるような不公正なルールを設定しているのではないかという、誤解があったりするので、けっこう難しい。

もともと審査については、分裂した2つの見方があります。1つは、お医者さんがお医者さんの審査をしているので、身内のかばい合いの審査になっているのではないかという見方です。これに加えて、審査委員を医師会が推薦して決めているから、医師会が審査委員会を支配していて、医師会の権力の源泉になっているという人もいます。

これに対し、審査は、同業者が同業者の請求書をチェックするピアレビューで、ほかの分野でこんな世界はない。大変な牽制になっているという見方です。審査委員会の存在は、各医師に対して、強力な牽制作用があって効果をあげているんだという立場です。審査について、この2つの見方のどっちをとるかで、その後の立論がかなり変わってきます。

審査については、その実態が一般には知られていません。だから、同業者のかばいあいの構造があるから信用できないという議論が受け入れられやすい。「じゃあ、コンピュータにやらせたほうがいい」といった議論になり、みんなそちらの方向に走ってしまうけれど、よくよく考えてみるとそう簡単な問題かなというところがある。そもそも審査の基準となるべき診療報酬の点数表を見てもらうと、医師の裁量の余地がある。いろいろなグレーなところがあって、コンピュータでチェックしきれない。もともとそういうグレーな規定の仕方になっていることに加え、提供される医療自体が、それこそ病状に応じてのグラデーションがあるものだから、一律の基準で律しきれない面がある。池上直已教授の著書に図が書いてありますけれども、医療については、まったくのアウトと、まったくのセーフとがあり、その間にそうとう広いグレーゾーンがある。そこのところを審査でどう判断するかは非常に難しいということがあります。

そこで、私の時代に、支部間でレセプトを交換して審査するという実験をしてみました。それは、支部間差異については以上に述べたような論点があるが、各方面からはそれら諸問題のいずれも、支部間差異にあると指摘されているので、1度、こういう実験をしてみようということで提案したのです。この問題については、そもそも、各都道府県の請求レセプトの質（ルールを順守しているかどうかなど）が違うとか、支払基金内でもいろいろな意見がありましたので、とにかく「やってみよう」ということで、実験をしてみました。その結果も公開いたしました。

それから、何事も全部公開した方が楽だよと言って、従来、請求されたレセプトを「ぜんぶ見ているというのも嘘でしょう」と指摘しました。その上で、レセプトが電子化されると、とにかく一応コンピュータを通すからみんな見ていることになります。だから、いままでのように医療機関をA、B、Cと3段階に分けて、Aの医療機関のレセプトは徹底的に見るが、そのほかそうでもない扱いであったということも、「審査の白書」に記述しました。職員からは、「えっ、こんなことまで出していいんですか」と言われましたが、「ぜんぜん問題ない」として審査の実態をオープンにしました。

土田　それでは休憩にしようと思います。

社会保障と税の一体改革

社会保障改革担当室長①：着任と担当室メンバー

土田　それでは、社会保障と税の一体改革に入りたいと思います。

中村　支払基金の理事長を2年しました。1期目の任期が終わる時には民主党政権になっていました。民主党政権の下で、「天下りはよくない」ということで、改選時は公募するというルールができました。そんなことまでして続けたくないな、と思っていましたが、厚生労働省から「ぜひ公募してくれ」と言われたので公募しました。支払基金は、理事会は4者構成になっています。医師会、歯科医師会——これは診療側。協会健保の代表、健保連の代表——これが保険者側。それから、被保険者代表もいて、連合など労働組合の代表です。それと、理事者側という4者構成です。公募に当たっては、支払基金の総務部が公募の事務を担いますが、公正を期すために、日本医師会と健保連から事務局に人を出してもらって、3者合同で事務局をつくりました。選考委員についても、医師会、健保連、連合から選考委員を出してもらって、応募者と面接をして、まず理事を選考し、理事の互選で理事長が決まるというシステムでした。

それで、応募して書類も提出し、選考委員の面接も経て、めでたく理事に再任されました。しかし、支払基金法で、理事は大臣の認可事項になっていて、長妻大臣は「認可しない」と伝えてきました。厚生労働省が決めた手続きを踏んだにも拘わらずに、です。支払基金が省内事業仕分けにあった時も、厚生労働省の講堂で公開討論が実施されたのですが、だいぶ激しく反論したものですから、それもあってでしょうか。また、野党時代にさんざん答弁でやりあったからかどうか、わかりませんが「駄目だ」と言うんですね。そうしたら基金の理事の皆さん、医師会代表の理事さんはじめ、みんな、「民間団体に対する政府の過剰で、恣意的な介入だ」と怒ってしまいました。

そうしたら、内閣改造があって長妻さんが大臣を辞め、副大臣の細川（律夫）さんという労働問題の弁護士さんが、副大臣から大臣に昇格しました。役所のほうは「しめた」と思って、「認可のことで揉めているんですけど」と新大臣に上げたら、いい方なんですが、「自分は長妻大臣の下で副大臣をやってきて、前の大臣が駄目だと言ったものをすぐには覆せないから、もう一回公募してくれ」と言われました。役所を通じて、内々「もう1回やったら認めよう」というサインも来ました。それで再公募となりました。私は筋が通らないと思い「応募しません」ということで、1期でやめることになりました。それはそれで、また騒ぎになり（笑）。基金の理事会で、医師会の副会長の中川（俊男）さんから、「どういうことなんだ」と、また怒られたりしましたが、とにかく2度目の公募には応じませんでした。

そういうことをやっている時に、官房長官の仙谷由人さんから、「馬鹿な大臣と喧嘩などしていないで、こっちに来て社会保障改革を手伝え」と声がかかりました。２０１０年10月29日に内閣官房社会保障改革担当室長の辞令を交付されました。この辞令は珍しくて、内閣総理大臣は菅（直人）さんだったのですが、菅さんが海外出張しているので内閣総理大臣臨時代理の仙谷さんが発令した辞令なんです。仙谷さんが渡す時にふっと見て、「あっ、これは珍しいぞ。おい、これは貴重な辞令だぞ」と言って渡されました。

そういう経過ですが、なぜそうなったかというと、内閣官房に社会保障改革担当室をつくるというのは、先ほど申し上げた経緯ですが、財務省には官房副長官補室ラインで重要事項を決めていきたいという狙いがありました。ただ、民主党政権は財務省に対して強い警戒感をもっていて、財務省主導は嫌っていました。内閣官房副長官補は、当時、佐々木豊成さんという財務省出身の理財局長経験者でした。後に彼は、ＴＰＰ問題の国内調整官もやるような立派な人だったのですが、その佐々木さんをヘッドにしてやるわけにいかないので、別室をつくって厚生労働省の人間を連れて来るという、そういう一種の配慮、工夫でした。私の上には、民主党参議院議員ＯＢの内閣参与の峰崎さんを配置し、そういう形で民主党としての財務省アレルギーを少し緩和するということでした。

メンバーのご質問もありますが、併任が多いですが、スタート時には、厚生労働省は政策統括官の香取君が併任としておりました。財務省は前の次官をやった佐藤（慎一）さんが、当時、佐々木官房副長官補の下の内閣審議官だったので併任で入りました。それから、総務省の次官になったもう一人の佐藤（文俊）さんが、彼も佐々木さんの下の内閣審議官で併任で入りました。専任のスタッフとしては、財務省の現在の官房長の矢野（康治）君が参事官として、それから、厚生労働省の医政局長になった吉田（学）君（昭和59年入省）が参事官として着任しました。年金局の総務課長の大西（友弘）君（平成2年入省）が企画官で、財務省の主税局の2課で消費税担当の室長をしている佐藤（隆夫）君が補佐で財務省から来るという、混成部隊でスタートしました。香取君はまさに2枚看板で、厚生労働省の顔をする時は政策統括官、だけどうちの部屋の時は内閣審議官ということで仕事をしていました。このような陣容でスタートしました。

一体改革の経緯は、菅さんが総理大臣になって、参議院選挙が2010年の夏にありましたが、野党自民党が、とりあえず消費税10％にするという公約を掲げました。菅さんは「野党が10％と言っているから、自分も消費税10％を考える」と言って迷走して、参議院で負けて「ねじれ国会」になったという経過が1つです。それから、当時ギリシャの債務危機があって、先進国の財政再建が課題になり、財政再建をやらなければいけないということがありました。それから、民主党はマニフェストでさんざん社会保障改革をやるということを掲げて政権に就きました。民主党のマニフェストは、子ども手当、年金の一元化——新しい年金制度、それから、後期高齢者医療の廃止などを掲げていました。「ねじれ国会」になったけれども、そのマニフェストの実現も必要でした。

私はそこのところの詳細は知りませんけれども、仙谷さんの下で社会保障と税の一体改革をしなければいけないということになりました。そこで、仙谷さんの下に、菅内閣の総理秘書官の山崎史郎君（厚生労働省出身）と財務省と、それから厚労省の香取君たちが集まって、「社会保障と税の一体改革という枠組みをつくってやろう。仙谷さん、中村を口説いてください」という話になったようです。それで、この辞令をもらう前日に、第1回の政府与党の社会保障制度改革検討本部を立ち上げて、議論が始まりました。

コラム
仙谷先生の思い出

最初に仙谷先生とお会いしたのは、北海道庁勤務から東京に戻ってからなので、平成に入ってからである。私が知事としてお仕えした横路孝弘北海道知事から、東京で勉強会をするので講師として来るようにとのお話があった。横路知事は、国会に復帰することを目指しており、その活動の一環だったのだと思う。当時、私は老人福祉課長であり、高齢化対策の報告をしたと記憶する。

その勉強会に来られていたのが落選中の仙谷さんで、元議員バッチをつけられていた。本人が「うんこ色のバッチ」と言っていたのがおかしかった。その後、仙谷さんは国会に返り咲き、細川連立や自社さ政権で与党であったので接触する機会が増えた。加えて、北海道庁で課長として同僚であった荒井聡さん（道庁に農水省から出向）が、日本新党から出馬して衆議院議員となった。その秘書となった金子さんとも親しくなった。今度は荒井さんが落選され、金子さんが仙谷事務所に移ったことが、私と仙谷さんをさらに結びつけることとなった。

そうは言っても仙谷さんは、いわゆる社労族、厚生族、厚生労働族ではないので、自分の仕事の関係で、当方からアプローチしたことはそれほど多くなかった。仙谷事務所に行くと、当方が話す前に、仙谷さんからありとあらゆる分野の話があり、自分の知らない世界で活躍している仙谷さんを垣間見させていただいた。たまに仙谷さんから、「こういう問題があるが厚生省ではどこが担当か」といった類の御下問があり、それに応える仕事があった。その時は、あたかも厚生省の仙谷事務所といった具合だった。

別なご縁であるが、保険局企画課長時代の縁で、後に群馬県医師会長となった鶴谷嘉武先生と親しくなった。年に数回開催される鶴谷さんや群馬の医師たちとの「勉強会」には、当時、大蔵省から保険局に出向していた諏訪園君も入っていた。その諏訪園君が、その会に大蔵省出身の仲間だと言って、民主党の古川元久議員を連れてきた。そのうち古川さんが「親分を連れてくる」と言って、仙谷さんをメンバーに紹介した。仙谷先生は、あっというまに会の中心になられた。

その会のメンバーで、群馬の温泉で遊んだことがある。群馬が気に入られたのであろう、官房長官時代の夏休みには群馬の温泉を選ばれていた。その流れで訪れた浦佐にあるイタリアンの店も気に入り、「鄙にも稀な」と言ってご機嫌だった。

国会議員を引退されてからも精力的で、ミャンマーやベトナムによく行かれていた。介護人材確保のためにも、きちんとした受入れルートを創ろうと最後まで頑張っておられた。

自治労の皆さんから、「仙谷先生との飲み会をするので、中村さんも参加を」と誘われた。当日、仙谷事務所から、「体調を崩したので欠席」との連絡があり、その晩、仙谷先生の健康を心配しながら皆で飲んだ。翌日、先生がご逝去されていたとの報道があった。飲み会の3日前に亡くなっていた。後日、仙谷事務所の松本収さんから、「入っている予定が終わるまで公表するな」という指示があったので、という説明をいただいた。

まだまだ、談論風発の仙谷さんとご一緒したかった。残念である。

社会保障改革担当室長②：ねじれ国会の下での形成過程とスケジュール設定

中村 政府与党の社会保障制度改革検討本部を動かし始め、その本部の下に「社会保障改革に関する有識者会議」を立ち上げて、それから「社会保障と税の番号に関わる実務検討会」も立ち上げました。有識者検討会は、報告書をひと月ちょっとでまとめました。有識者会議の座長は、宮本太郎教授にお願いしたのですが、報告書も座長が中心にまとめてくださいました。報告書の構成も宮本さんの構想で、随所に宮本節が入っています。「3つの理念」と「5つの原則」は、まさに宮本先生の提案です。

報告書のポイントは、「⑶これまでの社会保障改革論議の総括」というところにあります。自民党政権の下での社会保障国民会議、安心社会実現会議などの議論の蓄積を尊重しつつ、新たな視点からの検証も加えて議論するとしています。つまり、民主党のマニフェストはぜんぶ、従来の自公政権の社会保障政策の逆張りをしたわけです。現行の年金制度ではなく、新しい所得比例年金と最低保障年金を組み合わせた年金の一元化、後期高齢者医療制度の廃止、障害者自立支援法の廃止など、従来の社会保障政策と断絶した政策のマニフェストを掲げました。それで政権を取りましたが、「ねじれ国会」となって、政治的には行き詰まりました。もはや、民主党の言うとおりの政策は実現できなくなりました。社会保障改革をやるとなると法律改正をしなければならないが、法律はもう通らない。こういうことになったので、まずは軌道修正して、従来の議論の蓄積を尊重するという姿勢が必要になりました。さらに、報告書では、社会保障を政争の具とせず、与野党議員などで構成される常設の会議体を速やかに設置する、いわば、社会保障諮問会議をつくることを提案しています。自公政権の政策の継承、「政争の具にしない」、超党派の論議、とある意味で民主党路線に白旗を掲げさせた報告書と言えましょう。

あとは、この報告書ではもう既に、「全世代型」ということも言っています。財源としては、税も必要だとしています。5つ目の原則で、「負担を先送りにしない。安定財源に基づく社会保障」ということで、それからの議論をピン止めしています。

この有識者の報告書を出した上で、2010年12月14日に「社会保障改革の進め方」について閣議決定をしています。この閣議決定で重要なことは、平成23年、つまり2011年の半ばまでに「成案を得て、国民合意を得た上でその実現を図る」としていることです。つまり、期限を切ってあることを実行するということは、民主党がいちばんできなかったことなのです。だから、必ず期限を設けました。

その「2011年半ば」という期限は、2009年3月の税制改正法附則の規定と密接に関連しています。この税制改正法附則は、自公政権の最後の税制改正法につけられた附則です。その趣旨は、リーマンショックの直後で今はできないけれども、経済を回復させ、3年以内、すなわち、2011年度内に、消費税率の引き上げを含む税制の抜本改革をするということです。税制改正については、基礎年金の国庫負担2分の1への引き上げに要する財源とか、少子化対策の必要性があるので、実施するとしています。このような規定の税制改正法附則がある。2011年度中に抜本改正を目指すというのはどういうことかというと、政府としては2011年度中に法律を出せばいい、すなわち、2012年3月31日までに法律を出すということになります。2012年3月31日までに法律を出すためには、2011年半ばには成案を固めておかなければいけない。こういう逆算で、締切りを想定して閣議決定をしたわけです。

社会保障改革担当室長③：与謝野担当大臣の着任

中村　民主党の中ではどういう政治状況かというと、前首相の鳩山（由紀夫）さんが辞め、菅さんが代表となりましたが、すぐに代表選の時期となり、小沢一郎さんと菅直人が争いました。菅さんが小沢さんに勝利して、引き続き政権を担当することになりました。したがって、菅執行部と小沢派との対立がもともとありました。民主党のマニフェストには消費税を引き上げるとは書いてない。それから、民主党政権についた時の総選挙で、鳩山代表は「消費税の引き上げはしない」と4回も言っていると言われていました。4回言ったかどうかは知らないけど、そういうことが言われていて、代表が約束し、しかも、マニフェストに書いていない。したがって、消費税の引き上げは「マニフェスト違反だ」というのが反執行部の旗印でした。ですから、菅執行部としては、まず党内の反対派を突破することが最大の課題でした。どのようにしてそこを切り抜けるか。それは、「政権についた以上、法律を守らなければいけない。その法律は自公のつくった法律とはいえ、いまも生きている。2011年度中に税制の抜本改正する義務があり、これを果たそう」ということが執行部の拠り所となりました。加えて、自公が規定した附則ですから、これに基づく法律改正であれば、野党の協力も得られる可能性があり、「ねじれ国会」の下での唯一、実現可能性がある道だとされました。

執行部と言われるグループは、菅首相、仙谷官房長官など当時の閣僚、枝野（幸男）さん、岡田（克也）さんなどです。我々は、2011年6月までに成案を得るとしたが、この党内をまとめるためにさてどうしたものかと途方に暮れていた時に、1月だと思いますけれども、内閣改造があって、与謝野さんが一体改革担当大臣に任命されました。与謝野さんは、福田内閣、麻生内閣の時の経済担当大臣や財務大臣を務め、例の2009年3月の税制改正法附則の規定（第104条）の起草者だと言われているわけです。自民党内の「上げ潮派」に対して、財政規律派と言われるグループで、与謝野さんとか柳澤さんなどがそこに入ります。財政健全化を目指すのが財政規律派でありまして、その与謝野さんが一体改革に登板してきた。与謝野さんが来なかったら、一体改革はできなかったと思います。与謝野さんの功績が極めて大です。

それで、与謝野大臣が始めたのは、1月にまず集中検討会議を設置するということで、これは全く与謝野さんの発案です。政府閣僚と有識者としてかなり広範囲のメンバーを網羅し、各界の大物も入れたメンバーで構成しました。宮本太郎さんも入っています。そもそも、与謝野さんが自民党の大臣の時に国会で、宮本太郎さんが書かれた『福祉政治』といういい本があると答弁し、それで宮本太郎さんが我々の知るところになりました。だから、与謝野さんと宮本先生は仲良しでした。

社会保障改革担当室長④：集中検討会議の意義

中村　それで、集中検討会議の意義ですが、民主党は新しい年金制度をつくる、それから後期高齢者医療を廃止すると言っているわけですね。党内では、消費税引き上げはマニフェスト違反だと言われているけれども、新しい年金制度や後期高齢者医療の廃止はマニフェストの1丁目1番地です。逆に、これが入っている限り、自公の賛成は得られません。そもそも事務局である我々としても、民主党の新年金制度、後期高齢者医療の廃止には賛成できません。これをどうやって収めるかというのに頭を抱えていました。そうしたら与謝野さんは「集中検討会議をつくって、あらゆる提案を検討の俎上に載せます」と言われました。「あらゆる提案」というのはどういうことかというと、皆さんご承知だと思いますが、あの頃、各新聞社が年金改革案を提言することがブームになっていて、それぞれ各社、年金改革案をぶち上げていました。私の主宰するフォーラムの同僚ですが、梶本章さんが当時の朝日新聞の論説委員をしていて、彼は朝日の提言をつくり、各社の論説委員とともに討論会などをしていました。集中検討会議で2010年の2月から一連のヒアリングをしました。経済3団体、連合、新聞各社、有識者、地方団体、医療関係者、関係省庁と、あらゆる提案を俎上に載せるといったので、それにふさわしいヒアリングをやりました。あらゆる提案を俎上に載せるということは、民主党の案を相対化することになります。それが与謝野さんの巧妙なところでした。

それで一連のヒアリングを実施してみると、特に年金について言えば、例えば、「税方式にしろ」という主張はありました。同友会などはそういう主張ですが、しかし、聞いていくと、「最初は被用者年金を統合して」とか「ステップを踏んで」ということで、必ずしも直ちにではない。だから結局、一元化した年金の姿を言っている人もいるけれども、「明日やれ」という話にはなっていない。そうすると、途中のプロセスがあるということが見えてくるわけです。「ここで止まれ」という人もいるし、「もっと一元化までいけ」という人もいるけれども、皆に共通の主張というのは見えるし、当面しなければならないことも浮かび上がってくる。そういう形で整理し、したがって、民主党の提案を否定するわけではないけれども、それは先の目標とし、まずやらなければならないのは、例えば、非正規労働者に対する適用範囲の拡大であるとか、そういうステップを踏んでいく。あるいは、産経新聞は、高額所得者の国庫負担分は削れと主張するから、「それは採用」とか、そういう形で一応整理しました。民主党案を正面からは否定しないものの、まず当面やるべきことはこういうことではないか、というとりまとめにしました。

2点目の後期高齢者医療は、長妻厚生労働大臣の時に、一応、後期高齢者の見直し案をまとめましたけれども、この厚生労働省案は全国知事会が反対したということでスタックしてしまいました。だから、民主党政権の下での見直し案、年齢で差別するのはいけないから、独立型制度はやめるけれども、国保に戻した後期高齢者医療分は都道府県単位の運営にしていったらどうかという案でしたが、これはスタックして動かない。このように民主党案は動かないというのがわかっているから、年金ほど大きな問題ではないので、その扱いはあいまいなままにしておけばよい、という形で進んでいきました。

社会保障改革担当室長⑤：震災後から成案決定会合へ

中村　ヒアリングをしている過程で3・11が起こって、「復興財源がいる。消費税こそ復興財源に充てるべきだ」という議論が起こったし、この3・11で原発の問題もあって、一体改革は霞んでしまう事態になりました。また、集中検討会議は総理が必ず出席する会議ですから、この非常時に総理を呼んで一体改革の議論などできないというので、これはまずいなということになりました。それでも、関係各省のヒアリングは総理官邸の外で、こっそり目立たない形でやったりして、検討の灯を絶やさないようにし、連休の直前の4月27日に集中検討会議の再開に漕ぎ着けました。厚生労働省から社会保障改革案の叩き台も出してもらいました。

この厚生労働省の社会保障改革案は、厚労省ではつくれなかったのです。どういう意味かというと、2006年に後期高齢者医療制度の医療制度改革を出した後、この時点まで一切、新しい大きな制度改革はできない状態になっていました。つまり、厚労省の審議会では利害が対立して何も動かない。それから、政権交代を前にして与野党の対立が厳しくなって、まとまらない。他方では、年金記録の問題とか、不祥事が相次いで、その対応に追われ、厚労省からは何も出てこない、何も出せなくなってきていたのです。

そういう状態のなかで審議会をやっても、もう動かない。私は、イメージとしては、第一次世界大戦の西部戦線みたいなもので、塹壕戦となって、ぜんぜん何も出てこない。これを打開するためには空爆が必要だ、というのが私の説で、厚労省で爆弾は落とせないから私たちが変わりに落としてやるというスタンスでした。だから、厚生労働省から改革案が出ましたけれども、実際はもう香取君がおおわらわでまとめて、所要財源も明らかにする作業をしました。だから、厚労省の各局はやらされているという意識があって、極めて受動的な感じでした。

それで、先走りますが、成案決定会合で成案をつくった後に、厚生労働省では審議会での審議が始まりましたが、審議会を始めた途端、新聞が、「政府は年金の支給開始年齢引き上げを検討」と報道すると、すぐに小宮山（洋子）大臣が、「今回は年齢引き上げはやらない」と言明するという騒ぎになりました。厚労省に任せておくと、どんどん荷崩れが起きるという状況でした。だから、私が内閣官房で思っていたのは、社会保障改革は外から動かさないとにっちもさっちもいかないから、社会保障改革担当室は現時点では存在意義があるということでした。

社会保障改革担当室長⑥：成案決定会合での議論

中村　集中検討会議で6月2日に社会保障改革案をとりまとめました。この時、与謝野大臣が集中検討会議で、「ここから政治プロセスになります」と言明しました。そして、「成案決定会合」を立ち上げました。民主党の案を棚上げした、集中検討会議は相当な政治プロセスでしたが、そう言わずに、「ここから政治プロセスになります。あとは政治家がやりますからお任せください」

ということでした。6月30日までに決めなければならないのですが、政治プロセスというのは民主党内の議論になるわけです。民主党内の議論になるが、民主党議員には与党の自覚が乏しいので、ある議員は、「はい」と手を挙げて何を言うかと思うと、陳情みたいなことを言うわけですね。自分で決めて実行するという意識がないのです。あくまでも、私たち事務局に対して陳情するとか、執行部に陳情するという感じですね。これはもう駄目だなと思いましたが、このひと月間で何回も民主党の部会を開きました。その部会では、執行部と小沢グループとのやり合いになる。仙谷さんが、執行部サイドにたって何か言うと、小沢グループの議員がみんなワーッとなる。これがさんざん報道されるわけですね。決まらない、決められない民主党という報道が非常に多かったと思います。

2つポイントがあって、その場では社会保障についてはあまり議論がなく、少なくとも記憶に残るような議論はなくて、議論はもっぱら消費税増税の是非、引き上げ幅をどうするか、でした。消費税率10%は決まっていました。だって、菅さんも10%と言っちゃったし、自民党も10%と公約していましたので。10%自体についての議論はあまりないけど、引き上げ方については、2段階でやるとか、「毎年1%ずつ引き上げろ」という人とか、いろいろ出てくる。それから、引き上げの条件は、「こんな悪い景気の状況でやるのか」という議論です。景気が改善したらやるか、その改善の指標は何か、などなどです。

それからもう1つは、片山（善博）総務大臣が出て来て、「消費税増税の財源をみんな国が取ってしまうのは財務省の陰謀ではないか。地方に配分がないのはおかしい」と、成案決定会合で言い出して、増税分の国と地方の配分が議論になりました。最後は、国と地方の協議会を何度も開催して、結論としては、5％に引き上げた時に、「社会保障4経費に則った範囲の社会保障給付における国と地方の役割分担に応じた配分をする」ということで、国3・46％と地方1・54％となりました。地方分は、さらに地方消費税分と地方交付税分とに分けました。これは地方団体側からの要請です。この国と地方の配分の大枠は、社会保障で使っている子ども・子育て、医療、介護、年金の費用について、国と地方の費用の実際の割合をみると、この割合になっているので、これで分担しようということになったのです。

従来の消費税率5％分については、国が54％で地方が46％という配分になっていました。これまでは、消費税は社会保障の財源ではありませんでしたので。だから、その従来の5％の配分は動かさないで、これからの増税分の5％の配分についてはこういう配分にしようということになりました。それから、消費税率が10％になった時には、1％の地方消費税分は除いて――この1％の地方消費税は、昔からあった間接税を地方消費税にしたので、これは地方の固有のものだから手を着けないけれども、残余の9％分はぜんぶ社会保障に使うということは合意されていました。5％に増税した際の社会保障についての配分は、制度改革に伴う増として1％分、それから基礎年金の2分の1の国庫負担分の財源がないのでそれに充てる分として1%、高齢化に従って増えていく分として1%の合計3%が社会保障の機能強化に充てられ、1%はいま財源がなく後世代つけ回ししている分の解消、つまり、社会保障の機能維持に充てる、残余の1%を消費税率引き上げに伴って、診療報酬改定とか年金でも物価が上がるから、その分の費用に充てるという、3・1・1という枠組みで、この成案決定がされました。

引き上げのスケジュールについては、この時には決められず、2010年代半ばに段階的に10%まで引き上げるとされました。

厚労省で検討を始めると、荷崩れが起き出したということもありますけれども、その後、半年間に何が行われたかというと、今度はそういうことで年末に向けていよいよ法案をつくらなければいけない。それから増税もいつするか決めなければいけないということで、成案決定会合では、「2000年代の半ばまでに、段階的に10%に引き上げる」ということが決まっていたので、年末法案を出すためには、どういう引き上げスケジュールでいくかということを決めなければいけない。また、これで民主党は揉めて、最後、大晦日に近いような日に、海外から帰って来た野田(佳彦)総理が、民主党の部会に駆けつけて、了承をとるくらい揉めました。それから、前原(誠司)政調会長だったけれども、彼はもう毎日深夜1時、2時まで会議が続くというので、最後は「これで打ち切り」といって宣言して、ワッと民主党の議員に囲まれ、議員会館の裏口から逃げるように退席しました。いかに党内の合意形成が大変だったかということであります。

社会保障改革担当室長⑦：法案提出と国会審議

中村　このようにして12月30日にやっとまとまりました。政府・民主党としては、これはあくまで素案で、野党の自民党・公明党と協議して、その合意を得て大綱を決定したいという姿勢でした。しかし、自民党や公明党は、「そんなことではなくて、法案を出すのが与党だから、法案を出してきてくれたら協議するけれども、それまでは協議に応じない」ということでありました。「素案」という形で、野党に働きかけようとしたのですが、あまり効果がなかったのです。このように２０１２年1月6日に「素案」を決定しましたが、野党との協議は成立しなかったので、2月17日に大綱を閣議決定し、約束どおり3月30日に税制改正法案を含め、一体改革関連法案を国会に提出したということで、何とか期限通り法案は提出されました。

それで、国会審議は、衆議院の特別委員会で１２９時間、参議院の特別委員会で85時間という、これは１９５９年当時の安保条約改定以来の長い審議時間をこなしました。それで法案は成立しました。質問はそんなになかったですけれども、責任がありましたので、私は、この国会審議には、全部立ち会いました。その国会審議の裏で、6月8日に民主・自民・公明の修正協議が始まって、1週間で修正協議は合意されて、それで衆議院で法案が可決されました。これに抗議して小沢グループが生活の党をつくって民主党から離脱していきました。党が分裂するという犠牲を払って、一体改革関連法案が可決されました。

この時、政府が提出した法案は7本でした。子ども・子育て関係3法案、年金関係2法案、税制改正の関係2法案ですが、修正協議で、まず社会保障制度改革推進法という議員立法の法案を3党で出すことになりました。社会保障制度改革推進法では、社会保障改革の基本的な考え方や年金、医療、介護、少子化の4分野の改革の基本方針などが規定されています。しかし、3党合意のポイントは、新しい年金制度については、「今後の公的年金制度については、財政の現況及び見通しを踏まえ、第9条に規定する社会保障制度改革国民会議において検討し、結論を得ること」とされました。これは民主党案については玉虫色になっています。この規定にありますように、社会保障制度改革国民会議が1年間の時限で置かれました。ここに下駄を預ける形で合意したことになります。

民主党からすると、社会保障制度改革国民会議で通せば新しい年金制度をつくる余地があるから、別にマニフェストで掲げた旗を降ろしたわけではないということになります。自公のほうは、民主党の政権下ですから、民主党に社会保障制度改革国民会議を勝手に運営されては困るから、「今後の年金制度、今後の高齢者医療制度にかかる改革については、あらかじめその内容等について三党間で合意に向けて協議する」という文書を別途3党でサインしてありました。「あらかじめ」とは、何のあらかじめかというと、社会保障制度改革国民会議に諮る前に3党で協議することを決めたわけです。民主党に勝手に運営させないということを担保した形になっています。新しい高齢者医療制度についても、同じ構造になっています。このように、一方は、社会保障制度改革国民会議つくって、そこで議論するから旗を降ろしたことではないからサインできる。片方は、社会保障制度改革国民会議に預けたが、暴走させないようにしているから、もう民主党の案はこれで安楽死させたということでサインできる。こういう関係者の思惑の下に、社会保障制度改革国民会議がつくられることになりました。

それから、子ども・子育て法案は、要するに総合こども園をつくろうというのが民主党の案でしたけれども、自公でつくっていた認定こども園でいいというのが、自公の立場でした。また、民主党の案では、総合こども園は、株式会社でも経営できることとなっていました。ある意味、民主党らしい提案でした。しかし、総合こども園は、幼稚園の機能と保育園の機能をもつものですから、教育側からすると学校教育法の学校となります。自民党の文教族にいわせると、「とんでもない。学校に株式会社は認められない」ということになりました。そこがいちばんのポイントで、総合子ども園は認定こども園に修正されました。自民党の文教族のこだわりがいちばん大きかったと思います。子ども関係は、イデオロギー対立がどうしても強くなるという一例です。

年金関係2法には2つポイントがありました。1つは、最低保障機能の強化だとして、低年金の者に月額５０００円の年金の上乗せをするという内容でした。これに対し、自民党からは、年金制度としてはおかしい、福祉的な手当として構成すべきだという意見が出されました。そこで、この措置は年金法から切り離され、臨時国会で年金生活者支援給付金法として再提出されました。この給付金は、年金機構が支給しますので、ほとんど年金に近い給付ですが、一応、頭の整理としては年金ではないという構成となりました。

それから、基礎年金の国庫負担分について、この時点でまだ消費税率が引き上げられておらず、それまでの間の財政措置について、交付国債という形で整理していましたが、「それはやっぱり隠れ借金でおかしい」という意見が自民党から出まして、年金関連法案は、その部分が修正となりました。このほか、例えば、さっき言った高所得者の基礎年金の国庫負担分をカットするという、クローバックが法案に入っていましたが、自民党が「税制でやるか、年金をカットするかは大事な問題だから、今回は駄目だ」というので見送りにしたという修正などが行われています。

税制改正法案に関しては、消費税の引き上げ以外にも、所得税の見直しとか相続税の見直しとか、総合的な税制改正法案になっていたのですが、「それは毎年、毎年の税制改正で勝負すべき。今回は社会保障と税の一体改革だから、消費税だけに限るべき」という野党の主張で、消費税改正以外の部分はすべて削除されました。

それから、消費税を引き上げた際の逆進性対策については、民主党は給付付き税額控除を採用していました。要するに、低所得者の人に対して、集中的に手当てする方式です。そのためには、もっと所得把握がきちんとできなければならないとして、マイナンバーの導入が図られるというロジックで、マイナンバー法もできたのです。これに対し、自公、特に、公明党は軽減税率の採用を主張していました。政府提出の法案には、「給付付き税額控除を検討する」としか書いてないので、「軽減税率を検討する」ということも並列で規定するように修正されました。自公政権になって軽減税率が採用されることになって、10％になる時には軽減税率が動き出すという話になりました。

社会保障改革担当室長⑧：政権交代と社会保障制度国民会議

中村　社会保障制度改革推進法が2012年8月22日に公布されたので、同法に規定する社会保障制度国民会議の設置期間は2013年8月21日までとなりました。そもそも社会保障制度改革推進法の仕組みは、政府は基本方針に基づき社会保障制度改革を行うこと、法制上の措置については、施行後1年以内に社会保障制度改革国民会議の審議結果などを踏まえて講ずると、社会保障制度改革国民会議に球が投げられたという形になります。

ところが、社会保障制度改革国民会議の設置期間は1年しかないのに、3党合意で、「あらかじめ協議する」となっているから、自公が賛成しないと設置できない状態に陥りました。自公は、「野田総理は『近いうちに解散する』と言ったけど、いつ解散するか。総理が解散を決めない限り審議には応じない」というので、刻々と時間が経っていったわけです。やっと11月に野田さんが「解散する」と言ったので、社会保障制度改革国民会議は２０１２年11月から立ち上がりました。検討の期間が短くなってだいぶん損したのですが、２０１３年８月までの間に精力的に審議をして報告書をまとめました。

これまで述べてきたように、年金とか、子ども・子育ては、法案が国会に提出され、成立もしているので、社会保障制度改革国民会議としてあまり書くことはありません。これに対し、医療と介護は、機能強化に充てる財源の2・8兆円のうち1・5兆円は、医療と介護の改善に充てるとされていましたが、未だ法案が1つも出ていない。さらに、医療と介護については、法律以外に、診療報酬、介護報酬の果たす役割も大きいので、社会保障制度改革国民会議の使命として、これからの医療と介護の改革の方向性を示すことが重要になりました。２０１３年の8月に、その医療と介護での改革に関しても記述した社会保障制度改革国民会議の報告書をまとめることができ、２０１３年12月に臨時国会で、いわゆる、「プログラム法」が成立しました。プログラム法には、改革のメニューと実施時期を書いてありますが、あと、関係閣僚からなる社会保障制度改革推進本部と、社会保障制度国民会議の後継組織として、社会保障制度改革推進会議を設置するということになりました。それで、さっきの「空爆」の効果があって、医療介護総合確保推進法というパッケージで、医療・介護関連の19本の法律が成立しました。必ずしも、「一体改革関連」の法案だけではなくて、いわば、滞貨一掃となりました。何が滞貨一掃かというと、例えば、歯科技工士の国家資格の一元化とか、いわゆる特定看護の話とか、医療事故にかかる調査の仕組みとか、とにかくこれまで法案として国会に出せなかったものをぜんぶ積み込んで滞貨一掃の法律となっています。もちろん、社会保障制度改革国民会議で指示された、医療・介護の提供体制の改革のための法案が中心であることは当然ですが。

内閣官房で勤務した時代を振り返りますと、一言でいうと、民主党政権下で仕事をして、得難い経験をしました。社会保障制度国民会議の運営では、一方で、社会保障制度改革国民会議を回しながら、並行して、自公民の3党協議が開催されることになりました。3党協議でブレーキをかけたはずの自公が、今度政権について、そのブレーキの装置を民主党が活用する形になりました。民主党は、「3党協議で、早く年金の一元化の問題を協議し、社会保障制度改革国民会議でも議論してほしい」とか主張するようになりました。社会保障制度改革国民会議を開催する前に、必ず3党協議の開催が求められました。民主党は長妻さんと山井さんが中心で、自民党は一体改革担当の委員長だった野田毅さんと鴨下一郎さんでした。あとは厚生労働部会長でした。かなり頻繁に3党協議が開催されましたが、長妻さんの主張は相変わらず年金の一元化の主張で、自公と全く接点がなく、話が収斂しそうにない。そういうことで、当初、社会保障制度改革国民会議の進行に、ブレーキがかかることが懸念されましたが、3党でだんだん話すことがなくなるというか、開かれなくなってきて、社会保障制度改革国民会議のほうは粛々とまとまるという形になりました。

社会保障制度改革国民会議の特色は、これまでの様々な有識者会議は検討会をしてもらっても財源のあてがなくて、いい報告書をもらっても実現できないということがままあるのですが、社会保障制度改革国民会議は、安定財源として消費税の増税分があることが前提だということがありました。それから、社会保障制度改革国民会議のミッションは、社会保障制度改革推進法で規定されていましたし、詳しい検討項目も3党の実務者で決まるという特色がありました。例えば、3党で決めた検討項目ですが、「今後の高齢者医療制度にかかる改革」とか、「今後の年金制度にかかる改革」が入っていたので、これらの点についての議論は必要となりました。このような具体的なミッションを受けた専門家による論理的、実証的な議論が社会保障制度改革国民会議の特徴でした。

さらに、この報告書でまとめられたことは、必ず政府が法制上の措置を講ずることが社会保障制度改革推進法に書いてあります。このことも社会保障制度改革国民会議のポイントだと思います。

その後、政治体制がグジャグジャになったとはいえ、1回は3党で合意ができたということ、それから、負担を先送りせず、きちんと増税することを行ったということは、一体改革の成果であると思います。自公の側からすれば、自公政権で傷つくような作業を民主党にやらせて、いいところ取りをするという思惑もあったのだと思いますが、いずれにしても、負担の問題に正面から取り組んだ。それから社会保障について、やっぱり政党間で合意することが一応できたというのは、1つ成果ではないかと思っています。

社会保障改革担当室長⑨：一体改革の残念な遅れ

中村 当初の計画では、消費税率の引き上げについては、2014年4月に8%にし、2015年10月に10%とされていました。消費税率10%への引き上げは、2019年10月まで2回延ばしたということで、当初の計画から4年遅れています。2015年の10月に10%に引き上げられていれば、制度的には一体改革のパッケージで予定した財源は全部使えることになったので、もちろん、地域包括ケア体制を2025年までにつくらなければいけないという作業は継続しなければなりませんが、制度改革のメニューとしては終わるので、これからは「ポスト10%の世界」を描く必要があります。それは我々の当初の目算では、2015年10月が済んだら次のステップの検討に入ることになっていたので、今頃はそういう案ができているはずだったのです。そのつもりで、さっき言った後継組織として社会保障制度改革推進会議がつくられています。清家（篤）さんがその座長をやっているのですが、その清家さんから、「中村さん、ぜんぜん動かないね」と言われています。スケジュールが４年間遅れているので、この４年は痛いロスです。

今は、そういう状況になっていまして、２０１９年に安倍さんが10％に上げてくれると、やっとその封印が解ける。２０１８年の５月に厚生労働省はじめ４省庁合同で、２０４０年の社会保障給付費の将来推計がやっと出せましたけれども、これもそういう背景があっていままで出せなかったのです。まず、10％問題がクリアされないうちに、さらに上のことを議論したら、税率10％にも上げられなくなってしまうということがあり、控えざるを得なかったのですね。そこのところが一体改革を担ってきたチームとしては、ちょっと当てがはずれたと思います。今頃、既に「ポスト10％」のプログラムができていなければならないんですが、それはスケジュール的には４年くらい遅れているという感じがあります。以上です。

社会保障と税の一体改革の立案過程

土田　どうもありがとうございました。どうぞ、どなたか。

田中　私、複雑な質問表をつくったのですけど、ぜんぶ答えていただいて、すごいなと思ってお伺いしていたんですけれども。１つ目は、社会保障の改革は内閣官房で中心にやっていて、税制改革とどういう調整をされていたのでしょうか？

中村 税制の世界は不思議な世界で、税制改正は自民党政権の下では最も政治主導性が高い改革です。政府税調よりも自民党税調のほうが強くて、自民党税調がみんな仕切るみたいな形になります。税制はそういう世界ですね。あの税制改正の時は、片方は野田毅さんが自民党の税調にいて、片方は藤井（裕久）さんが民主党の税調にいました。ルーツを辿るとお二人は、99年の自由党のメンバーです。つまり、自由党の消費税論者で、「税方式でみんなやれ」といったあのグループが、現在は分れて両側にいるわけです。彼らは、元来、消費税論者です。だから、今回の税制改正は、旧自由党が両党を乗っ取って消費税引き上げをするというイメージです。2人とも元大蔵官僚であることは間違いないし、財政をやっている人は、伊吹（文明）さんもそうですけど、消費税が好きなので、そういう意味で昔の仲間でやっているところがあります。だから、税制はあまり心配していなかったです。

税制改正は、そういうことで役人が手を出す問題ではありませんでした。もちろん、主税局は必死になって根回しをしたでしょう。自分でやっていないような振りをして、上手く党の税調でやってもらうという人達なので、一所懸命、根回しはしているのでしょうが、今回の場合、とにかく2頭立ての馬だけど、ちゃんとどういう馬かわかっているので、行くところに行くわけですよ。だから、問題はそうではなくて、「増税すると選挙に負ける」という人たちをどうやって説得するかの話なので、そっちが問題なんです。だから、成案をつくった時も、２０１０年代の半ばに10％にするというところを決めるのがやっとで、「あとの刻み方なんかは、もう一回年末に勝負だ」という話になるわけです。

田中　内閣官房の佐藤さんとかに言ってきたら、それこそ中村さんのところにそういう情報が上がってくるんですか？

中村　それはだから、「こっちの部隊はこうなっています」と情報は上がってきますけれども、党の税調でどうしてもやるという感じですから、もちろん、必死になって主税局は行くでしょうけれども、そういう世界なんですね。

田中　もう1つ驚きだったのは、震災があったこともありましたけれども、その後、香取さんなどを中心に社会保障改革案をまとめている時はそうとう短い期間で。結局、この案がそのままずっといっていると思っているんですけど。

中村　そうそう。だから、その案が勝負だけど、その案についてはさっきの財源の枠組みもわかっているし、10％の枠組みでそのうち1％分が改善分で、そうすると子ども・子育ての法案でいくらいる。それから低年金者に月額５０００円の給付をすると財源がいくらいる。そういう所要額をみんなで持って来て、分配を決めるわけです。だから、財源に合わなければ駄目だし、これまでは使えるという感じですよね。

あの時は、単に、消費税の増税で財源を増やすだけではなくて、削って増やすということも考えていたので、例えば、受診時定額負担も入れるとこれだけ財源が出るから、その場合は、それだけ他の施策に使えるとか示していました。したがって、金額の表示も幅がある形になっていました。その後、荷崩れした項目としては、受診時定額負担とか、支給開始年齢引き上げです。「とんでもない」というので削られてしまいました。最初の段階では、これらの改革分も含まれていて、受診時定額負担や、それからさっき言った高所得者の年金カットでいくら財源が出るとか、そういうことが行われればこういう改善ができると表示しました。それを諦めればこの改善ができないと、財源と改善項目と見合いになるようにつくったりしました。

その見合いとなる表にはAとBがあって、BをやらないならAも減るよという、非常に厳しい提案をしているということです。平均在院日数の減少、外来受診の適正化とあって、受診時定額負担がこの中に入っていましたが、それが、例えば、ある時期に削られるとそこで×がつきます。そういうやり方になっています。だからこの表も、最初に出した項目がだんだん荷崩れするとその項目を削っていくという作業があります。もちろん、骨格を削らないように努めます。この中には、年金のところでは、「高所得者の年金給付の見直し」が入っています。これらが、落ちていくことになります。

田中 民主党時代の報告書は、子どもが中心に出てくるというところは、私はわりと医療も年金のほうも民主党案がなかなか決めにくいから、わざとなのかなと思っていたんですけれども。

中村　あまり、それはないのです。でも、いちばん私たちが苦労したのは民主党案の年金の扱いで、これに対しいちばん厳しかったのは公明党です。要するに、坂口大臣の時代に２００４年の年金改革をして、現行の年金制度をつくりました。「百年安心」と、政府は言わなかったけど公明党は言っていたので、民主党の年金制度の提案には厳しく反応しました。「現行の年金制度では駄目なので、新しい年金制度をつくると民主党は言っていたじゃないか。その後、何も出てこないじゃないか。早く年金案を出せ、民主党の欺瞞だ」というパンフレットまでつくって、批判していました。

しかし、民主党からは、年金制度改革の試算も出ませんでした。つまり、民主党政権では一元化の案をつくれませんでした。最後の時期にギリギリになって、民主党の年金案の試算が出たのだけれども、出した時に、最初は、「関係の部会長がつくった案だ」といって、民主党案と認めませんでした。その後、攻め込まれて民主党案と認めました。その案でみると、結局、民主党の年金は、現行の２階建て年金を、所得比例年金に一元化ということで、三角形になります。１階部分がなくなるので、そのままでは給付水準がドンと落ちるんですね。土台が１回落ちた上で、落ちた人のところに最低保障年金として加算する仕組みです。最低保障年金を、相当多くの人に配らないと、民主党の年金では現行制度より年金の水準が下がってしまいます。そこで、民主党の試算では7割くらいの人まで、最低保障年金を出さないと現行の年金の水準にならないことが明らかになりました。その7割の人に最低保障年金を出そうとすると、現行制度よりも国庫負担を大きくしなければならないという結果になって、芳しくない結果でした。

田中　報道ステーションで1回、チラッと見た記憶がありますね。

中村　その試算が、本当にギリギリになって出たのですけど、私は社会保障制度改革担当室長に任命された時に、「民主党の案はおかしい」と思い、山崎君や香取君に、「こういう問題があるというペーパーをつくって、これを菅さんに見せようか」と言ったら、「やめたほうがいい。中村さんは民主党政権の経験がないかもしれないけど、そんなことを言ったら大変なことになるから」ということでした。非常に難しい状況でしたね。

それから、民主党の政府・与党の検討本部を立ち上げる前に、新聞記者さんたちにもわからないように、今の官邸ではない昔の公邸のほうに関係閣僚と与党のメンバーが集まって勉強会をしたことがあります。総理、官房長官、財務大臣、厚労大臣と限られたメンバーで勉強会をしました。その時に、「民主党案の問題点を僕がやろうか」と言ったら、「やめたほうがいい」ということでした（笑）。そういう勉強会もして、菅さんと数人になった時に、とにかく野党に協力してもらわないといけないので、早く野党に呼びかける必要性を述べ、「総理、そうですよね」と言ったら、「それは前から俺は言っているんだけど、誰も動いてくれないんだ」という返事でした。菅さんは、総理で民主党の代表です。総理に「動いてくれない」なんてことを言われ、本当に印象深いことでした。民主党は組織として未熟でしたね。気の毒なくらいですね。

山田　まず1点目は、消費税を引き上げる時に地方と綱引きが始まったということで、その時に、議論になったかどうか教えていただきたいのは、いわゆる、地方が独自に出しているさまざまな、例えば、何とか医療無料とかありますよね。あの部分についてどういった議論が裏で行われていたか、と。

中村　消費税の増税分の配分を協議する際、国と地方の仕事に要した費用の実績で分けることになるのは、当然の方向です。ご指摘のとおり、その際、地方が行っている単独事業や、独自事業をどうみるかが論点になりました。地方団体からこれだけ使っているという、いわば、請求書が出て来ました。これを精査させていただくということになって、対象は「成案」に示された「社会保障4経費の分野に則った範囲の社会保障給付」というメルクマールでと、「制度上確立されている社会保障」という観点から、地方単独事業などについては振り分けをしました。

最後は、国と地方で、社会保障4経費の分野に則った範囲の「社会保障給付における国と地方の役割分担に応じた配分を実現する」ということで、合意に至ってなされています。最終的に、こういう整理になりましたということについては合意されています。地方から出てきた請求書は、以上の観点で整理され、その規模に基づいて、国対地方の消費税財源の配分がなされています。地方単独事業は一切排除しているということではなく、以上の線引きで総額が確定していま す。

山田 それは、何か記録で……?

中村 2011年1月6日に決定された「素案」によって、配分の考え方が明記されています。2月17日の「大綱」で閣議決定されました。内閣官房のホームページを見ると、社会保障と税の一体改革、社会保障改革というところがあるので、ご覧いただければフォローできると思います。「国と地方の協議の場」は、2011年11月から12月まで、6回やりました。さっきの生活保護の協議のようなイメージです。大臣も出てきてという感じでやりました。これは、法律で「国と地方は協議しなければいけない」とされており、拒否できないということで、みんなブウブウ言いながらやりました(笑)。本当に、この配分の問題は大きなポイントでした。

山田 2点目は、改革の絵を見せる時に、必ず子どもをいちばん上に入れるようになったというのが、非常に私も新鮮な印象だったのですけれども、上に位置づけたほうが具体的に何か戦略的に受け止めがよくなるとか、そういう発案だったのでしょうか。

中村 最初の有識者会議の報告から未来への投資だという議論があり、今の社会保障は、結果として高齢期集中型になっているので、全世代型にしていかなければいけない、と一貫して議論されてきました。子ども・子育てというのは、子ども手当を提案した政権の下でやっていることもあって、それから順番としてもわかりやすいので、子ども・子育てをトップにしたという経過です。

ついでにいうと、マニフェストでは子ども手当の実現が掲げられていました。鳩山内閣の時はまだねじれになっていなかったので子ども手当法案は可決され、鳩山さんが総理大臣を辞める2009年6月に実際に支給が始まりました。ただ、月額1・3万円で公約の半額でスタートしました。財源的に半額にしなければならなかった。しかし、子ども手当はばらまきの典型だというので、自公にずっと攻撃されていました。3・11があった時に、復興予算とかいろいろな復興関連の法案を通さなければならないけれども、自公に「子ども手当を廃止しない限り協力できない」と言われて、子ども手当は廃止され、また児童手当に戻るということになりました。

それから、子ども手当のスタート時も財源がなくて、児童手当を軸にして、それに衣を着せる形で子ども手当が仕組まれましたので、企業拠出の財源も入っているという、非常にうまいやり方で子ども手当が成立した経緯があります。その子ども手当もあえなく廃止させられた。社会保障と税の一体改革では、本来マニフェストのことでいうと、子ども手当が議論にならなければならなかったのですが、そこは政治的に終わってしまったので、子ども手当の議論は入っていません。それから、子ども・子育てについては宮本さんの「現金給付よりも現物給付のほうが効果がある」という論理で、現物重視という仕組みになりました。以上述べたことから、子ども・子育ては一体改革の目玉ですし、国民会議の報告書でも子ども・子育てが冒頭に出てきます。

山田 3点目はかなり細かいことですが、2012年6月15日に3党合意がされた時に、年金機能強化法で適用拡大を行う時に、下限額が7・8万円から、その時にひょいと8・8万円に引き上がったと思うんですけれども、それは一体どういう……

中村 自民党ですよ。

山田 わりとすんなりそれが受け入れられてしまったのか、何か議論があったのか。

中村 いつも中小事業者の声には自民党は配慮するので、そこはまとめてくれということだったと思います。そんなに優先度は高くないので、「まあ、しょうがないな」ということで、そういうのはそんなに頑張らなかったと思います。むしろ、3党協議でとにかく新しい法案をつくって、社会保障制度改革国民会議に下駄を預ける場所をつくるとか、そっちのほうが優先でした。それから、条文でも社会保障については自助、共助、公助の適切な組み合わせになっていますけど、例えば、自民党からは「自助を基本とし」と提案しています。それを削るとか削らないとかいう議論のほうが、ずっと多かったと思います。価値観の反映しているところのやり取り、ワーディングの比重が結構大きいと思います。

山田 今、自助、共助、公助で、そこのワーディングで苦労されたということですけれども、何を公助とするのかとか、何を共助とするのかという、言葉の定義についてはどういった議論が思い起こされますか？

中村　要するに、社会保険が共助で、公的財源でやっているものを公助ということです。それは、１２０時間した国会審議の中でもかなり明らかになっています。少なくとも、条文を書いた人たちの頭はそうなっています。共助は、自助を共同化したということで、それは、年金、医療、介護保険だという認識ですね。

土田　具体的には、公助と呼ばれるものは生活保護ぐらい。

中村　生活保護、それに障害者総合福祉法とか。その後で言えば、生活困窮者自立支援法とかでしょう。

土田　要するに、財源が税だということなんですね。

中村　そうですね。

山田　社会政策の学会の中では、「その時に公助、共助が、それまで考えられていたものとは少し変わった」という議論があったので。

岩永　互助というのも途中から入っていましたよね。それはまた後ですか。

中村　その後ですね。その後、特に２０１７年の介護保険法の改正で、地域共生社会を目指すことが示されています。あるいは、２０１４年の介護保険法の改正で、個別給付であった予防通所介護は、２０１８年３月31日で個別給付は廃止して地域支援事業に移すとされました。その時に新総合事業の対象とされました。市町村事業として支える事業をしていく。その支える事業の主役は住民である。それは住民の互助だろうということで、「互助」ということを言い出したので、たぶん自助と共助の間に入るとされました。互助の時は、あまり制度化されていない、支え合いのようなイメージで言っているのではないかと思います。亡くなった池田省三さんも互助と言っていましたね。

民主党の年金案をめぐって

土田　民主党の年金案のベースというのは、スウェーデンに視察に行って、ああいう基礎年金と報酬比例のあれを見てきてからころっと参っちゃったという、ちょうど子どもが他人の人形を見て「欲しい」というのと同じようなものだと言われていましたけど、やっぱりそういう感じはするんですけれども。

中村　しかし、けっこう民主党の案も変わっていたりしています。

土田　国民年金を横にしてという、そうですよね。

中村　ですので、ちょっと不思議な感じがしましたね。スウェーデン方式とかいろいろあって、誤解しやすいですね。

それから、本当のところは、民主党の人たちは、野党時代ですけれども、枝野さんなど若手に会うと、「もっと年金を削っていいんだ」とわりにドライだったですね。そういう感覚があって、年金の恐ろしさがわかっていないのかなと思いましたね。だから、古川元久さんなど、民主党の現在の年金案を創られていますが、年金は少し引き下げただけでも大騒ぎになるとか、そういう恐ろしさがわかっていないような気がしましたね。年金制度については、5年に一度、みんな死ぬ思いで保険料を上げたり、制度改正してきたということとか、年金問題で国民がどう不安に感じるかとか、そこに対する感覚が鈍いように思いました。それは、民主党の議員の多くが高学歴で、エリートで、しかも、労働組合出身者は別としてあまり組織人ではないという、弁護士さんとか、組織でも外資系とか、従来の日本的でない感じの人が多いというところに由来するのかもしれませんね。だから、そこのところの違和感が元からあって、決して社会民主党的ではないのです。田中角栄が社会民主主義者だったという議論があるけど、一種わかるような気がします。日本でちゃんとした社民勢力はなかったのかもしれませんね。

国民会議報告書の作成

田中　国民会議の報告書はどのようにまとめられたのでしょうか。

中村　報告書は、座長の清家さんと、副座長が遠藤（久夫）さんなので遠藤さんと、あと年金のところが山崎泰彦先生、それから医療・介護のところが権丈（善一）さん、子ども・子育てが大日向（雅美）さんという起草委員を選んで、みんなで集まってディスカッションをしました。各論のところはそれぞれの起草委員がまずドラフトをつくって、持ち寄ってみんなで議論をしました。総論のところは事務局で一応のドラフトをつくって、起草委員に見てもらいました。そういうやり取りで作業しました。国民会議の議事録を読んで議事録の中から、言い方が難しいけど言葉を拾うというか、論理を拾って、組み立てるという作業が多かったと思います。

田中　地域医療ビジョンみたいなものも……

中村　そうそう。医療・介護のところは、審議会の委員で大島（伸一）先生と永井良三さんという自治医大の学長さんの発言が多かったです。だから、「データに基づく制御」は永井先生の主張ですし、「医療のあり方を変えていかなければならない」というのはずっと大島先生の意見でした。大島先生はもともと外科医で、臨床家で、名古屋大学の病院長なんかをやられた先生で武闘派ですけど、その主張は、「こんなに医療事情が変わっているのに１９６０年代、70年代の染み込んだ価値観で医療者がやっているので、国民のニーズと提供側とギャップがある。だから、変わっていかなければいけない」と要約できます。大島先生は、けっこう激しいことを言ったので、医療界からすごいバッシングを受けるんじゃないかと思っていたら何も言われなかったと、今も言っています。そういう意味では、医療界も変わってきていると思います。

それから、フリーアクセスというのはいままで絶対不可侵で、それを制限するようなことを言うと怒られるということでした。報告書では「緩やかなゲートキーパー機能」と書きましたが、そうしたらある時に、医師会の副会長が講演の中で、そのまま「緩やかなゲートキーパー機能」という言葉を使ったので、これもすごいなと感じました。昔だったら、そういうことを言うと縛り首になるような時代もあったのですけど（笑）。「赤色官僚だ」とか武見太郎さんに言われて、すごいバッシングを受けるような時代もあったのですが、時代は変わったと思いますね。

土田　国民会議をやった時に大学の授業で、議事録をとって大学の学生たちとやっていました。その時につくづく感じたのは、前の福田、麻生内閣の流れでできたものを、民主党で復活しますよね。その流れを受け継いでいて、特に最初の条文なんかそっくりだと思いますけど。その後、財源さえ確保したあとは、まったく厚労省主導だと。それで、年金を外しましたでしょ。医療と介護と子どもですから。そこで議事録を読んでも、これ、中村さんの趣旨で動いているのかなという印象を非常に強く持ったのですが。香取さんを含めて厚労省の改革主導の中でやったので、これをやっちゃうともう大きな制度改革はしばらくないなというぐらい、大きな改正をやったなという印象を持っているんですが。

中村　前回もお話ししましたが、2002年に政府の法案に自民党から附則を付けられた改革の宿題はほぼ終わりました。そういった意味では1段階はだいたい済んだのではないかと思います。これから次のことをやる人は別なことを考えなければいけないので、大変じゃないかなというのが1つです。もう1つは、それこそICTとかAIとか言っていますが、支払基金の理事長をやった時にレセプトも電子化されて、だんだんDPCのデータも溜まって、地域医療構想においてもそういう成果でもって、一応、2025年の機能別の病床数も出るようになりました。それは30年前に医療課で点数表をつくっていた時には考えられないことでした。行政的にできることがより科学的になり、利用できるツールも各段に増えてきていると思います。

2040年は今から22年後ですが、22年前どうだったかというと、1996年の頃はアイフォンもないし、96年のヒット商品はウォークマンのミニディスクです。いまは消えてしまいました。我々が手にしているものは22年前と違う社会になっています。情報通信技術もAIの進歩ももっと加速すると思うし、遠隔診療もできるし、画像もどんどん溜まる。そういった中だと、人間の顔つきとか動作を見るだけで癌とか癌じゃないかもわかるようになる。あるいは、認知症か認知症じゃないかも、人の声とか話し方とか、姿勢によってわかる技術も出てくるというから、医療や介護も相当変わると思いますね。22年後にかけて、これまで以上に変わる速度も激しくなるので、そういったことを組み込んだ社会保障制度になっていくというので、これまでとは違う方法で変わっていくのではないかなということも考えたりします。

でも、そんなことを言っても、30年前から多田（宏）さんは、「遺伝子治療が始まって医療が革命的に変わるんだ」と言っていたけど、あまり変わっていない（笑）。多田先輩の予言もそういうことで当たってないくらいだから、そう考えると、あまり変化を過大視しないことも重要かもしれません。いろいろな要素がありいろいろ迷いますね。

厚生行政のプロとして目指してきたこと

中村　あと、最後なので振り返ってみてですが、私の経歴の特徴は、最初に申し上げたかもしれませんが、1年生の時から老人福祉課に入ったとか、とりまとめの課よりも、最前線の課が多いように思います。若い頃の上司は、環境庁時代は通産省の技術系の課長、厚生省でもお医者さんの課長の下で仕事したことが多くて、そういった意味で事務官としては躾けがなっていないのかもしれません。

従事した分野としては、医療保険と老人福祉・介護の分野が多く、高齢者介護は、1年生。課長、局長として仕事をしました。医療保険も課長補佐、課長、審議官、そして支払基金理事長として仕事をしました。このように、繰り返し、らせん状に医療保険、高齢者介護の仕事をさせてもらいましたので、これらの分野について断続的にではありますが、継続的に携わることができて、理解も深まり、個人的にも大変に幸せであったと思います。

私は、社会保障は政治そのものであると考えています。そのような人間にとって、スウェーデンの社民党が44年ぶりに下野した後、6年後に復帰する際の1982年の総選挙を見ることができました。極めて貴重な体験でした。成熟社会では、社会保障が争点で政権が交代することを目の当たりにしました。

帰国後、55年体制の自民党政権の下で革新系知事に仕えるという経験をしました。94年の年金改正の際は、自民党政権で立案し、細川連立政権で法案を提出し、自社さ政権で成立させるという、政治的にフルコースと言える政策決定過程を、最前線で経験しました。また、社会保障と税の一体改革では、民主党政権の下で検討を開始し、3党合意を経て、第二次安倍内閣まで継続して参画するという得難い経験を内閣官房でさせていただきました。

政権交代は、わが国では平成になって初めて経験した、現代政治史上の画期的な出来事です。やはり、政策の優先順位が大きく変わります。介護保険は、細川連立政権と自社さ政権の産物であり、55年体制では産まれえなかったと思います。

私が管理職（企画官）になったのは平成元年で、平成の社会保障政策の一端を担うことができ、幸福に感じています。厚生省、厚生労働省、支払基金、内閣官房を通じて、お蔭さまでいろいろな仕事に恵まれました。次々と社会保障の重要政策に関与でき、公務員として大変に充実した日々を過ごすことができました。

しかし、この間、周囲では残念な事件が絶えませんでした。「薬害エイズ事件」、「岡光事件」、「中医協をめぐる日本歯科医師連盟事件」、年金記録問題等社会保険庁の不祥事、山口剛彦夫妻が殺害され、吉原（健二）氏の奥様が襲撃された事件など、普通のサラリーマンがこんなに事件に遭遇するものかと思ったりします。

日々の仕事に当たり、考えていたことは、厚生労働省で社会保障を担当している人間として、その使命は改革していくことであるということです。そのために、心がけていたことは、大事なことは、課長であるとか、審議官であるとか、〇〇であるということではなく、何をするか、何をしてきたが重要であるということです。そのために、筋を通したり、公私の峻別をするのは、公務員として当たり前のことで、何よりもプロとして能力を磨かなければいけないと思ってきました。

長らく公務員として勤務をしていると、いやがおうでも組織の幹部として必要な能力は何かと考えさせられます。政策を実現していくためには、予算や法律が不可欠です。法律が製品であるとすると、国会はそれをつくる工場になります。その工場でよい製品を作ってもらうため、国会対応能力が求められます。

我々は行政マンですが、行政は各省庁で分担し、運営されています。各省庁との折衝・調整能力が必要です。さらに、我々は全体への奉仕者であり、国民のために仕事をしています。国民に我々の仕事ぶりについて情報を発信するのがマスコミです。幹部たるもの、きちんとマスコミ対応ができなければ、失格です。私自身このように、先輩から教えられてきましたし、自分でもそのように思います。これらに共通するのは、説明能力ではないかと考えています。

政策を立案していくためには、情報が必要になります。それも早い情報、幅広い情報が大事ですから、現場からの情報、知人・友人からの情報は貴重です。そのためには日ごろから様々なネットワークづくりが必要になります。

1973年からスタートして、40年間の公務員生活でこころがけてきたのは、来る仕事は断らないということです。何事も断る理由はいくらでもつきます。断わりだすときりがない。また、改革のためには、既存の方針もひっくり返すことが求められますので、「常識」は疑ってかかるという姿勢が必要です。

厚生労働省が所在する霞が関は狭い村のようなもので、我々は村の住人であって、いわば「子どもの頃からみんなが見ている」世界でもあります。長期の付き合いとなりますので、短期的な利益を追求しないで、長い信用を大事にすることが重要になります。

この間、お話してきましたように、管理職となってからは、政策責任者として政策の方向性を示すことが大事であると考え、研究会を多用しました。研究会の報告書を取りまとめることで、政策の意図、内容が明確になりますし、研究会の報告書で実現できたことはごくわずかなことであったとしても、引き継いだ人間が報告書を読めば、実現したこと、できなかったことの「星取り表」がつくれます。次の改革者たちは、報告書を土台にしてさらに前に進めると考えたからです。

土田　貴重なお話、誠にありがとうございました。

平成と令和の間

２０４０年の社会保障の姿と骨太２０１８（２０１７年７月）

骨太方針２０１８の課題

この原稿の執筆段階（２０１８年6月8日）ではいわゆる「骨太方針２０１８」（経済財政運営と改革の基本方針２０１８）の閣議決定はされていないが、原案は公表されており、ほぼその姿が明確になってきた。

２０１６年度から今年度までの予算編成には、「骨太方針２０１５」が定めていた「社会保障関係費の伸びを年間５０００億円以内とする」という「縛り」がかかっていた。19年度予算編成の方針がどうなされるのか、これを決める骨太方針２０１８は例年以上に注目されてきた。

さらに骨太方針２０１８は、政府の財政健全化の達成年度（目標年度）を新たに設定するという課題も抱えてきた。リーマンショックによりわが国の財政状況が極度に悪化して以来、政府は財政の基礎的収支を20年度までに黒字化するという財政健全化目標を掲げてきた。中間の年度である15年度には、10年度の基礎的財政収支（プライマリーバランス）の赤字幅の半減（対ＧＤＰ比マイナス3・3％）という中間目標も設定。この中間目標は達成された。

しかし、20年度の財政健全化目標は、昨年9月に事実上放棄された。昨年9月に衆議院の解散を発表した記者会見で、安倍総理は消費税率10％への引き上げの際の「使途の変更」を表明した。併せて2兆円規模の「人づくり革命」の予算を組むことを約束して、20年度の目標達成は困難になったのである。従って、今回の骨太方針で新たな財政健全化の目標年度を決めなければならない。

加えて、19年10月に予定されている消費税率10％への引き上げがある。当初15年10月とされていた10％への引き上げを2回延期してきた。消費税収は全て社会保障4経費に充てることとされており、10％への引き上げを予定どおり実施するかどうか、それによって社会保障は大きな影響を受けることになる。

消費税率が予定どおり10％に引き上げられれば、10年10月に検討に着手し、14年度以降に本格的に実施してきた、「社会保障と税の一体改革」の制度上の改革は完了することとなる（地域医療構想の実現や地域包括ケアシステムの構築などの実施上の作業は継続することは、言うまでもない）。

その場合、「消費税率10％の後の世界」を展望することが次の課題として浮上する。そして、その議論を行うためにも、当面の課題とされてきた「２０２５年」を超えた先の社会保障の姿を描くことが必要になる。わが国の高齢者数がほぼピークに達する「２０４０年」が課題となる所以だ。

社会保障改革に向けた経済界の主張

例年のことであるが、財務省は財政制度等審議会（特に財政制度分科会）を舞台に、骨太方針2018の策定に向けての審議をしてきた。4月17日には経団連からヒアリングを行っており、経済界の主張を知ることができる。

骨太方針2015で定めた集中改革期間（16〜18年度）において、一般会計の総額および社会保障関係費の伸びはいずれも予定どおり達成（3年間でそれぞれ1・6兆円、1・5兆円）、基礎的財政収支は15年度までは改善したが（12年度の対GDP比マイナス5・5％から15年度マイナス2・9％）、集中改革期間中は横ばいであったと経団連は指摘する。そして経団連は、社会保障について15年5月に提言した歳出改革を検証すると「成果を得ることができていない」ものがあると主張する。具体的には、「医療保険における75歳以上の高齢者に対する自己負担の引き上げ」と「介護保険における2割負担対象者の拡大」だという。

財政健全化については「2020年代半ば」におけるプライマリーバランス黒字化を目標とし、毎年の予算で社会保障については「集中改革期間」の「目安」以下とすべきだと主張する。「その際には、企業負担増となる財政調整による財源捻出に頼るべきではない」とくぎを刺している。後期高齢者医療制度における支援金や、介護保険における40歳から64歳までの保険料負担について「総報酬割」を導入してきたことを念頭に置いた主張である。

プライマリーバランスの改善のためには、これまで成果が不十分な項目に踏み込むべきであり、国費の伸びだけでなく、保険料負担の増加の抑制となるよう、社会保障給付そのものの伸びの抑制の実行を求めている。税のみならず、保険料負担がある企業の立場からは、ある意味、当然の主張と言えよう。

財政審で展開された財務省の主張

財務省は4月11日と25日の財政制度分科会に社会保障についての資料を提出し、その主張を展開している。まず骨太方針２０１５で掲げられた社会保障に関する「改革工程表上の主な改正等検討項目」について、「既に対応済みのもの」、「一応対応したが引き続き対応が必要なもの」（例：高齢者医療確保法第14条の診療報酬の特例の活用＝いわゆる都道府県別診療報酬の設定）、「今後対応していくもの」（例：後期高齢者の窓口負担の在り方、薬剤自己負担の引き上げ、外来時の定額負担）に分類している。

その上で、医療・介護改革の視点として、①保険給付の対象範囲、②公定価格と提供体制、③給付と負担のバランス―の3点を掲げている。①では経済性・費用対効果（例：保険収載の在り方）、小さなリスクは自助（例：薬剤自己負担の引き上げ、受診時定額負担）、②では公定価格の適正化・包括化、都道府県中心のコントロールの仕組み（例：地域別診療報酬）、③では「年齢ではなく能力に応じた負担」（例：後期高齢者の窓口負担、介護保険の利用者負担）、「支え手減少下での医療費増加に対しても制度の持続可能性を確保」が強調されている。

その「支え手減少下での医療費増加に対しても制度の持続可能性を確保」については、08年度から15年度までの間に医療保険の実効給付率が83・0％から84・8％に上昇したことを挙げ、医療給付費や経済・人口の動向に応じて、支え手の負担が過重とならないよう一定のルールに基づいて給付率を調整する「給付率自動調整」の導入を主張している。

諮問会議における社会保障の議論

言うまでもなく骨太方針2018の議論の主戦場は経済財政諮問会議である。昨年秋から、「経済・財政一体改革」の進捗状況についての議論が重ねられてきたが、今年に入ってから新しい骨太方針策定に向けて議論が本格化した。

厚生労働大臣は諮問会議の議員ではないので、社会保障が議題として設定される会議だけに「臨時委員」として出席する。この原稿執筆段階で加藤厚生労働大臣が出席したのは、3月29日、4月12日、5月21日の会議である。

3月29日の会議で有識者議員（＝民間議員）が提出したペーパーで、「現役人口が急速に減少する一方で高齢者数がピークを迎える２０４０年頃を見据え、社会保障給付や負担の姿を幅広く共有することが重要である。政府は議論の素材となる社会保障の将来推計を早急に示すべき」と主張したことを踏まえ、加藤大臣は5月21日に「２０４０年を見据えた社会保障の将来見通し（議論の素材）」を示した。

これまでの社会保障についての将来見通しは、12年3月に厚生労働省が公表した25年までの推計（以下、「前回推計」）しかなかった。「２０２５年を超えての社会保障」について議論を進める上で、待望されていた新推計である。

「新推計」が示す社会保障の姿

それでは、新推計が示す40年の社会保障はどのような姿になるのであろうか。新推計は、いくつかのパターンで推計しているが、以下の記述は「計画ベース、経済ベースラインケース」の推計に基づいている。

結論から言うと、40年度の社会保障給付費は、18年度と比較して名目で1・56倍、対ＧＤＰ比で1・11倍となる（18年度１２１・３兆円、対ＧＤＰ比21・5％↓40年度１９０兆円、24・０％）。

医療給付費は、名目で1・74倍、対ＧＤＰ比で1・24倍と社会保障給付費全体の伸びより大きい（39・2兆円、7・0％↓68・5兆円、8・7％）。さらに伸びが大きいのが介護給付費であり、名目で2・41倍、対GDP比で1・73倍となっている（10・7兆円、1・9％↓25・8兆円、3・3％）。医療・介護給付費の合計で見ると、名目1・88倍、対GDP比1・35倍の伸びになる（49・9兆円、8・8％↓94・3兆円、11・9％）。

この結果、社会保障給付費に占める医療・介護給付費の割合は、18年度の41・1％から40年度には49・6％まで上昇し、医療・介護が年金を抜いて社会保障の最大項目になる。

ところで、新推計の公表後の新聞各紙の報道では190兆円、1・56倍という数字が踊っていた。社会保障の持続可能性を懸念というトーンである。しかし、持続可能性の観点からは対GDP比が重要であり、40年度の対GDP比が24・0％で、18年度の1・11倍にとどまることの意味をよく考えなければならない。そもそも前回推計では、25年度の社会保障給付費は148・9兆円、対GDP比24・9％と推計されていた。25年度からさらに高齢者数が増加し、高齢化率が高まる40年度の社会保障給付費が「この程度で済む」ということは、前回推計を知る人間にとってマスコミの受け止めとは逆方向で予想外の結果であろう。

2040年における負担は？

給付を見たので、負担に移ろう。社会保障の負担はこの間、名目で1・59倍、対GDP比で

1・13倍となる（18年度117・2兆円、20・8%→40年度187・3兆円、23・7%）。

その内訳であるが、保険料負担は名目で1・52倍、対GDP比で1・08倍である（70・2兆円、12・4%→107・0兆円、13・5%）。一方、公費負担は名目で1・71倍、対GDP比1・22倍であり、公費負担の伸びが大きい（46・9兆円、8・3%→80・3兆円、10・2%）。この結果、財源における公費負担の割合は40・0%から42・8%へ上昇する。税財源への依存がさらに高まるのである。

新推計では、医療・介護の一人当たりの保険料・保険料率の見通しも示している。

現役世代の医療保険料負担の代表として、協会けんぽの保険料率を見ると、18年度10・0%から40年度には11・8%に上昇する。1・18倍である。

これに対し、後期高齢者の保険料は月額5800円が8200円（1・41倍）となると見込まれている。介護保険の65歳以上の保険料は月額約5900円から約9200円（1・55倍）になる。このように後期高齢者医療、介護保険の保険料の伸びが大きい。

以上、新推計から、40年までに医療と介護の需要が大きく伸びること、特に介護需要の伸びが著しいこと、医療については現役世代の医療費はほとんど伸びず、高齢者（とりわけ後期高齢者）の医療費の伸びが大きいということが分かる。

資料から読み解く厚労省の主張

5月21日の諮問会議に加藤大臣は3点の資料を提出した。その3点目の資料は「2040年を展望した社会保障の政策課題と地域医療構想の達成に向けた取組」とされているが、その最終ページに「参考」として「社会保障給付の規模と国際比較」が示されている。

本文とは脈絡がなく、さりげなく掲載された資料であるが、ここに今回新推計を公表した厚生労働省の主張が示されている、というのが筆者の解釈である。

左側には日本の「社会保障給付費の対GDP比の推移」が示され、右側には「社会支出の対GDP比（2013年）の国際比較」が置かれている。両者を見比べると、日本の社会保障給付費の15年度の対GDP比は21・6％、他方、社会支出は23・7％である。

各国の社会支出は、米19・1％、英22・8％、独26・2％、瑞（スウェーデン）27・8％、仏31・7％である。

これと新推計を併せ考えると、40年度の日本の社会保障給付費は24・0％と見込まれている。40年における社会支出は24・0％+αということになる。現在の両者の差が2・1％であるので、これを+αと考えると40年の日本の社会支出は26・1％である。これは13年のドイツ（高齢化率20％）の社会支出の対GDP比の水準とほぼ同程度である。

40年の日本は、現在よりも高齢化率が高い、「世界に例を見ない超高齢者社会」であるが、決して持続可能性がない状態ではない、というのが今回の新推計の結論である。

「マンパワー」という制約要因

さて、40年において現在よりも深刻なのは、65歳未満の人口減少だ。16年の就労者数は6350万人であるが、産業別就労者数では、「卸売業、小売業」1075万人、「製造業」1052万人に次いで、「医療、福祉」は814万人で第3位である。第4位の「建設業」498万人を大きく引き離している。

現下の医療・介護・福祉マンパワーの逼迫もあり、今後のマンパワーの需給が懸念される。5月21日の諮問会議で、加藤大臣は新推計とともに、「新推計に基づくマンパワーのシミュレーション」も併せて提出している。

それによると、「医療福祉分野における就業者数」は、18年度の823万人から40年度には1065万人へと約30%増加する。この結果、医療福祉分野における就業者数の就業者数全体に占める割合は12・5%から18・8%へと上昇する。現在、就業者の8人に1人が医療福祉分野で働いているが、40年には5人に1人に近づくということである。

このシミュレーションでは、①高齢者の入院や外来の受療率が2・5歳分程度低下、介護の要介護（支援）認定率が1歳分程度低下した場合、40年度の医療福祉分野における就業者数は△

81万人程度（就業者数に占める割合△1・4％程度）、②医療や介護の生産性が5％程度向上するなど、医療福祉分野における就業者数全体でも5％程度の効率化が達成された場合、医療福祉分野における就業者数は△53万人程度（就業者数に占める割合△0・9％程度）――という推計結果を提示。これらの効果を最大限見込めば、40年における医療福祉分野の就業者数は935万人（就業者数全体に占める割合は16・5％）になるとしている。

課題の転換を図る厚労省

新推計を軸に見ていくと、厚生労働省はこれからの社会保障について、「給付と負担」のみの議論から、マンパワーの制約をテコに、医療・介護の需要面の対応（健康寿命の延伸）と医療・介護の供給面の対応（生産性の向上）を政策の柱に据えようとしている。また、活力ある高齢社会、支え手を増やす観点から、高齢者就労の拡大も大きなテーマとなる。

そうは言っても、国の一般歳出の半分以上が社会保障関係費である。財政健全化の観点からも、毎年の予算編成作業で社会保障が最大課題となることは逃れようもない。そこで議論は骨太方針2018に戻ることになる。

数値目標がない「厳しさ」

注目されていた財政健全化の目標年度は、25年度とされた。21年度中に中間指標として、基礎的財政収支の赤字の対GDP比を17年度から半減（1・5％程度）することを設定している。

その上で、19〜21年度を「社会保障改革を軸とする『基盤強化期間（仮称）』」とする。この期間における社会保障予算は「実質的な増加を高齢化による増加分に相当する伸びにおさめる」（消費税率引き上げと合わせて行う増は別途考慮）こととされている。

社会保障関係費の毎年の伸びの数値目標（骨太方針2015で示された5000億円以内）は定めないこととされた。20、21年度は75歳に入る高齢者の伸びが鈍化し、22年度からは団塊の世代が75歳以上に入り始めるので、3年間一律のラインは定めにくいという技術上の事情もあろう。骨太方針2015の伸びの桎梏から解放されると喜ぶ向きもあろうかと思うが、筆者の理解は逆である。毎年毎年の予算編成が勝負となり、決して「楽ではない」とみる。

これまでの伸びの「目安」は、伸びの限界を示すものではあったが、反面、そこまでの伸びの「保障」として機能した面があった。社会保障は約5000億円の伸びが保障されてきたとも言えるのである。18年度予算では一般歳出の伸びが5367億円、そのうち4997億円が社会保障関係費であった。18年4月に診療報酬本体の引き上げ0・55％が確保されたのも、伸びを5000億円以内とすることが目標とされてきたため、そのラインから大きく引き下げることはできないという「力学」が働いたからである。財務省は、その反省の上に毎年度の勝負に「方針転換」したのだろう。

「高齢化による増加分に相当する伸び」という考え方は橋本内閣時代（1996〜98年）の財政健全化法の下で実施されたことがあるが、非常に厳しい枠であった。「高齢化による増加分」をどう定義するかによるだろうが、一律の数値目標より楽というような安易なものではないことを銘記しておきたい。

「財源出し」が今後のテーマに

骨太方針2018では、「主要分野ごとの計画の基本方針と重要課題」の冒頭に「社会保障」が置かれ、改革メニューが列記されている。

先に述べた財務省の主張（地域別診療報酬、受診時定額負担、後期高齢者の窓口負担、介護保険の利用者負担、薬剤自己負担の引き上げ、給付率自動調整など）は、直接的な表現はされていなかったり、「検討する」となっていたりするが、いずれにしても何らかの形で全て盛り込まれている（官庁の業界用語では「読める」ように書かれている）。

舞台は19年度の予算編成で、どのようなメニューで財源出しをするかに移る。その際、上記の改革メニューをどうしていくかが本格的な議論になろう。

では、財務省が提案した様々なメニューについてどう考えるべきだろうか。それについては別稿のテーマとなるだろう。

（ＭＥＤＩＦＡＸ ｗｅｂ　２０１8年7月20日）

厚生労働大臣の交代と社会保障の課題（2017年8月）

2017年8月3日の内閣改造で、加藤勝信氏が厚生労働大臣に任命された。塩崎前大臣は14年9月3日の内閣改造（第二次安倍改造内閣）で厚生労働大臣に就任したので、ほぼ3年間（2年11か月）の在任期間であった。

この3年間は、地域医療構想の策定や地域包括ケアシステムの構築に向けての取り組みが進められてきた時期である。他方、消費税率10％への引上げは2回延期され19年10月実施となり、財源確保に苦しむこととなった。

15年6月に閣議決定された骨太方針2015では、16～18年度の社会保障関係費の伸びを毎年5000億円（目安）とすることとされた。この結果、16年度予算では厚生労働省の概算要求から1700億円が削減され、17年度予算では同じく1400億円の削減が行われた。厚生労働省はこのための対応に追われた。16年4月の診療報酬改定はマイナス改定であった。17年度は介護保険法等の改正、がん治療薬オプジーボの薬価引き下げなどが実施された。

塩崎大臣は「保健医療２０３５」策定懇談会を設置し、２０３５年の保健医療が達成すべきビジョンを提示した。また、経済財政諮問会議や未来投資会議などの論議に積極的に対応し、保健医療分野のＩＣＴの積極活用、データヘルス改革の推進、遠隔診療・介護ロボットの導入などの先端技術の活用などを打ち出してきた。これらの多くは構想が示された段階であり、その実現は今後に委ねられている。さらに、高額医薬品による医療費の高騰が問題視された際には、薬価基準の毎年改定方針が決定されたが、これについては塩崎大臣自身が前向きであたった。

加藤新大臣はこれまで働き方改革担当であったが、これは、厚生労働大臣となっても引き続き担当する。長時間労働を規制する労働基準法の改正は、秋の臨時国会の焦点となっている。また、これまで一億総活躍担当大臣として取り組んできた待機児童解消や少子化対策は、厚生労働行政にとっても重要課題である。加藤新大臣は、社会保障と税の一体改革法案の国会審議において、野党自民党で修正協議を担ったメンバーの一人であり、進行中の社会保障改革について最も精通している政治家である。

当面する課題は、18年度予算編成である。社会保障関係費は概算要求で６３００億円が認められているが、年末までに５０００億円に絞り込む必要がある。18年４月は診療報酬、介護報酬の同時改定が控えている。加えて、地域医療構想を踏まえた地域医療計画と第７次介護保険事業計画が始まる。また、15年に改正された国保法が施行され、都道府県保険者がスタートする。このように、新大臣は就任早々難しい舵取りに直面し、その手腕が問われている。

（医療と介護ｎｅｘｔ　２０１７年Ｎｏ．５）

総選挙とこれからの社会保障（2017年10月）

安倍首相の突然の解散、小池都知事の新党「希望の党」の立ち上げにはじまった総選挙であったが、自民党が大勝し、与党で3分の2を超える議席の維持で終わった。野党としては結集するどころか、民進党が希望、立憲民主、無所属に分裂し、小選挙区で戦ったのが最大の敗因であろう。解散の大義が問われた安倍首相は、「消費増税の使途の変更」を解散の理由に挙げた。「社会保障と税の一体改革」で消費税の使途は社会保障に限定されている。当初2015年10月とされていた消費税率10％への引上げ時期は、2度延期されて19年10月となったが本当に実施されるか不透明な状態であった。

自民党は今回の選挙公約で「消費税10％時の増税分について、社会保障の充実と財政健全化とのバランスを取りつつ、子育て世代への投資を集中することで、『全世代型社会保障』へと大きく舵」を切るとし、幼児教育無償化などを掲げた。これを受けて消費増税が争点の一つとなった。与党（自民・公明）は使途を変更の上で消費増税、希望、維新、立憲民主は増税凍結、共産、社民は増税中止である。与党のみが消費増税を公約した。

消費増税をしない場合、財源はどうするのか。維新は「身を切る改革で財源を生み出す」、希望も「公共事業はじめまずは歳出削減を行い、国有財産の売却なども徹底」とした。加えて「300兆円もの大企業の内部留保への課税」に言及したのが注目を集めた。

社会保障分野についての各党の公約は、子ども・子育ての重視、介護人材の確保などほぼ共通しており、大差ない。例外は、混合診療の解禁、年金制度の積立方式への転換など現状打破的な公約を掲げる維新である。共産、社民は、患者・利用者の負担軽減・手厚い給付を求め、政府の政策には否定的だ。

小泉進次郎氏ら自民党若手議員が提案した「こども保険」が話題を呼び、政府は「骨太方針2017」で「幼児教育・保育の早期無償化や待機児童の解消に向け」「新たな社会保険方式の活用を含め、安定的な財源確保の進め方を検討し、年内に結論を得」るとしている。自民党の公約でも「人づくり革命」に関する2兆円規模の新たな政策パッケージを年内にとりまとめるとした。与党の圧勝を受け、この作業が急ピッチで進められよう。そのための財源も必要であろう。

だからといって、増税使途の変更によって財政健全化が遅れることがあれば問題だ。未来を担う子どもたちのためと言いつつ、かれらにつけを回してはならない。

(医療と介護next 2017年No.6)

介護報酬改定に思う（2018年2月）

3年前の当コラムで、「介護報酬のマイナス改定に思う」として、（前回改定は）「地域包括ケアシステムの構築に寄与することが期待されていた。この観点からすると2・27％の引き下げは誠に厳しい」と書いた。

それに比べると今回の介護報酬の改定は、0・54％のプラス改定、国費で約140億円増、介護費ベースで約550億円増である。昨年度の介護職員処遇改善のための＋1・14％の特別改定とあわせ、それなりの財源が用意された。前回改定より格段に恵まれた改定と言えよう。

前回改定では財源がないため、全体を一端引き下げるという深堀をした上で、評価したい事項を限定して報酬を引き上げた。今回改定は、一部の例外を除いて報酬単価はおしなべて引き上げられている。前回改定とは大いに異なる点である。その分、メリハリに乏しい感が否めない。介護費用の伸びを懸念する立場からは「踏込不足」との評価が出る所以だ。

介護給付費分科会の審議を踏まえ、改定内容は「地域包括ケアシステムの推進」、「自立支援・

重度化防止」、「人材の確保と生産性の向上」、「介護サービスの適正化・重点化」の４点に整理されている。しかし、改定内容を通覧すると、キーワードは「医療と介護の連携」と「サービスの質の向上」だと思う。

その医療と介護の連携については、介護にもっと医療を参入させるという方向だ。老人介護施設の施設内看取りなど「ターミナルケアの評価」、「手厚い看護体制の評価」、「リハビリテーションへの医師の関与」等々、多数の項目がこのことを示している。

サービスの質の向上については、口腔衛生管理、栄養改善、褥瘡予防、排泄介護支援などを後押しする介護報酬が設定されている。さらに、リハビリテーションにおけるアウトカム評価の拡充、身体拘束などの適正化も盛り込まれている。これらが確実に実施されれば、自立支援・介護予防が前進するだろう。

介護医療院や共生型サービスの新設などの制度改正に関係した項目、生活援助の担い手の拡大、福祉用具の適正化といった、「改革工程表」がらみの介護報酬の設定やルール見直しが行われているが、焦点とされてきた訪問介護の生活援助の報酬見直しについては「大山鳴動して」の感が強い。ＩＣＴ・介護ロボットの活用も第一歩を踏み出したというところか。

報酬改定の結果、２０１８年度予算における介護保険の国庫負担の伸びは３・４％と高いものとなった（医療０・３％、年金１・７％）。介護事業界には、このことを自覚して介護サービスの質の向上に努めて貰いたい。

（医療と介護ｎｅｘｔ　２０１８年Ｎｏ．２）

医師の時間外労働規制と医療行政の課題（2019年4月）

昨年（2018年）成立した「働き方改革法」に基づき、4月1日から時間外労働の上限規制が始まった。これにより、大企業に対しては原則45時間・年360時間、労使が合意する場合でも年720時間以内、時間外労働＋休日労働で月100時間未満、2〜6か月平均80時間以内という時間外労働の規制を受けることとなった（中小企業は1年間適用が猶予）。

一方、現状では長時間労働が余儀なくされている医師については、時間外労働の上限規制の適用は2024年4月からとされ、その規制のあり方については厚生労働省の「医師の働き方改革に関する検討会」で検討されていた。その報告書が3月28日に取りまとめられ、ようやく方針が固まった。

医師の時間外労働の上限（休日労働を含む）は、月100時間未満、年960時間とされる。ただし、地域医療の観点から必須とされる機能を果たすためにやむなく長時間労働となる医療機関（医療機関は都道府県により特定）の医師に対しては、月100時間未満、年1860時間以下の「暫定特例水準」が適用される。また、臨床研修医・専門研修中の医師や高度な技能を有する医師を育成する必要がある分野については、月100時間未満、年1860時間以下が適用される。

この医師に対する基準は、応召義務に代表される医療の公共性、高度の専門性、不確実性、技術革新・水準向上が求められるという特性を踏まえたものだとされる。これに対し、過労死が問題となっている中で、一般労働者の上限を大幅に上回るこの基準は緩すぎるという批判が起こるのは当然である。

一方、病院勤務医の約4割が960時間を超え、1割が1860時間を超えているという現状も無視できない。そもそも医師については、これまで出退勤時間の管理さえされていなかった。「我が国の医療は、医師の自己犠牲的な長時間労働により支えられて」きた（報告書）。ここから、医師の長時間労働を規制すると地域医療が崩壊するという議論が出る。

しかし、医師の長時間労働がなければ成り立たない地域医療のあり方自体が問題だ。医師の長時間労働の解消は、個々の医療機関の努力だけでは達成できず、医療提供体制の見直しが必須となる。

「暫定特例水準」は「2035年度末を目標」「終了年限とする」とされるが、これを達成するためには、①医師の働き方改革、②地域医療構想の実現と地域包括ケアシステムの構築、③医師の診療科偏在の是正という、連立方程式を解く必要がある。まさに医療行政の出番だ。

（医療と介護ｎｅｘｔ　２０１９年Ｎｏ．３）

孤立の淵から救わなければ（２０１９年６月）

5月28日（２０１９年）に川崎市多摩区で発生したスクールバスを待つ児童ら19人が刃物で殺傷された事件は、世の中に衝撃を与えた。犯行の現場で自殺した犯人は51歳の男性で、80代の伯父、叔母と川崎市の一軒家で同居していたという。幼少期に両親が離婚し引き取られていたが、長くひきこもり状態の生活を続けていたとのこと。介護関係者の多くが「８０５０問題」を想起したのではなかろうか。

その衝撃が冷めやらぬ6月1日、76歳の元農水事務次官が44歳の長男を刺殺する事件が起こった。報道によると、元次官は、「家庭内暴力があった」、「息子はひきこもりがちだった」などと話しているという。このような悲劇的結果になる前に何とかならなかったものかと思わざるを得ない。

筆者が最初に「８０５０問題」という言葉を聞いたのは、数年前、元世田谷区副区長の秋山由美子さんからだったと思う。高齢者介護を担当していると、高齢者自身の問題以外に同居していている無職の息子の存在が浮かびあがってくるのだという。その生計は高齢者の資産や年金に依存しており、しばしば息子による高齢者への虐待も見られる。

そこで世田谷区では、数年まえから区内28地区にそれぞれ配置している「あんしんすこやかセンター」（同区の地域包括支援センター）で、介護保険以外の、すなわち障害、児童、生活困窮などのあらゆる相談に応じるようにしている。今回の川崎市のケースでも伯父、叔母から川崎市に15回の相談があったとされるが、事件の発生防止に至らなかったことは残念でならない。

ひきこもり対策については、10年ほど前、筆者が厚生労働省社会・援護局長の時の思い出がある。ひきこもり対策に熱心な櫻井充議員（現国民民主党）から苦情を言われたのだ。議員がひきこもり対策について相談しようにも、厚生労働省の各課のたらい回しにあって埒があかないというのだ。労働部局は「働く意思がなければ、担当ではない」というし、障害保健福祉部は「障害でなければ、担当ではない」という。社会・援護局も逃げ回っているという。その時には、「社会・援護局総務課が窓口で受けます」とお答えして感謝されたことであった。

その後、生活困窮者自立支援法もでき、当時よりは使える支援方策が増えたとは思うが、ひきこもりという対人関係が苦手な人に対して、早期に発見し・アプローチできるよう、行政の専門性を高めていくことが、何よりも必要である。

（医療と介護ｎｅｘｔ　２０１９年Ｎｏ．４）

福祉でまちづくり ——越前市の挑戦——（２０１８年８月）

「福祉でまちづくり政策フォーラム in 越前市」というイベントでの講師を依頼され、人事異動で医政局長になったばかりの吉田学氏（前・子ども家庭局長）と一緒に、福井県越前市に赴いた。暑い８月の日曜日であったが、会場の仁愛大学の教室に約２５０人が集まり、午前は「すべての子どもを社会全体で育むために」という吉田局長の講演、午後は小生が「これからの医療、介護、福祉の動向について」と題し講演した。

その前夜、イベントの主催者である実行委員会約50名による歓迎会があった。参加したのは児童福祉、障害福祉、高齢者介護の福祉関係者、就労支援関係者、労働関係団体など幅広く、職種としても医師、理学療法士を含み多彩であった。その中心には市内にある19の社会福祉法人がすべて参加して、本年2月に立ち上げた「越前市公益活動協議会」（愛称・笙《しょう》ネット）があった。この組織は地域の福祉課題に取り組むことを目指すものであるが、今回のイベント自体がその重要なステップである「相互に顔の見える関係づくり」のための活動の一環として位置づけられたものであった。

「福祉でまちづくり」というタイトルそのものに、実行委員会メンバーの熱い思いが込められていた。熱心な市役所の職員が実質的な中核メンバーとして活躍していることも素晴らしかった。

フォーラム当日には市長も出席し冒頭の挨拶をされたが、その中で越前市の「第7期の介護保険料は据え置き」、「介護保険の要介護認定率が下がった」と述べられた。

後にデータで確認したところ、越前市の2017年の人口は8万2982人、高齢化率は28・1％である。保険料額は、第6期5990円で、第7期は据え置き。全国平均5、869円よりは高いが、福井県平均6074円よりは低くなっている。要介護認定率は13年3月末の18・0％から17年3月末の17・2％と低下した。軽度者（要支援1～要介護2）の認定率が全国平均より低い。介護給付費は、07年以降上昇してきたが、第6期の15年以降横ばいだという。

身近な町内ごとで開催できる「つどい」が17年度には市内200か所となった。元気高齢者と少しの支援が必要とする高齢者がここでともに活動し、絆を強めることが介護予防につながっている、というのが市長の評価である。

市では、具体的な目標を設定している。2025年までに、「つどい」は215か所に、軽度者の認定率（2018年9・3％）を9・2％に、高齢者の外出回数減少割合（前年に比べて外出回数が減少していると答えた人の割合は16年20・2％）を18・1％とするなどだ。
「福祉でまちづくり」が実を結ぶことを期待しながら、会場を後にした。
（医療と介護ｎｅｘｔ　２０１８年Ｎｏ．５）

ハノイで考えたこと（2019年1月）

11月末（2018年）に、全国盲養護老人施設連絡協議会（全盲老連）に加入する6法人がベトナムの看護大学で、介護の技能実習生として訪日を希望する学生のための説明会を開催するというので同行した。

訪問したのはハノイ南西、車で2時間ほどのところに所在するナムディン看護大学（ベトナム保健省所轄）である。学部から大学院修士課程まで約5000人の学生を擁する。全盲老連は、これまで同大学の教授と学生数名を日本に招き、メンバーが経営する特別養護老人ホームを視察してもらうなど、関係を深めてきた。今回、いよいよ日本で働くことを希望する学生に対する説明会を開催するところまで漕ぎ着けたのだ。日本側のメンバーも地理的に分散していて、成田、中部、関西の各空港からハノイに参集した。

説明会は、参加した4年生の学生22名に対し、6法人から対象の12施設を説明をするという形式で行われた。大学のやや広い教室に、法人ごとに6つのブースを設けた。学生を6グループに分け、グループごとに6つのブース全てを回れるようにするという「総当たり方式」であった。大学の講義時間が終わってからの説明会であり、2日間、夕方16時から開催された。

説明会の最中に各ブースを回ってみた。日本側はそれぞれ自分の施設についてPRに努めるとともに、労働時間、賃金などの勤務条件や用意している宿舎などの福利厚生について極めて具体的に説明していた。

学生側からはEPA（経済連携協定）と技能実習制度との違い、それぞれのメリット、デメリットについての質問が多かった。日本側は技能実習制度での受け入れを想定し、用意した資料もその前提で作られていたので、この点は今後改善を要するようだ。

印象深かったことは、1日の労働時間が8時間とか、月平均の休日が9日あるなどという、日本が良かれと思う労働条件が、学生たちにはそれほど評価されなかったことである。

既にEPAで外国人スタッフを受け入れた法人では、外国人介護スタッフからは「日本人スタッフが3人でやっている仕事を自分たち2人で行うので1・5倍の報酬が欲しい」とも言われているという。一定の期間内にできるだけ多く働き、収入を多く得たい来日希望者と、「働き方改革」を迫られている日本の現場とに食い違いがあるようだ。

日本側の反省会の席では、そもそも3対1などの配置基準でしか介護の質を評価できていない現状で、果たして「生産性の向上」などできるのかという議論にまで発展した。

諸々考えさせられたハノイ行きであった。

（医療と介護ｎｅｘｔ　２０１９年Ｎｏ．１）

「文書改竄」は行政の自己否定（2018年5月）

混迷する国会

3月30日に2018年度予算が成立し、国会は後半戦に入った。政府・与党は予算の年度内成立を目指すので、通常国会の前半は衆・参両院の予算委員会での審議が中心となる。国会に提出された法案についても税制改正法など年度内に成立が必要な法案（「日切れ法案」と呼ばれる）の処理に追われるので、審議時間の確保が必要な重要法案の審議は予算成立後の後半国会で行われることになる。

安倍首相は1月22日の施政方針演説で「働き方改革」の断行を冒頭に掲げ、この国会の最重要課題と位置付けた。この国会は「働き方改革国会」だとされてきた。そうであれば、働き方改革関連法案の審議の渦中であるべき時期が到来しているが、法案の国会提出は予定から大幅に遅れて4月6日となった。しかも、当初盛り込むはずであった裁量労働制は法案から削除されてしまった。これは、国会冒頭で、厚生労働省の裁量労働制に関するデータが不適切であることが判明し、首相が答弁を撤回しなければならない事態に陥ったからだ。政府にとっては最初のつまずきである。

その後、財務省の決済文書改竄問題、陸自の日報問題、厚生労働省東京労働局の「是正勧告問題」、加計学園問題の再燃などトラブルが相次ぎ、国会は混迷の度を深めている。働き方改革関連法案の今国会の成立に黄信号がついたとも評されている。更に、財務事務次官のセクハラ問題も浮上、公務員の質の劣化の議論も高まる一方だ。

3月に入って急展開が見られたのが、森友学園をめぐる財務省の決済文書書き換え問題である。公務員OBである筆者も「役所での決裁文書の書き換えは良く行われることなのか？」、「今回の文書改竄《かいざん》は、安倍総理に対する忖度《そんたく》だと思うか？」などと尋ねられることが多かった。

飲み会の席などでは、説明すると長くなるし、折角のお酒もまずくなるので、もごもご言ってやり過ごしてきた。そんな最中、メディファックスの記者氏が訪ねてきて「どうなんでしょう？」と訊く。仕方がない、良い機会が与えられたと観念して、自分の考えをまとめてみた。

このところ、ないと言われていた文書が出てきたり、「記憶にない」と答弁されていた総理秘書官との面会記録が見つかったり、状況は極めて流動的である。この文章を執筆した時点は4月15日である。また、筆者には特別な内部情報があるわけでなく、新聞、テレビ等で報道されている情報に基づいている。官僚OBとして感じ、考えたことに過ぎないことをお断りしておきたい。

官僚にとって重い「国会答弁」

森友学園への国有地の売却を巡り、財務省で決裁文書の改竄が行われた。その理由として、佐川理財局長（当時）の国会答弁との整合性をとるためだ、という解釈がある。その真偽は今のところ明らかではないし、仮に答弁との整合性をとるために行った改竄であるとしても、ではなぜそのような答弁が行われたのかが、次に問題になる。

すなわち、①局長の不勉強などが原因で事実と異なった答弁をしてしまい、それを取り繕うための改竄だったのか、②官邸などからの指示や「忖度」によって答弁をし、それとの整合性をとるために改竄をしたのか、どちらなのだろう。

まず、行政官にとって、国会答弁の持つ意味は、世間の人が想像するより非常に重いことを理解する必要がある。筆者は、厚生省・厚生労働省で35年間働いた。前半（入省から課長補佐時代）が17年、後半（課長になってから）が18年である。まだ係長の時分に、厳しいことで有名な上司から、将来、幹部たらんとする者は、①国会対応能力、②各省折衝（特に対当時の大蔵省）能力、③マスコミ対応能力、が必要だと教えられた。

政策の実現に必要な予算、法律は国会の議決が必要で、国会審議を経なければならない。そこで国会対応能力が重視される。予算は政府しか提案できないし（憲法第73条）、法律は議員立法に比べて政府提案が圧倒的に多い。政府が提案者であるので、国会審議では議員による政府への質疑が中心となり、これに対する答弁が必要になる。それだけではない。国会は、国民の代表として行政を監視しており、行政の執行状況が常に問われる。それに対する説明ができなければならない（説明責任）。

自分の経験を振り返ると、政策を立案するときも、執行するときも、常に「国会で訊かれたどう答えるか」、自分の所管する行政分野について「きちんと答えられるか」ということが意識から離れることがなかった。自分が国会で最初に答弁したのは課長になってから（筆者の現役時代は、他省庁の委員会は課長が答弁していた）だが、大臣や幹部のために用意する国会答弁書を作成するのは若手の役割である。筆者の場合、入省2年目で所属課の答弁作成の実質的責任者となった。

「嘘をつかない」答弁が鉄則

通常、1年間の半分以上は国会が開いており、「いつ弾が飛んでくるか分からない」状態にある。準備なしでは済まされない。したがって、通常国会が始まる前には、各局で「想定問答」を作成する。法案を提出する場合には、その法案に関する「想定問答」を準備する。法案に関連するありとあらゆる「質問されそうなこと」を網羅し、これに対する回答を用意するのだ。まず質問作りから行うのだが、これに熱中して「良い質問」ができたものの、次に答弁を作成する段になって書けず、自分で首を絞める結果となった後輩もいる。想定問答の作成には、多くに人間が関与する。答弁の論理、その裏付けとなるデータ、過去の国会答弁などとの整合性が厳しくチェックされる。そこでは事実関係も徹底的に追及される。

このような作業を常時しているので、国会答弁では「嘘ついてはいけない」し、「答弁する者に嘘の答弁をさせてはいけない」というのは、1年生の時から叩き込まれる鉄則である。

もちろん、国会で質疑の対象になる案件の中には、不祥事や事件・事故など、突発的な案件もあり、想定問答などなく、情報が乏しい中で対応をしなければならないことも少なくない。消えた年金記録問題などがその例である。

そうした極めて苦しい事態ではあるが、嘘はつかないということは当然である。もし、間違えて答弁してしまった場合は、陳謝の上、修正答弁をする必要がある。その際、答弁者の責任問題、審議の中断など、その政治的コストは極めて高い。法案の成否に結びつくし、最悪の場合、国会が空転し、その国会会期中の審議日程全体に影響を及ぼすことになる。そうなれば、自分の省のみならず、各省の法案成立に支障をきたしかねない。官僚が最も恐れる事態だ。だから、正しい答弁が絶対に大事だし、嘘など論外だと教えられるのである。

実際の答弁書（大臣や幹部の国会答弁用の資料）は、課長補佐までの若手が作成し、上司のチェックを受ける。国会の委員会の場で、大臣や局長が自分の書いた答弁書を使ってどうように答弁するか、若い時からこれを見て幹部は育つ。「自分が書いた答弁は未熟であったが、局長はそれを補って答弁した」と自分の答弁作成能力を反省する機会にもなる。「○○局長の答弁は上手だ」といったように、答弁は批評の対象にもなる世界なのである。

文書を大事にしていた財務省

このような官庁という業界の文化を基礎に考えれば、答弁に合わせて事実を変える（例えば、文書の改竄）ことは、あり得ないことであり、それをやりだしたら国会審議自体が成り立たなくなる。制度・政策の正当性がなくなるとともに、行政自体の正統性が失われる。自己否定になってしまう、と私は思う。

私の経験では、大蔵省・財務省は文書を極めて大事にしていた役所である。現役時代、大蔵省に予算折衝に行って閉口するのは、「中村さんがそう言ったって、前の人はこう説明したのですよ」と何代も前の幹部が提出した文書を示されて反論されることだった。大蔵省は、査定官庁なので、相手側から出された文書をきちんと整理保管し、代々主計局内で引き継いでいた。それに対し、現業官庁である当方は野戦病院のような騒ぎで仕事をしているので、自慢にならないが文書管理はお粗末だった。

そのような文書管理を重視する育ち方、育てられ方をしてきた財務官僚が、決裁文書の改竄に手を染めたことには驚いたし、信じられない思いである。

改竄の背景は?

では財務省は、なぜ、何を守ろうとして決裁文書の改竄を行ったのだろうか。

いくつかの動機が考えられる。

①答弁した佐川理財局長(佐川氏の立場からすれば、自分自身)を守るためであったのか、②森友学園に適正価格で売却したというストーリーを守るため、これに不都合な部分を消すために決裁文書を改竄したのか、そうであるとすると理財局ひいては財務省を守るためであったのか、③それとも、「私や妻が払い下げに関係していれば、首相も国会議員も辞める」という安倍首相の答弁を受けて、首相や昭恵夫人を守るためであったのか。

改竄にまで突き動かされた原動力を推察すると、①官僚としての誇り(答弁を間違わない)、②自己の昇進、③財務省の組織防衛(無謬性)、④上司を守るという組織人としてのモラル、ということであろうか。

実質的責任者は局長だが

私も霞が関で働いてきたので、自分が佐川氏の立場に置かれたらどう行動したであろうかと考えてしまう。

役所は、大臣―局長―課長―係長というラインで仕事をする。年金であれば年金局長、医療保険であれば保険局長、介護保険であれば老健局長が、それぞれの政策の実質的な責任者である。つまり、政策は局長で決まると言ってよい。「局あって省なし」ということが言われる所以だ。3月27日の証人喚問で佐川氏が、「責任はひとえに私にある」と陳謝したが、国有財産の売却についての責任は理財局長にあることは当然である。

ただ、自分が局長時代の経験からすれば、重要事項については自分よりシニアである事務次官には報告・相談をしたし、大臣にまで波及しそうな案件については大臣の耳には入れておくことに努めた。自分で抱え込まない、フットワークがよいことも公務員として大事なことである。

財務省の内情、特に筆者が現役時代に縁が薄かった理財局の内情は分からないが、自分であれば「首相（夫人）案件」である本件については、自分だけで処理するというリスクは負わない道を選んだと思う（しばしば誤解されているようだが、筆者は結構慎重な人間なのだ）。

「指示」か、「忖度」か

もう1つの論点は、指示があったのか、指示はなかったが忖度したのか、ということである。これは難しい問題で、ほとんど想像するしかない世界である。

財務省は、しばしば「最強の官庁」と言われてきた。その力の源泉の1つに、首相官邸内に張り巡らされた財務省のネットワークがある。具体的には、首相、官房長官、官房副長官に財務省から出向した秘書官が配置され、首相以下、政権の中枢の情報を完全に掌握している。財務省がいかにこのことを重視しているかは、歴代の総理秘書官経験者の多くが主計局長などを経て、事務次官となっていることにも示されている。

秘書官という官邸に張り巡らしたアンテナからの情報を財務省に集約し、分析し、対応策を考案し、それを官邸に持ち込み、内閣のかじ取りと日程管理を実質的に仕切るのが財務省であった。

トップに密着し、トップの隠された意向まで読み取るのが秘書官の仕事である。このような役割を秘書官が担っている中で、果たして「指示」が必要であったかどうか。仮に総理秘書官から「総理はこう考えている」という「情報」が理財局に伝わったとしても、「指示」にはならないだろう。総理自身、「指示した覚えはない」ということになる。情報を受けた人間が「忖度」しても、内面問題であり証明のしようがない、ということになってしまうのではなかろうか。

内閣人事局の「運用」は？

公務員の幹部人事を一元化した内閣人事局の存在が、官邸の意向を忖度する風土を生むのだという指摘がある。背景にある「構造問題」ということだ。

内閣人事局は、筆者が厚生労働省を辞めてからできた組織であり、関わった経験がないので一般論となってしまうが、各省の縦割りが強い弊害を打破し、内閣機能の強化を図ることが２００１年の中央省庁の再編であったすれば、内閣人事局の設置は必然であったと思う。問題は、その運用ではなかろうか。

厚生省・厚生労働省での経験で言えば、皆が満足する「人事」はあり得ない、それが「人事」と割り切っていた。個別には「おかしい」と思う人事もないわけではなかったが、総じて言えば、公平・公正な人事が行われていたように思う。入省以来10年、20年、30年といった時間をかけ、多くの人の目を経ている（一種の同僚審査）ことが、そう間違いのない評価を可能にしているものと思われる。

人事的に問題があったのは、そして今でもあり得るのは、こだわりの強い大臣が就任して、大臣の意向での「抜擢《ばってき》」や「左遷」が行われる場合である。大臣の価値観としては整合性がとれ、それなりの理由がある人事であったのであろうが、結果として失敗であったことが多いようだ。

そこから類推すれば、過度な政治介入は、内閣人事局の存在基盤を揺るがすことになるだろう。

「権力の奢り」の気配

よく指摘されているように、自民党の派閥は中選挙区制の下で形成され、機能してきた。1996年以降の小選挙区制の導入は、小選挙区候補者の公認権を持つ党の執行部に権力が集中し、派閥の力は相対的に低下した。

行政権については、戦前から内閣の統合機能が弱かった。戦後も省庁の縦割りが強く、内閣機能の強化が課題とされてきた。2001年の中央省庁の再編は、内閣機能の強化を目指すものであった。

こうした背景によって、自民党総裁、内閣の長としての首相に権力が集中しやすくなった。

12年12月の総選挙で自民党が政権に返り咲き、第2次安倍内閣が成立した。以来、13年7月の参議院選、14年12月の総選挙、16年7月の参議院選、17年10月の総選挙と5連勝した。現在、自公与党は、衆院465議席中、自民党284議席、公明等29議席で、自公は3分の2以上を占める。参院も242議席中、自民党126議席、公明党24議席と過半数を大きく上回っている。

09年に民主党政権が成立し、わが国でも本格的な政権交代が起こった。いよいよ2大政党制の時代が到来するかと思われたが、民主党政権は未熟に過ぎて崩壊。後継の民進党は3分裂し、巨大与党に対する対抗軸が不在の状態である。

1年で内閣を投げ出すこととなった第1次安倍内閣の反省から、第2次では麻生財務大臣を副総理とし、菅官房長官によって政府内を統制する体制を組み、5年を超える長期政権を、大きな破綻なく維持してきた。

選挙に連勝しているし、党内では主要派閥からの支持を取りつけ、有力な後継者が見当たらない。昨年3月の自民党大会で、総裁の任期は「連続2期6年」から「連続3期9年」に延長された。今年9月に総裁選があるが、安倍総理が3選されれば、21年9月までの在任が可能となる。まさに「安倍一強」と言われる状況になった。

今回の一連の不祥事を見ると、お友達に対する優遇（加計学園）、総理夫人の関与（森友学園）、お気に入りの閣僚任命（防衛省）、ずさんなデータ・不適切なマスコミ対応（厚生労働省）など、厚生労働省のケースは別として、縁故主義、「権力の奢」の気配が漂い、権力の病理的側面が顕在化している（念のために言うと、例えば、加計学園について総理の友人だから優遇されていたと断定しているわけではない。「優遇されていたのではないか」と疑われていることを、ここでは取り上げている）。これが、問題の根底にあるものだ。

長期政権や強いリーダーシップが必ず弊害をもたらすとは考えないが、他方、「権力は腐敗する。絶対的権力は、絶対的に腐敗する」ということも政治学の初歩で習うことである。大きな権限を与えられ、強い権力を手にした者こそ、徹底した自己規律・自己抑制が必要とされるし、異なる考えを持つ者に対しての謙虚さが求められる。

ジャーナリズムの役割

先にも述べたとおり、17年10月の総選挙の大勝を受けて、安倍総裁の3選が確実と思われ、無風状態であった。それを一変させたのが、3月2日の朝日新聞の朝刊1面トップの「森友文書書き換えの疑い」の特報である。3月9日夜には、佐川国税庁長官が突如辞任した。以後の展開は、われわれが知るところである。

健全な民主政が機能するためには、権力にとって不都合な真実であっても国民が知り得なければならない。そのためには、ジャーナリズムの果たすべき役割は大きい。ロシアや中国よりもアメリカを尊敬するのは、ペンタゴンペーパーズや「大統領の陰謀」がジャーナリズムによって暴かれる社会であるからだ。だからこそ、メディアに対し「フェイクニュース」と批判を連発する現大統領には、大きな危惧を抱かざるを得ない。

役所の幹部の要件として、マスコミ対策が重要と教えられてきたことを紹介した。行政官として、自分たちが目指そうとする政策を正確に報道してもらいたいと思う。しかし、報道操作をしたいとは考えなかった。それは、民主政を守るために、報道に対する敬意が必要だと考えているからである。

幸か、不幸か、社会保障の分野はステークホルダーが多い世界だ。そこで、審議会による審議が合意形成の場となる。制度・政策について多くの資料が提出されて論議が深められる。その意味では、政策の形成過程の「見える化」が行われやすい。政策立案者としては、ガラス張りの舞台で衆人環視の中で作業していると思わざるを得ない状況に置かれている。

永遠のテーマ、「政と官」

政治家と官僚の関係は、政治学・行政学の大きなテーマである。特に、わが国は議院内閣制をとり、与党が内閣を形成する。また、与党の事前審査制が確立しているので、公務員の仕事の中で「国会対応」の占める割合が非常に高い。

政権交代があれば、平然と次の内閣に仕えるのが官僚制である。しかし、官僚は「全体の奉仕者」（日本国憲法第15条）であることが求められている。「部分」を代表する「政党」と、完全に一致することはないのが原則だ。

選挙によって国民の多数から選ばれた「政権」とどう付き合えばよいか。私自身としては、制度・政策のプロフェッショナルとして「制度・政策上、絶対に必要なこと」は譲らない、その範囲で政権に仕えるということではないかと考えてきた。例えば、老健局長に就いているときは、

「介護保険の神様がいるとして、その神の声は何か」を常に意識した。

このように考えて行動すれば、今国会で露わになった多くの問題は防げるように思うのだが、いかがであろうか。

（ＭＥＤＩＦＡＸ ｗｅｂ ２０１８年５月２日）

官僚ＯＢとして思うこと（２０１７年４月）

文科省の「天下りあっせん問題」を巡って

ある日、新聞を読んでいるとベタ記事に目が留まった。「文部科学省が省内への通行証を退職していた職員の一部に配布する慣行を３月末で廃止していた」というものである（２０１７年４月19日付日本経済新聞朝刊）。「同省による違法な天下りあっせん問題では、人事課の元職員が通行証を使って省内に出入りし、大学への再就職など多くの案件に関与した」ので、今回の措置は「再発防止のため」だという。

文部科学省の違法な天下りあっせん問題は、今年（２０１７年）早々から火を噴いた。この問題で同省は最終報告をまとめ、３月30日にＯＢ職員を含む幹部ら37人の処分を発表。（世の中の関心が森友学園問題に移ったこともあって）終息に向かうまで、国会での審議も含め世の中の耳目を集めた。

公務員の天下り問題は、繰り返し話題となる。公務員ＯＢの一人である筆者としても、そのたびに心穏やかというわけにはいかなくなる。今回の文部科学省の事件の余波を受けて、詳細は承知していないが、厚生労働省は一層身を固くし、外部、とりわけOBとの交流について自主規制を強化したようで、筆者の身の回りでも実際、仕事上差し障りがある事態も生じた。

加えて、今回の問題の中心的機能（「陰の人事課長」などと報道された）を果たしたとされる文科省の「人事課の元職員」氏とは、お互いの現役時代に仕事上知り合い、以後10年を越えて交流していたという個人的な事情もあった。私が主宰している医療介護福祉政策研究フォーラムの事務所は、現在、東京・虎ノ門にある。近隣の西新橋の事務所から数年前に移転してきたが、偶然にも「人事課の元職員」氏の事務所が同じビル内にあったことから、おのずと合う機会が少なくなかった。このようなことから、本件にはいやでも関心を持たざるを得なかったので、冒頭のベタ記事にも目が惹かれたわけだ。

吉村仁さんの「10年間は」に思う

OBと現役の関係を考える時、いつも思い出すのは厚生省の先輩である吉村仁さんのことだ。吉村さんは、1984年の健康保険法の本人1割負担を導入した時の保険局長である。吉村さんの同期で、現役の年金局長で基礎年金制度を創設する年金法改正法案を国会提出中に亡くなった山口新一郎さんと並んで、厚生官僚が論じられる際に固有名詞で登場することが最も多い先輩だ。吉村さんは入省年次でいうと私の20年先輩になる。

その吉村さんに入省4年目の76年、主査（係長の手前のポスト）として大臣官房総務課長の1年間だけ仕えたことがある。総務課長というのは国会対策の要のポストで、国会開催中はほとんど省内にいなかった。珍しく在室している時には非常に多くの来客があった。

当時は何かとオフィスで飲むことが多かった。ある晩、総務課長室で課員一同が吉村さんを囲んだ時に、誰かが「昼間の来客はどういう人ですか」と尋ねたことがある。吉村さんは課員を見回しながら、「先輩の○○さんだ。君たちは知らないのか。自分も辞めたら、すぐに忘れられるのだろうな。辞めてもせめて10年間は付き合ってくれよな。俺が訪ねてきたら10年間は知らないふりなどしてくれるな」と言った。課長の冗談だと思いその場は皆で笑ったが、妙に「10年間は」という言葉が記憶に残った。

その吉村さんは事務次官を辞められて、すぐに亡くなってしまった。せめて10年間は先輩としてご指導いただきたかったものだ。吉村さんが10年間ご存命であれば、省内で「吉村組」と目されていた人々が起こした不祥事が、あるいは防げたかもしれず、その後の医療保険政策も現在とは違った形となっていたのではとも思うのだが。

現役との距離感

私自身について言えば、２００８年７月に厚生労働省を退官した。そこから数えるともうすぐ10年となる。自分なりに考える後輩との距離感があって、この間、厚生労働省には数えるほどしか出入りしていない。

08年９月に社会保険診療報酬支払基金の理事長に就任したので、「監督官庁」の厚生労働省に挨拶に行った。毎年、支払基金の審査委員（医師・歯科医師）に対する厚生労働大臣表彰があるので、理事長として表彰式に参列するため、２回厚生労働省に入った。

そうしているうちに、民主党政権になり、長妻大臣の下で「省内事業仕分け」が行われ、支払基金がその対象となった。厚生労働省内で開催された公開審理の場に「被告」として喚問された。厚生労働省総括審議官が「検事役」で支払基金の告発をした。大臣と外部有識者がひな壇に座り裁判官役であった。事務次官以下、担当局の保険局などかつての同僚・後輩が無言で傍聴していた。被告としては大反論を展開したつもりだが、終わったあとむなしさが残った。忘れようにも忘れられない体験であった。

大臣の指示で、支払基金の理事長も公募することとなった（厳密に言うと、理事を公募し、厚生労働大臣の認可を受ける。理事長は理事の互選）。厚生労働省が新たに定めたルールによるものである。保険局からの要請もあって理事に応募し、外部の選考委員の選考の結果、再任されたが大臣が認めなかった。厚生労働省は再公募を求めてきた。このような理不尽な再公募には応じることができなかったので、支払基金理事長は2年間で退任した。この間、役所とは大臣と小生の間に入ってギクシャクしたので、「お詫びを兼ねて」退任の挨拶に行った。以上、支払基金時代に5回。

捨てる神あれば拾う神ありで、10年10月末に内閣官房社会保障改革担当室長になって14年2月まで務めた。民主党政権下の時だが、内閣官房の進め方に不満があった厚生労働副大臣に呼びつけられて仕方なく副大臣室に行った。また、なぜか小宮山大臣時代に、厚生労働省のマスコミの論説・解説委員に対する説明会に同席を求められた。さらに厚生労働省の人事課採用担当者から、入省希望の大学生に対する説明会があるので先輩としてスピーチしてほしい、と頼まれ省内会議室に赴いた。

そして、内閣官房を辞する時に、「一体改革」でお世話になったので、挨拶に行った。以上、改革担当室時代に4回。

このほか、大学院の講義の準備や原稿執筆の調べ物のため、厚生労働省の図書館に3回行った。

以上、記憶が正しければ、9年間で12回ということになる。多いか少ないかは、人によって評価が分かれるだろう。

自分なりの後輩との「距離感」について説明しよう。

私は、役所の仕事は駅伝のようなものと考えている、というよりそのように先輩から教えられた。バトンを前任者から引き継ぎ、与えられた区間（あらかじめ定められてはいないが、通常2〜3年）は自分の責任で走り、後任にバトンを渡すというものだ。それぞれ走る区間の状況は異なるので、先行者としてバトンを渡した走者の走り方に希望や注文はあるにしても、一方的に押し付けられない、と認識している。

役所を辞めた先輩が周りをうろうろするのは現役諸君には迷惑だろう、と思う。従って、求められるか、用事がない限り行かないという方針で処してきた結果が、上記の通りである。

人事異動と政策の継続性

ところで、役所の外部の方からは人事異動が頻繁で困ると言われる。ようやく担当者と話ができるようになりこれからだという時に、その担当者が交替してしまい、それまでの努力が水泡に帰す。「賽の河原だ」と嘆かれる。担当者の交代で、政策の一貫性、継続性に欠けるという批判だ。

確かにそのような面もあるが、走行期間を短くし、スピードを維持できるというメリットもある。人を代えることで新しい取り組みが促進されるという面もあろう（マンネリに陥らず、出来の悪い走者をすぐに代えることができる)。

継続性の確保のため、当然のことながら人事異動の際には「引き継ぎ」が行われる。前任者が後任者に「現状と課題」を説明するものだ。これまた私自身を例にとると、1973年に厚生省に入省してから2008年に退官するまでの35年間、スウェーデン大使館と北海道庁にいた約5年間を除き、30年間で16ポストを経験した。その都度、引き継ぎをしたことになる。課長になってからは、老人福祉課長(途中で老人福祉計画課長に名称変更)、年金課長、計画課長(水道環境部)、企画課長(保険局)、大臣官房政策課長、大臣官房審議官(保険・医政担当)、老健局長、社会・援護局長の8ポストである。

8回のうち4回は前任者が同じ人物だったので、実質5人から引き継ぎを受けた。そのやり方は人によってさまざまであった。「部下に聞いてくれ」と言って直接的な引き継ぎはほとんどゼロの人から、引き継ぎが土曜日の朝から始まって夕食後までかかって終わるケースまで、バラツキがあった。「これは僕のライフワークだからよろしく頼む」というこだわり型(そのライフワークがたくさんあるので困惑するのであるが)から、「君の好きでよい」という放任型まで、それぞれ前任者の個性が反映されていた。

引き継ぎを受けた立場としては、当然、前任者の意向にできる限り沿うように努めるが、自分なりに置かれた状況、物事の優先度、実現可能性を判断し、与えられた期間で最大限の効果が上がるように心掛けた。言い換えれば、先輩から引き継いだもの全ての実現を目指すわけではなく、また、自分が新たに取り組みたいこともあるので、取捨選択せざるを得なかった。

自分が後任に引き継ぎする際には、できる限り詳しく文書を作成して説明したが、自己認識としては「こだわり型」と「放任型」の中間であったと思っている。

そして、今から振り返ると、最もありがたかったのは人脈の引き継ぎであった。そのことから考えると、外部の方には担当者が交替した時にはできる限り早く面会して、懸案があれば説明することをお勧めしたい。

役所の「要塞化」？

報道によると、外部への情報漏えいを防止するため、経済産業省では各執務室が施錠されているそうである。冒頭の文部科学省の通行証の話でも分かるように、以前と比較して役所の出入りは各段に厳しくなっている。旧厚生省の頃は、人の出入りは全く自由であった。それから比較すると、現在の役所は要塞のようで、出入りは厳重に規制されている。

横道にそれて恐縮であるが、1994年の夏、年金課長をしている時に執務室に火炎瓶を投げ込まれたことがある。火の手が上がり、消防車、パトカーが出動する騒ぎとなった。火の手は隣の課員が消火器で消し止めて大事には至らなかった。自社さ政権下で、厚生年金の支給開始年齢を65歳に引き上げる年金改正法案が通常国会で成立せず（食費の自己負担を徴収する健康保険法改正を優先したためである）、継続審議となりがっかりしていたところなので、泣き面に蜂の事件だった。

犯人は、年金相談の電話をしたところ、対応した職員に不満を持ち、その職員に殺意を持って年金課に来たということであった。当該職員は幸いなことに、直前の人事異動で地方に転出しており、不在であった。そこで、係長が来客として長時間対応した。犯人はそこでいったん退室したが、やはり腹の虫が収まらず、年金課に戻り、用意していた火炎瓶3本に点火して投げ込んだ、という事件であった。当時、年金局は11階にあったが、犯人はエレベーターで1階に下り、警備員に自首した。彼が所持していたボストンバッグには包丁も数本入っていた。犯人は直ちに連行されたが、当時在室していた私と課長補佐も刑事に追い立てられるように丸の内警察署に連れていかれ、犯人との面通しや調書の作成など、得難い経験をした。

この事件があっても、厚生省にはいろいろな人が出入りするので入館規制は難しいとのことで、出入り自由の体制が続いた。あまり記憶が定かではないが、身分証明書を持っていないと入館が制限されるようになったのは２００８年に退官する直前だったような気がする。通行証を持ってセキュリティーゲートから入るシステムになったのは09年以降のようだ。

内向きになる官庁——民主党政権下の政治主導の影響

民主党政権になった時にはすでに厚生労働省を離れていたので、直接体験したわけではないが、政務3役主導の政策決定方式となった。役人が外部と接触することは否定的に捉えられ、内向きの傾向が強まったように思う。この傾向は各省共通であったろうが、厚生労働省で特に顕著だったことは皆が指摘するところだ。

振り返ってみると、1990年に老人福祉課長に就いて以来、常に現場の方々と交流し、議論し、教えられ、政策づくりをしてきた。そのためには、自分からも発信し、それに対する意見も聞かなければならない。その作業の積み重ねが、現場に通用する政策になるのだと信じている。それが以前ほどできない現役の諸君は、非常に気の毒であると思う。

また、大臣に命じられてであろうが、当時の事務次官以下が、唯々諾々として法的根拠のない文書を発出していた。典型的な行政指導であり、外部にいる人間として強い違和感をもった。「天下り」への追及も厚生労働省が最も厳しいようであった。この時期、多くのOBが職を追われたことも事実である。特に問題だったのは、自分たちで公募制などのルールを決めておきながら、気に入らない人間を排除するために指示通り手順を踏んで実施した公募の結果を覆す、といったルール無視の恣意的な運用が罷り通ったことだ。さらに情けないのが、それを推進した当時の官僚が、自分が退職した時はいわゆる「天下り」ポストに平然と就職したことだった。

医療介護福祉政策研究フォーラムを主宰して

２００８年に役所を辞めた時、有志の方々が今はない虎ノ門パストラルで慰労会を開催してくれた。厚生労働省の後輩諸君のみならず、仕事を共にした財務省などのメンバーが駆け付けてくれた。また、先輩（その中にはその後事件で亡くなった山口剛彦さんもいた）にも来ていただき、感激した。その際の御礼のスピーチで、私は「厚生省、厚生労働省で自分が作られてきたと感じる」と述べた。その思いは、今も変わりがない。

支援してくださる方々がいて、12年に一般社団法人　医療介護福祉政策研究フォーラムを立ち上げた。フォーラムは、オープンな形で、社会保障の学習、研究、交流をする場を創ることを目指している。政策を語るプラットフォームをつくりたいと思ったのである。その動機の１つは、社会保障政策の立案に関与する厚生労働省の現役への応援である。毎月開催する社会保障研究会は２０１９年10月で71回を数えている。毎回、全国から、多くの方々に聴衆として参加いただいている。さまざまな分野で活躍されている講師をお招きしているが、その講師の方々からは、「聴衆の方々が素晴らしい」という評価をいただいている。主催者として誇らしく思う。

年初には、田中滋氏を座長とする「新春座談会」が恒例行事となっている。また、土曜日の午後を使ったシンポジウム、実践交流会、地方自治体特集セミナーなどのイベントも、これまで８回開催した。外国からの講師を招いた国際交流研究会も２回開いている。特別事業として池田省三記念介護講演会「小山剛さんを偲び、語る会」の開催も行った。

田中滋、西村周三両氏とともに私も呼び掛け人となり、堀田聰子さんが運営している地域包括ケアイノベーションフォーラムの事務局も医療介護福祉政策フォーラムに置かれている。この活動も4年目に入ったが、毎年7回程度のワークショップを開催している。このほか、虎ノ門のオフィスでは、クローズドではあるが医療、介護、経済の研究会がかなりの頻度で開催されている。フォーラムの活動について関心のある方はどうか、ホームページを参照願いたい。

これらの機会を通じて、官民の交流、分野を超えた関係の構築、全国的な広がりを持つネットワークの形成の一助になればと思う。

このように思い、活動している公務員OBもいることを知っていただき、「公務員OB＝天下り」という紋切型の思考に一石を投じたいというのがこの文章の執筆意図であった。

（MEDIFAX web　2017年6月8日）

忘れえぬ人びと

胸の中で生き続ける外山さん

この10年間、わが国の新しい高齢者ケアを切り拓いてきた外山義さんの突然の訃報に接し、言いようのない悲しみと喪失感を味わっている。心から哀悼の意を表したい。

外山さんと知り合ったのは、私が大使館員としての勤務中ストックホルムで、外山さんが留学のため渡航されてきた1982年のことである。

当時の記憶は断片的である。会えば日瑞両国の話になって話し込んだこと、御一家で拙宅に来ていただいたり、わが家が外山さんのアパートに遊びにいったりしたこと、真理夫人が第2子を出産されたことなどである。その頃の外山さんは、スウェーデン語の習得に懸命であり、相当ご苦労されていた様子であった。

私は1984年に帰国したが、外山さんはそれから5年間もストックホルムで研鑽を積まれ、その成果はデビュー作となった著書『クリッパンの老人達』に結実した。帰国後の外山さんと再会したのは、90年代初頭で、船舶振興会の検討会であった。そこでは、当時としては極めて先駆的であった全室個室の高齢者施設を企画しており、外山さんは既にその中心的メンバーとなっていた。

その後、私の方は老人福祉の担当から離れてしまい、「外山情報」に散発的に接するだけとなってしまった。外山さんの仕事ぶりは、羽田澄子さんの映像を通じてであったり、ある財団のスウェーデン・シンポジウムであったり、論説委員の方々と勉強旅行をした際の視察先のグループホームが外山さんの手がけたホームであったりという様々な形で伝わってきた。そのたびに、外山さんがわが国の高齢者ケアの牽引者として縦横に活躍されていることを、知人として誇らしく感じていた。

2002年9月のはじめ、私が老健局長となった直後、久しぶりに外山さんにお会いした。最初の出会いから20年経って、「初めて二人で本格的に共通の仕事に取り組める」と言って、外山さんは大変喜んで下さった。それから3月も過ぎないうちの急逝である。

グループホームが各地に造られ、ユニットケアがいよいよ本格化しようとしている最中、この分野の第一人者である外山さんを失ったことは、われわれとって計り知れない痛手である。しかし、今はただ外山さんのご冥福を祈るとともに、折に触れて「あなたならどう判断するでしょうか」と、私の胸中で生き続ける外山さんと対話を続けたいと思う。

(「月刊介護保険」2003年1月号。『個室・ユニットケアの老人病院』法研、2003年6月24日発行に収録)

岩田克夫氏への弔辞

故・岩田克夫会長のご霊前に謹んで哀悼のまことを捧げます。

私は、平成2年（1990年）に厚生省の老人福祉課長に就任いたしましたが、その時の全国老人福祉施設協議会の会長を務められておりましたのが、岩田さんでありました。

当時は、平成元年に消費税が導入された直後であり、この税に対する国民の反発が強く、これに対応するためにも、国は高齢者の介護基盤を整備する10カ年計画である「ゴールドプラン」を打ち出したところであり、わが国の高齢者介護において飛躍が求められる重要な時期でありました。

当時の老人福祉の課題は、

① 地域の介護資源の中核である特別養護老人ホームを基盤として

② デイサービス、ショートステイ、ホームヘルプという、在宅三本柱の事業を地域に展開して

いくこと、

③　措置制度の下でしたが、介護サービスを住民に身近なものとしていくために、新たに在宅介護支援センターを制度化し、その普及定着を図ること

などでありました。

岩田会長には、初代の全国在宅介護支援センター協議会の会長に就任していただき、この制度を軌道に乗せるために多大なご尽力をいただきました。また、全国デイサービス協議会の会長もお務めいただくなど、直面する課題に文字通り先頭に立って、取り組んでいただきました。

私は、担当課長として岩田会長のご活躍ぶりを目の当たりにしたわけですが、老施協の会長として、リーダーシップを存分に発揮されておられました。印象的でしたのは、全国のブロック代表の幹部の皆さんと同志的に結ばれ、幹部の皆さんも岩田会長には心から心服されて、両者しっかりと手を携えられ、会の運営に当たられていることでした。

岩田会長が常にこだわられましたのは、介護サービスの質であり、それを支える職員の資質の向上でありました。研究熱心で、研修を重視され、全国の会員の皆さんもこれに良く応えるという状況で、担当課長として本当に心強く、また、ありがたく思いました。

今日振り返ってみますと、岩田会長という稀有な指導者を得て、行政と老人福祉事業界が方向性を共有し、全国の会員が心を合わせて高齢者介護の推進に邁進できた、極めて幸福な時代で

あったように思います。

このような岩田会長時代の取り組みが、介護保険の制度化に向けての「地ならし」となり、2000年から制度が円滑にスタートすることに大いに寄与したものと認識いたしております。

当時から、どのようにして岩田会長のような人物ができたのか、考えないわけにはまいりませんでした。

何といっても、110年以上の歴史を持つ大阪老人ホームの2代目の理事長の重責を、終戦直後の昭和21年という極めて困難な時期から、長きにわたって務められたこと、そして、昭和38年制定の老人福祉法によって創設された特別養護老人ホームに、昭和40年という極めて早い時期に取り組まれた、特別養護老人ホームの民間経営者の第一世代であり、パイオニアとしてこの分野を切り開いてこられたこと、これらが、岩田会長を形づくってきたのだと思います。

折に触れてお話を伺う中で、昭和40年代に、お仲間の事業者の皆さんと、厚生省の老人福祉専門官であった森幹夫さんと、合宿して議論を重ねられたことを知りました。まさに制度創生期のお話として忘れがたいものでした。

何度か大阪老人ホームを訪問させていただいておりますが、いくつかの棟を回らせていただきますと、それぞれの施設が長い歴史の中で、時代、時代の施設基準を反映しており、老人福祉行政の進展の様子を見ることができ、また、岩田会長の努力の結晶を見る思いで、身が引き締まるのを禁じえませんでした。

老人福祉課を離れてからは、頻繁にお目にかかることはできませんでしたが、数年に一度といったペースで、岩田会長とご一緒することができ、その度に、常に新しいことに挑戦されている岩田会長に、青年のような若さを感じ、人生の先輩から励まされる思いでした。

そのような岩田会長でしたので、もちろんご高齢であることは承知いたしておりましたが、ご逝去の報に接し、驚き、うろたえてしまいました。

今となりましては、一昨年、12月に行われた大阪老人ホーム創立110周年の記念式典に先立ち、あなたの誕生日である11月2日に行われた「大坂老人ホーム110周年感謝の集い」に出席でき、お祝いの言葉を述べさせていただきましたことが、これまでご指導いただいたことへのささやかな恩返しかなと、自分を慰めております。

岩田会長、介護保険制度の創設にみられるように、この分野の近年の変化は極めて著しいものがあります。あなたの生涯の作品である大阪老人ホームは、このような時代の変化を先取りして事業を展開されてこられ、今日みられるような多様な在宅サービスを展開されるとともに、高齢者の分野のおみならず、今や喫緊の課題となっている「子ども・子育て支援」にも積極的に取り組んでおられます。

このような大阪老人ホームを持っておりますことは、わが国の高齢者介護界・福祉界の誇りであります。

わが国の高齢者介護を牽引されてきた、また、介護事業界の「良心」とも言うべきあなたを失ったことは誠に残念ですが、残された私たちが、岩田会長の思いを常に胸に抱きつつ、精進を重ねていくことをお誓いして、お別れの言葉といたします。

岩田会長、ありがとうございました。どうぞ安らかにお休みください。

中村秀一

平成二十六年五月二十五日

池田省三さんを偲んで

私が最初に池田省三さんにお目にかかったのは厚生省の年金課長になった後の1992年の夏のことでした。「介護の池田さん」になる前の池田さんでした。

当時の池田さんは、年金政策通として知る人ぞ知るという存在で、年金分野について社会党の国会議員のブレーンの役割も果たされていました。

私は、1990年の福祉8法の改正に従事し、その仕事の関係で自治労関係者に知人がありました。その方々の触媒作用もあり、池田さんと急速に親しくなったように思います。

しかし、それだけでなく、お互いに団塊の世代で、地方から東京に出てきて、尋常ではない大学時代を過ごしたという共通体験があったことも、池田さんを親しく感じた要因のように思います。

池田さんとお酒を酌み交わしながら、敬愛する作家初版本を集めるという、池田さんの文学青年の一面を発見したりしたことなども、今となっては懐かしい思い出です。

池田さんの当時の仕事ぶりは、データを積み上げて、国民年金の未納・未加入者数を推計し、年金「空洞化」の危機を指摘し、国の年金政策の見直しを迫るというもので、データに基づく、精緻な政策論の展開は、他の追随を許さないものでした。我々が知る「介護の池田さん」の原型がすでにそこにあったと思います。

自治総研の事務局長としての期間が長くなっていましたので、自治労書記局ＯＢのドンの方に、「池田さんは研究者に向いているのでは」など話しているうちに、「厚生官僚に心配されるのは片腹痛い」という感じで、池田さんは大学教授に華麗に転身されました。

「介護の池田さん」としての活躍ぶりは皆様ご承知のとおりですが、年金制度改革の提案を構想されるという政策志向の仕事をされてきたことが、介護保険の研究者として開花させることになったのではないかと、私は考えています。

２０１０年10月29日に、偶然、市谷で池田さんと遭遇しました。その飲み会の席で体調の不良をきき、その場で聖路加の井部さんに頼んで、大腸の検査をしてもらい、即手術となりました。このようにして池田さんのガンとともに生きる25か月が始まったのですが、池田さん自身がその後の経過を語られ、取材も受けておられますのでお蔭でこの間の様子は、皆様ご承知だと思います。

池田さんに最後のお会いしたのは4月21日の夜で、病室にお邪魔しました。亡くなる2日前でした。さすがに大変そうであり、ご挨拶してから早々に辞去させていただきました。翌日、緩和ケア病棟に入られることができるというのが、私にとって慰めでした。逝去の報に接し、夕方、病室に駆けつけましたが、安らかなお顔で、眠っているようで、今でも目を覚まして、「軽度の要介護者は……」と論じ始めないのがとても不思議な感じでした。がんであることが分かった当初、残された時間が相当少ないということで、人びとも暗澹たる気持ちになりましたが、そういう中で池田さんは見事に著書『介護保険論』を完成され、ご自身としては「生前葬」のつもりでしたが、我々としては出版記念会でお祝いすることができました。

幸いなことに、当初の想定された時間より長い時間が与えられ、この間、治療を続けながら審議会委員として、オピニオンリーダーとして、介護保険について思う存分の発言を続けられたことは、がん患者として生き方を見事に示してくれたものと思います。

私が公務で池田さんと最後に接したのは、2011年3月5日(土)(3・11の1週間前)に総理官邸で開催された、「社会保障改革に関する集中検討会議」の公開ヒアリングに5人の有識者の1人として登場していただいた時です。菅総理、与謝野大臣、枝野官房長官等関係閣僚、与党幹部、20人の有識者委員の前で、介護保険について明快に論述され、出席者に、そして、傍聴している各省の官僚に深い感銘を与えました。私は、友人として大変誇らしく思いました。

ご自身が語っておられるように「理屈屋」として、池田さんはクーラの神話を紹介しながら、「人間は生きている間はクーラの支配下にある。クーラはラテン語でケアであり、ケアされる者は周囲の者をケアしており、最後の最後にケアから解放されるのがターミナルである」という死生観に到達されています。

ケアについて思索され、論じ続けてこられた池田さんの遺された言葉であります。池田さんの提起された多くの政策課題ともども、残された人間として正面から受け止めていきたいと思います。

池田省三さんという友人を得て、20年を超えるお付き合いを通じて、池田さんは私の人生を豊かなものにしてくださいました。

池田さん、ありがとうございました。

どうぞ、安らかにお眠りください。


（２０１３年６月８日　ある追悼の集いのための原稿）

小山剛さんと高齢者介護政策

小山さんとの出会い：2003年高齢者介護研究会

私が、最初に小山さんにお会いしたのは、厚生労働省の老健局長の時であった。私が老健局長を務めたのは、2002年の夏からであったが、当時の最大の課題は2005年に予定される介護保険制度の見直しであった。介護保険制度は、立法過程で施行5年後の見直しを約束していたからだ。

介護保険制度にとって初めての介護報酬の改定である2003年4月改定の作業が、2003年2月に実質的に終わったので、直ちに法改正に向けて作業することとし、3月に有識者で構成する「高齢者介護研究会」を立ち上げた。高齢者介護研究会はでは、外部からゲストスピーカーを招き、検討を行った。

小山さんは、2003年4月16日に開催された第4回研究会に登場した。推薦したのは香取振興課長（当時）だったと記憶する。当日は、宮島渡さん、川原秀夫さんもゲストスピーカーとして招かれていた。これが、小山さんとの初対面であった。

当日の小山発表は、「高齢者ケアのニューウェーブ（サポートセンター構想）――施設の解体と機能の地域分散――」と題されていた。その後、何度も聞くこととなる、例の「小山節」で、「社会福祉法人は、本来、先駆的な事業をやるための非課税団体としてあるはず」との持論を述べた上で、「24時間継続するケアとバリアフリーの環境要件」という「施設の唯一のアイデンティティ」を、「施設の中のみではなく地域社会にないと、地域全体を支えることができない」、施設機能の地域分散の必要性を説いた。特養本体とサテライトを組み合わせていく「ネットワーク型」とサポートセンターの形態の一つの「コンビニ型」という事業モデルを展開した。

そして、特養でホテルコストを自己負担する方向で制度改正が行われれば、従来のパラダイムが転換され、自宅やアパートに住む人へのフルタイムのサービスを提供することが、施設と対置される。従来、町中から離れたところに建設された大規模施設は、施設機能の地域での展開には非効率である。その機能を地域に分散させていけば自宅やアパートに住む人へのフルタイムのサービスを提供することは可能である、と断言した。そして、民間のバリアフリー住宅とサポートセンターの組み合わせも提案した。

小山さんは、「私は、施設の機能を残したいからこそ、従来の発想に基づいた今の施設、ハードを残したくないのです。施設機能を分散させるということは、1つの建物を施設としていた時代から1つの地域社会を施設として機能させていくことなのです」と締めくくった。

この発表は、小山さんのそれまでの長岡での実践を踏まえた到達点の発表であるとともに、その後の進むべき道を示した決意表明であった。その明快な主張、今後のビジョンの提示、具合的な事業モデルの提案は、高齢者介護研究会の委員とその場に参加していた老健局スタッフに対し、強烈に訴えるものがあった。その後の高齢者介護研究会の取りまとめに、大きな影響を与えた。同じ日の宮島報告「地域分散サテライトケアの実践報告」と、川原報告「小規模多機能施設の実践報告」が同じ方向を指し示し、小山報告を後押しした。

同年の6月26日に、高齢者介護研究会は報告書『2015年の高齢者介護』を取りまとめた。報告書は、介護保険が実施されてほぼ3年間の施行状況から見えてきた課題を踏まえ、「尊厳を支えるケアの確立」への方策を示すものであった。具体策の一つとして「生活の継続性を維持するための新しい介護サービスの体系」を提案した。

その第1は、「在宅で365日・24時間の安心を提供する：切れ目のない在宅サービスの提供」であり、小規模・多機能サービス拠点を提起した。第2として、「新しい『住まい』：自宅施設以外の多様な住まい方」について、住宅に住む人に対する介護を論じるとともに、福祉サービスの視点から住宅をとらえ、新しい「住まい」の整備を求めた。その第3は、「高齢者の在宅生活を支える施設の新たな役割：施設機能の地域展開、ユニットケアの普及、施設機能の再整理」であり、「施設の安心」を地域に広げること、ユニットケアを普及し、施設においても個別ケアを実現すべきとした。最後に「地域包括ケアシステムの確立」を求め、ケアマネジメントの適切な実施と向上、様々なサービスのコーディネートの必要性を指摘した。この報告書が、小山提案を多く踏まえていることが、理解されるだろう。

２００５年の介護保険法の改正は、『２０１５年の高齢者介護』の方向に沿って行われた。具体的には①施設入所の食費、居住費の自己負担化、②要支援に対する介護予防給付の創設、③地域密着型サービス、小規模多機能居宅介護の創設、④地域支援事業の制度化、⑤地域包括支援センターの設置、⑥「認知症」への名称変更の改正が行われた。これによって、介護サービスを「施設完結型」から「地域完結型」に転換していくためのツールが整えられたのである。

10年後の小山さん：２０１３年実践交流会

それから10年後のことであるが、小山さんに講演をお願いすることになった。私が、２０１２年から一般社団法人医療介護福祉政策研究フォーラムを主宰し、定期的に社会保障に関する講演会を開催することとなったからだ。

２０１３年６月29日に「これからの介護に向けて――地域での実践と首都圏での課題――」というテーマを設定し、各地で様々な実践している方々に登壇してもらう「実践交流会」を開催した。そこに小山さんに登壇してもらった。小山さんは、「地域で暮らす、地域に戻る〜サポートセンター構想とは〜」と題する報告をしてくれた。

小山さんは、まず、高齢者総合ケアセンターこぶし園の取組みを説明した。①1982年からショートステイの拡充を続け、1997年に在宅ケアのベースとしてショートステイ80床を用意したこと、②24時間365日連続するサービスの整備を図ってきたこと、③短期入所、訪問介護、配食サービス、訪問看護、通所介護、介護予防、グループホーム、小規模多機能、住宅と「フルサービス」を用意したこと、2004年にはサービス付き高齢者住宅のモデル在宅支援型住宅を整備したこと、④サポートセンターの創設と拡大をしてきたこと、2002年に独自モデルを創設、地域単位のニーズに対応した包括サービスを実現したこと、⑤民間事業者と共同し、土地・建物は民間、サービスはこぶし園という「ハードとソフトの分担」を図ってきたことなどである。

このようにして守備範囲1〜3㎞のサポートセンターを15か所配備し、18万人の圏域をカバーした。1982年に建設した定員100名の特別養護老人ホームを空にするという、施設の地域分散と地域包括ケアシステムの構築の実践の成果を示した。

小山さんによると、今までの介護保険は在宅と施設の負担が不均衡であった。しかし、小規模・定期巡回・複合型によって在宅も定額制に変更されたことによって、道路が廊下、自宅が居室となり、地域社会そのものが1つの施設・病院となる「介護付きの地域社会」が実現できる。そのインフラとして在宅におけるICTの活用が必須であり、記録の記入と同時に全員に配信ができる情報の共有の重要性も指摘した。

「同じ地域の対象者は、同一スタッフで全て対応し、定額報酬とする」地域包括報酬こそが、今後の課題であると主張した。

この講演は、この10年間の小山さんの実践を自ら総括した見事な発表であった。まさに高齢者介護研究会の報告書が示した方向性を長岡の地で実現したことの報告であり、実践家としての小山さんの到達点を示すものであった。

私は、この講演に深い感動を覚えた。

現在、国は地域包括ケアシステムの構築を、2025年までの改革の目標として掲げ、推進中である。実際にそれを実行した事例があることは、行政にとってその実現可能性の何よりも有力な根拠となる。小山さんが長岡で成し遂げた達成は、地域包括ケアの推進という政策にとって、なにものにも代えがたい応援となっている。

小山さんとの交流と別れ

小山さんとの初対面以降、レジデンシャル研究会や全国小規模多機能居宅事業者連絡会などで、しばしば顔を合わせた。また、長岡老人福祉協会に招かれたり、同法人の東京における施設のお披露目などでは同席する機会もあった。しかし、お互いに忙しくて、ほとんどすれ違いということが多く、今から考えると落ち着いて話す機会は少なかったなと残念でならない。

それでもイベントの後などで、日本酒を良く飲んだ記憶も少なくはない。最後に同席したのは、2013年11月に札幌での全国小規模多機能居宅事業者連絡会の研修会後の懇親会だった。寄ってくる全国各地からの若手参加者を激励している小山さんの姿が、印象に残った。

小山さんが亡くなられてから、意外な人から「小山さんと付き合いがあった」と聞かされ、驚くことが多い。年金や医療保険の専門家である日本大学法学部の矢野聡教授もその1人だ。矢野さんが「小山剛君が亡くなって残念だ」というので、思わず、どこで接点があったかと尋ねてしまった。教授がアメリカのミシガン大学に滞在しているときに、小山さんたちが短期の研修で、キャンベル夫妻（ご主人が政治学者、夫人がソーシャルワーカー）から紹介されたという。じつは、私が老人福祉課長時代に、ミシガン大学でのソーシャルワークの研修に日本の実務家を招きたいとの相談がキャンベル夫妻からあった。スポンサーの確保など若干のお手伝いをし、「ミシガンプロジェクト」が実現した経緯がある。ミシガンプロジェクトは10年間続き、相当数の参加者が参加・渡米したのだが、小山さんが参加していたとは知らなかった。不思議な縁に驚くとともに、このことも小山さんから聞き漏らしてしまったなと、更に残念さが募ったエピソードだ。

＊

八面六臂の大活躍をし、わが国の高齢者介護を牽引してきた小山さんがほんとに突然、私たちの前から去ってしまった。彼の病気が深刻であることを聞き、何と書いてよいかわからないまま出した私のメールに、小山さんからこれまでの交流に感謝の言葉まで書かれた、しっかりした返事が返ってきた。それが最後のやりとりとなり、お別れとなってしまった。

どう受け止めればよいのだろうと思う日々が続いたが、小山さんと「3人の会」を結成し、活動していた「つしま医療福祉グループ」代表の対馬徳昭さん、社会福祉法人「夢のみずうみ村」の藤原茂さんからの提案があり、当方の医療介護福祉政策研究フォーラムの3者共催の「小山剛さんを偲び、語る会」を6月13日に灘尾ホールで開催した。

当日、本当に幅広い各界の方々に参加していただいた。改めて小山さんの生前の人脈の広さ、多彩さを知らされるとともに、皆に愛された小山さんの人柄について思いを深くした1日であった。

この日、私は「『2015年の高齢者介護』を身をもって実践され、高齢者介護に新しい地平を拓いてくれた小山さんに敬意と感謝を申し上げ、主催者の挨拶と致します」と述べさせていただいた。

（萩野浩基編『小山剛の拓いた社会福祉』中央法規、2016年3月発行に収録）

山下一平氏への弔辞

故・山下一平社長のご霊前に、謹んで哀悼のまことを捧げます

山下さん、あなたにこのような形でお別れの言葉を述べなければならないことは、残念でたまりません。

5月に事故で入院されたとお聞きし衝撃を受けましたが、その後、順調に回復され、近く東京の病院に転院すると伺っておりましたので、1日も早いご回復を願いつつ、またお目にかかる日が近いことを信じておりました。ご逝去されたことをなかなか受け止められないでおります。

私は1990年に厚生省の老人福祉課長を務め、2002年には老健局長を務めましたので、ヤマシタコーポレーションの社長としての、あるいは、日本福祉用具供給協会の役員としてなどの、様々なお立場の山下さんと、数多くの場面でお目にかかりました。

お会いして、いつも強く印象に残りましたのは、福祉用具にかけるあなたの並々ならぬ熱意で

ありました。

山下さんが、福祉用具について、一般の人びとに広く知っていただくことを願い、「福祉用具の日」の創設に尽力され、２００2年に「福祉用具の日」が創設されるに至ったことはよく知られています。毎年10月1日の福祉用具の日には、展示やセミナーなどのイベントが実施されており、あなたの蒔かれた種は着実に実を結んでおります。

あなたは、福祉用具の普及定着にご熱心であっただけではなく、品質管理に強くこだわられました。

老健局長時代の思い出として、「福祉用具のレンタルに当たっては、徹底的な衛生管理と安全性の追求が重要である」ことを山下さんから説明いただき、自社の事業所の消毒施設にご案内いただいたことがあります。昨年，この分野の先進国として名高いデンマークで、オーデンセ市の補助器具センターを視察する機会を得ましたが、そこでの自慢の消毒施設を見ても、「日本にもある」と驚くことはありませんでした。

山下さん、あなたが特に力を入れておられたのは、専門性に裏打ちされた、利用者の立場に立った質の高いサービスの提供でありました。

あなたは、「福祉用具の必要性の判断は、国が規制するのではなく個々の現場に任せておいて欲しい」との見解をお持ちでした。しかし、現状では相談員の質が低いとして認められなかったことに奮起され、業界全体の底上げを図るべく職能団体として、全国福祉用具専門相談員協会を立ち上げられました。そして、その理事長として協会を牽引されてこられました。福祉用具に携わるスタッフの質の向上についてはアイデア豊富で、いくつもの新機軸を打ち出されました。

山下さんの活動範囲は、福祉用具業界にとどまりませんでした。現在、私は内閣官房で社会保障改革の仕事をしており、経済団体にも説明を求められる機会がありますが、日本商工会議所の委員会には、メンバーに山下さんがおられ、大変心強く思っておりました。

2008年10月に、政府管掌保険を引き継ぐ組織として、あらたに公法人である「全国健康福祉協会」(協会けんぽ)が発足いたしました際、山下さんはその運営委員に就任されました。普段の幅広い活動が認められてのことと存じます。

さらに、2011年からは厚生労働省の社会保障審議会医療保険部会の委員にも就任いただきました。

このように、ご多忙な中、介護保険分野のみならず、医療保険分野においても、重要な公的な役割をお引き受けいただいていたこと、深く感謝申し上げます。

最後にあなたとゆっくりお話しできたのは、昨年11月に静岡市で開催された静岡県立大学主催のシンポジウムでした。あなたは、シンポジウムに聴衆として来場されただけではなく、私を含む東京からの講師3人と主催者の教授を招き、夕食会を主催してくださいました。あの時の楽しそうなお姿は、私の眼に焼き付いております。

山下さん、あなたがヤマシタコーポレーションの前身である、静岡リネンサプライ株式会社に入社されたのは、「福祉元年」と言われた１９７３年でありました。あなたは、わが国の社会保障とともに、決して平坦ではないが、着実に向上してきたこの40年間を歩んで来られたように私には思われます。

それにしても、これから一層高齢化が進行し、ここ数年内に、医療・介護の集中的な改革が予定されているこの時期に、ともに歩んできたあなたを失ったことは、誠に残念なことであります。ご自身にとっても、不本意のことであり、ご無念のことと存じます。そのことを思います時、私たちの悔しさは一層つのるものがあります。

山下さん、四半世紀に及ぶあなたとの交流を通じ、多くのことを学ばせていただき、誠にありがとうございました。

あなたが強く希望されていた福祉用具の一層の普及定着と質の高いサービスの実現が、ヤマシタコーポレーションにおかれては、後継者である和洋社長の手によって、また、福祉用具業界におかれては、事業者の皆様方の努力によって実現することを心から祈念いたします。

私たち行政に関わる人間としては、そのような目標の実現に向けて、必要な政策の確立に努めることをお約束して、私のお別れの言葉といたします。

山下さん、今はどうぞ安らかにお休み下さい。ご冥福をお祈りします。

２０１３年８月17日

内閣官房社会保障改革担当室長　　中村秀一

与謝野馨先生の思い出

死去の報に接して

5月24日（2017年）の新聞朝刊各紙は、与謝野馨氏の死去を報じた。各紙とも氏の評伝にかなりのスペースを割いていた。元衆議院議員で、財務相や経済財政担当相を歴任。東京都出身の78歳。明治の歌人の与謝野鉄幹、晶子夫妻の孫。東大を卒業後、中曾根康弘元首相の秘書などを経て、1976年に衆院旧東京1区で初当選。文相、通産相、官房長官などを務め、幅広い分野の政策通として知られた。衆院当選10回。

小泉政権下の2004～05年、自民党政調会長時代に構造改革路線を推進。「上げ潮派」と戦う「財政再建派」として知られる。06年にがんの手術を受けた後に復帰。08年8月、福田改造内閣で経済財政担当相。続く麻生内閣では一時、財務相、経済担当相も加えて経済関連3閣僚を兼務した。

民主党が政権にあった10年、「たちあがれ日本」の共同代表に就任。自民党は除名処分。厳しく批判していた民主党政権に、11年1月、菅改造内閣で経済財政担当相として入閣。「変節」との批判がある中で、社会保障と税の一体改革の政府・与党案を取りまとめた。

若いころからがんを患い、がんと闘いながらの政治家人生であった。12年、咽頭がんの影響で声帯を切除し、引退した。体験談『全身がん政治家』（文藝春秋）も出版。ゴルフやカメラ、囲碁、天体観測、釣りなど多彩な趣味人だった。13年には旭日大綬章を受章。本人の希望を踏まえ、17年4月に自民党は復党を認めた。

昨年秋、出版を予定していた私の本（『社会保障制度改革が目指しているもの』（年友企画）の帯に推薦文をお願いするために、久しぶりに東京・四谷にある与謝野先生の事務所を訪ねた。大分やつれられたようにお見受けした。お尋ねしたところ、筆談で「透析患者になった、週2回通院」とのことだった。その直後に、今度は先生から呼び出しがあり、参上した。新聞のインタビューを受けるので、最近の社会保障関係の資料がほしい、とのご依頼だった。これが先生に直接お目にかかった最後となってしまった。

11月に本が完成し、持参しようとしたが、体調を崩され入院中とのことであった。秘書の方を通じて病床にお届けしたところ、大層喜んでいただいたとのことであった。先生の指示で20部のご注文まで頂戴した。退院されたらご挨拶に参上するお約束であったが、その機会は来なかった。朝刊各紙の報道を、恐れていたことがついにやってきたという思いで受け止めた。

一体改革担当大臣にお迎えして

11年1月14日、菅内閣の改造で経済財政担当大臣及び社会保障と税の一体改革担当大臣に就任された与謝野新大臣の初登庁を、私は内閣官房社会保障制度改革担当室長として内閣府や内閣官房の幹部とともに出迎えた。

社会保障と税の一体改革に取り組むため、菅内閣は10年10月に「政府・与党社会保障制度改革本部」を立ち上げた。その事務局機能を担うため、新たに設置されたのが社会保障制度改革担当室（以下、社保室と略す）で、発足の際の担当大臣は仙谷官房長官であった。その年の9月に尖閣諸島付近で中国漁船衝突事件が起こり、その処理を巡って11月に官房長官と国土交通大臣への問責決議が参議院で可決され、1月の内閣改造となった。かつての自民党の大物である与謝野氏の入閣は、まさかのサプライズ人事であった。われわれも驚きの眼をもって新大臣をお迎えした。

急遽新設された社保室には十分な執務スペースがなく、首相官邸の向かいにある内閣府本府の1階に狭い部屋が与えられていた。与謝野大臣は財務省裏の中央合同庁舎4号館の5階の大臣室（経済財政担当大臣）に陣取った。与謝野さんが大臣になるたびに秘書官として呼び戻されている嶋田隆さん（経産省出身。現同省事務次官）から、離れていては仕事にならないと言われ、引っ越すことが社保室の最初の仕事になった。大臣室と同じフロアということで与えられた部屋は、かっては経済財政諮問会議の民間議員のための部屋で厚生労働省時代に「ご説明」に通ったところだった。執務環境は劇的に改善した。

まとまらない民主党政権

社保室がスタートして早々に、「社会保障の改革に関する有識者会議」(宮本太郎座長)の報告書を取りまとめ、改革の基本的な考え方を整理した。政府・与党本部を開催し、10年12月14日には、「社会保障の安定・強化のための具体的な制度改革案とその必要財源を明らかにするとともに、必要財源の安定的確保と財政健全化を同時に達成するための税制改革について一体的に検討を進め、その実現に向けた工程表とあわせ、(平成)23年半ばまでに成案を得、国民的な合意を得た上でその実現を図る」ことを閣議決定するところまでこぎ着けた。

この閣議決定で11年半ばまでに成案を得ると期限を切り、いわば、背水の陣を敷いたのであった。しかし、越えなければならない壁は非常に高く、どのように進めていくべきか、思案に暮れているところであった。

肝心の民主党内では、10年夏の参議院選挙の敗北は菅代表の消費税引き上げ発言が原因であるし、そもそも消費税の引き上げはマニフェスト違反であるという意見が多く、果たして消費税率引き上げで党内がまとまるか、まるで見通しが立たなかった。社会保障改革についても、マニフェストで高らかにうたった年金制度の所得比例年金一元化と後期高齢者医療制度の廃止をどう取り扱うのか、「ねじれ国会」の下で野党の自公の協力を得るためにはその見直しが必須であるが、果たして党内が収まるのか前途が見えない状況であった。さらに、社保室に着任して痛感したことであるが、民主党内の議論は、与党の経験が浅いためか、拡散する傾向が強く、なかなか収束に向かわないということも大きな懸念材料であった。

与謝野大臣の仕掛け――集中検討会議と成案決定会合――

このような中で、着任された与謝野大臣のリーダーシップは目を見張らせるものであった。まずは、成案を得るための仕掛けを構築した。集中検討会議と成案決定会合であり、大臣の発案であった。

外部の有識者と関係大臣、与党幹部で構成する集中検討会議を設置する。この会議は、首相官邸で開催し、総理が出席し、公開とする。有識者メンバーの構成は、いわば「国民会議クラス」の幹事委員と、現場などで活躍する若手の委員とから成る2層構造とした。

集中検討会議のとりまとめの後に、政治レベルで決定するための成案決定会合を設ける。成案決定会合は、政府・与党の幹部で構成することとした。

与謝野大臣は、このような手順を設定し、集中検討会議を頻繁に（ほぼ1～2週間に1度）開催することによって、成案決定に向けての進行管理を行うことができた。総理が出席する会議であり、必ず報道されるので、検討状況の「見える化」を図るとともに、一体改革について求心力をキープした。

さらに、集中検討会議は、「政治決定プロセスではない」とすることによって、民主党内議論からのフリーハンドを確保し、議論の停滞を許さなかった。

与謝野大臣が集中会議発足に当たって述べたキーワードは、「これまで提案されたあらゆる社会保障改革案を俎上に載せる」というものであった。これを受けて集中検討会議は、各界へのヒアリングから取り掛かることになった。ヒアリングの対象は、経済団体、労働団体、地方団体、医療関係者、保険者といったステークホルダーであったが、新聞各社も対象とした。これも大臣の強い意向であった。各新聞社が年金制度改革などについてそれぞれ改革案を提案していたので、ある意味で当然かもしれないが、役所の会議としては異例であった。一体改革についてマスコミの関心をさらに高める結果となったようだ。

与謝野大臣は、「あらゆる社会保障改革案を俎上に載せる」ことで、民主党案を相対化することを図ったのだと思う。各界からの意見を整理することによって、所得比例年金一元化は将来構想として正面から否定はしないものの（「棚上げ」をして）、年金制度の当面する課題の解決を優先するという方向性を打ち出すことができた、と評価できよう。

これと並行して、厚生労働省に対しては、所要財源を盛り込んだ社会保障制度改革案の提出を求め、集中検討会議の最終段階でそれを取り込んだ「社会保障改革案」を取りまとめた（11年6月2日）。

その後、成案決定会合に入ることとなったが、閣議決定で定めた11年6月30日を期限として、与謝野大臣の動きは目覚ましいものがあった。成案決定会合の最初の攪乱要因は、片山総務大臣が、消費税財源の地方への配分が少ないと強硬に異議を唱えたことであるが、国と地方の社会保障4経費の分担状況を精査しようということで、与謝野大臣が抑え込んだ。

さらに、与党側構成員からは、消費税引き上げに消極的な意見が出た。そこで、大臣自ら当時の岡田民主党幹事長、玄葉民主党政策調査会長、輿石民主党参議院議員会長に足を運んで協力を要請し、成案決定会合の取りまとめを図った。

最も対応が難しかったのは、民主党の平場の議論であった。ここにも与謝野大臣が自ら足を運んで説明し、質疑にも応じた。わざと「ヨソノさん」と言い間違えたふりをして、党外からの大臣である与謝野さんにいやがらせをする議員もいた。同席していたわれわれは憤慨に堪えない思いで聞いていたが、大臣は平然としていた。

調整は難航を極めたが、「まずは、10年代半ばまでに段階的に消費税率（国・地方）を10％まで引き上げ、当面の社会保障改革にかかる安定財源を確保する」ということで、引き上げ時期の明示はできなかったが、消費税率10％までの引き上げを決定した。また、閣議決定は勘弁してくれ、という民主党側のたっての要請があり、6月30日に成案決定会合で成案を決定、同日、政府・与党社会保障検討本部でも決定したが、閣議には翌7月1日に報告するにとどめた。

東日本大震災の危機を超えて

このように、成案決定に至る過程は苦しい日々であったが、一体改革の行方が最も危機にさらされたのは、11年3月11日の東日本大震災であった。3月11日午後、社保室は12日午後に集中検討会議の開催を控え、準備中であった。大地震の発生により、翌日の集中検討会議を中止することとし、社保室の職員は一度退避した事務室に戻り（第4合同庁舎は老朽化しているためか揺れがひどく、退避の指示が出た）、会議の中止を委員に連絡する作業に追われた。

復旧、復興が最優先の課題となる最中で、政府内で果たして一体改革の検討が引き続きできるのか、社保室では不安が高まった。具体的には、集中検討会議の再開の機会が来るのか、再開できるとしていつなのか、年央までという期限が守れるか、等などである。

復旧、復興の議論の中では、復興のための財源として消費税が期待できるのではないか、復興のためならば国民は消費増税を認めるのではないか、といった議論も出て、財源として復興財源と競合することも懸念された。

そんな折に、大臣から社保室に1枚のコピーが配られた。古い文書のコピーであった。曰く「人の一生に大いなる差が生じて来るのは種々の事情はあるが、まづ為さねばならぬことを為すと否とにある。為さねばならぬことは誰でもしさうなものだが、さうではない。ぜひとも為さねばならないことは断固として敢えてするのが第一の勝利である。佳負けてもその歴史には生命がある。

次に思ひ切が肝要である。為さねばならないはめになつたら、断固として為すに如くはない。危険はある、無論失敗もあるが、此際躊躇して発せねば平凡に終わるのである。事を為すには思ひ切が大事である。それがいやなら平凡に満足すべきである——三宅雪嶺——」とあった。

われわれは、このコピーに託された大臣の強い思いと覚悟を感じ、心動かされた。大臣は、揺らぐことなく一体改革をやり遂げるだろうと。その通り、与謝野大臣は、直接総理の了解を得て、当初は勉強会という体裁で集中検討会議の幹事会を立ち上げるというように、慎重に事を運びつつ、最終的には、4月27日に集中検討会議の再開にこぎ着けることに成功した。

用意周到という意味では、与謝野大臣は就任すると同時に内閣府の経済財政担当部局に指示して、消費税引き上げを実施した場合の経済に与える影響と家計に及ぼす影響について研究するように指示し、内閣府は気鋭の経済学者を招いて研究会を組織し、その成果は集中検討会議で報告された。

成案決定した後、11年9月2日に野田内閣が成立し、党内調整に苦労しつつ12月29日に民主党税制改正調査会が消費税の引き上げでまとまった。12年2月17日に「一体改革大綱」を閣議決定、3月30日には消費税率引き上げ法案を含む一体改革関連法案を国会に提出、6月15日に自公民の3党合意が成立し、8月10日に参・本会議で関係法案が可決、成立した。この間、小沢グループが離党するという犠牲を払いながらの法案成立であった。

成案決定後の党内の取りまとめ、法案の国会提出と3党合意に至る過程は野田総理と岡田克也副総理のリーダーシップによるところが大きいが、与謝野大臣がいなければ成案は得られず、法案の提出までたどり着かなかったであろうというのが、この間の事務局を担った人間の率直な感想である。

自分で設定した政策を成し遂げる

しかし、一体改革と与謝野先生の関わりはもっと深いものがある。それは、民主党への政権交代の直前、自公政権が最後に手掛けた税制改正である、09年3月成立の税制改正法の附則第104条の規定である。

同条では「政府は、基礎年金の国庫負担割合の2分の1への引き上げのための財源措置並びに年金、医療及び介護の社会保障給付並びに少子化に対処するための施策に要する費用の見通しを踏まえつつ、平成20年度を含む3年以内の景気回復に向けた集中的な取組により経済状況を好転させることを前提として、遅滞なく、かつ、段階的に消費税を含む税制の抜本的な改革を行うため、平成23年度までに必要な法制上の措置を講ずるものとする」とされている。

消費税率引き上げに抵抗感が強い民主党内に対し、民主党執行部が説得に当たる際に援用したのがこの規定である。リーマンショック後で直ちに増税できないが「段階的に消費税を含む税制の抜本的な改革を行うため」、平成23年度（2011年度）までに「必要な法制上の措置を講ずる」としたこの規定は、前政権が約束したものであるが政府としては実現する必要があるというロジックだった。

11年半ばに成案決定をしなければならないというスケジュール自体も、この附則104条が定める法案提出期限12年3月31日から逆算して、それに間に合うように設定されたものであった。

この附則第104条を書き込んだのが、当時担当大臣であった与謝野氏であった。自分でセットした政策を自ら実現するため、変節と言われながら民主党政権の大臣に就任されたのだと思う。与謝野先生は、政局よりも政策を重んじる政治家であったと感じる。

与謝野先生にお仕えして

集中検討会議、成案決定会合などの枠組みは大臣自らの発案であるように、大臣は、大枠や政治的に重要な事項は自ら決められるが、あとは事務方を信頼して任せるスタイルの方であった。部下に任せるが、自分が出るべきところには進んで赴くというフットワークが良い方であった。部下としては非常にお仕えしやすく、誠にありがたい大臣であった。

大臣の指示で集中検討会議の委員の就任要請や、一体改革の説明のために、財界人やオピニオンリーダーを回ったが、与謝野さんがやるのなら応援したいという方ばかりであった。あらためて大臣の交際範囲の広さと信頼度の高さに感心させられた。

また、与謝野大臣が外国からの訪問客（OECDの事務局長だったと思う）に応接する機会に同席したことがあるが、通訳なしで先方の質問に率直に、自分の言葉で答えられていた。国際人としての大臣の一面を垣間見た思いだった。

求められれば、外に出ることをいとわない方だった。大臣時代には、共同通信社内で勉強会があり、大臣とともに講師で赴いたし、大臣を退任されてからも北海道大学で開催された一体改革のシンポジウムに日帰りで参加され、基調講演を行っていただいた。

がんの手術の後遺症のためか、声がかすれ、発声が苦しそうに見受けられたし、痰が出るため、ティッシュペーパーが手放せない状態であった。それでもお好きな煙草は止めないヘビースモーカーであった。たびたび通院され、病院の高圧酸素室に入って来たのだと明かされたこともあった。自分たちでは何もできることはないが、部下としては大臣の健康を心配しながら過ごす日々であった。

大変な文化人でもあった。与謝野鉄幹、晶子夫妻が創立した学校があり、理事長を引き受けられているが、講義もされているとのことであった。そのテーマは、正確には覚えていないが「われわれはどこから来たか」「人間は宇宙をどう捉えてきたか」というような大テーマであり、このため、アリストテレスから読み直しているとも言っておられた。

部下を大事にしていただいた。大臣室に報告に行くと「大事をなすには些事の積み重ねしかないのだなー」と、会議資料の作成、根回し、当日の会議の設営、記者会見のセットなどの作業に追われているわれわれをねぎらい、励ましていただくことが多かった。

11年6月に成案が決定された後の打ち上げ会は、与謝野大臣の招待であった。大臣が先代からのお付き合いという料亭に、アルバイトの女子職員まで含め社保室の全員が招かれ、一同、大感激であった。秘書官室から「大臣は時間があればカメラ屋を覗く」と聞いていたのでカメラ好きなことは知っていたが、当日は大臣がプロのカメラマンのような本格的なカメラを持参され、職員一人一人を撮影してくださったことにも驚いた。

与謝野先生との出会い・お別れ

月刊誌『文藝春秋』7月号のコラム蓋棺録で与謝野先生を取り上げているが、「2000（平成12）年の衆議院選挙では選挙区で敗北、比例区でも復活できなかった。自民党総裁が間近と言われていたが、このとき以降遠のいた」とある。私がはじめて与謝野先生と親しく接したこの時期である。

当時、私は厚生省の政策課長であったが、ある日、Kさんという女性プロデューサーが訪ねてきた。朝日新聞の関連会社衛星チャンネルの「朝日ニュースター」放送の番組「政策真髄」を担当されているという。「政策真髄」は与謝野先生がレギュラーの番組で、社会保障を取り上げたいので手伝ってほしいということだった。若くて可愛らしいKさんに断りきれず、銀座ソニービルや朝日新聞社にあるスタジオに通うこととなった。そこで、与謝野先生と初めてお付き合いすることになった。

収録前に簡単な打ち合わせをした後、ほとんどぶっつけ本番で与謝野先生と社会保障の現状や課題についてやりとりをするのだが、先生はホワイトボードに要点を書きながら番組を進めるというスタイルで、あたかも「与謝野教授」の授業のようだった。数回の番組のお手伝いをしたように記憶している。

収録後はKさんに先導されて、3人で銀座のイタリアンなどに繰り出した。そんな時には先生から、「秋葉原で部品を買ってパソコンを組み立てている。数台組み立てたが、電源を入れて起動するとうれしい」というお話が出たりした。無芸大食の私は、恐れ入るばかりだった。

11年9月2日の野田内閣の成立で、与謝野大臣は退任されたが、一体改革関連7法案の国会提出の時など、折に触れて報告を兼ねて事務所にお尋ねした。第2次安倍内閣が成立した時であろうか、与謝野事務所で14年4月の消費税引き上げを安倍首相は実施するだろうかということが話題になった時、「実施しなければ、それだけの人ということ」と先生が言われたことを（その時は人工声帯であったか、与謝野先生の言葉を聞いた）覚えている。

14年4月の消費税率引き上げが確定的になり、社会保障制度改革国民会議の後継組織の設置も決まったので、14年2月に社保室長を退任した。社保室のメンバーが中心となって慰労会を開いていただいたが、サプライズで与謝野先生が駆け付けてくださり、冒頭にご挨拶をいただいた。

冒頭で触れたように、与謝野先生に拙著の帯の推薦文をお願いすると、「この本は、責任ある改革を自ら実行してこられた中村秀一氏の著作である。現実に裏付けされた著作であり、万人の知識となるべきことがきびしい現実に立脚して率直に書かれている」とその場で大きな字で書いていただいた。

先生のこの文とその直筆は、私にとっての宝物となっている。しかし、それ以上に与謝野大臣にお仕えして「社会保障と税の一体改革」の仕事に従事できたことは、それこそ何事にも換え難い体験であり、役人冥利に尽きるものであった。

劫初より造り営む殿堂にわれも黄金の釘一つ打つ　　——与謝野晶子

（MEDIFAX web　2017年8月2日）

初出一覧

はじめに

平成の社会保障――私的な回想――　ＭＥＤＩＦＡＸ ｗｅｂ ２０１９年１月９日
許諾番号　２０１９１０２１‐０４

平成の社会保障への証言（オーラルヒストリー）
平成28～30年度科学研究費基盤研究(B)『厚生行政のオーラルヒストリー』報告書
研究代表者　菅沼隆（立教大学）

コラム

丸山てるさんを悼む　『週刊社会保障』「交差点」１９９８年12月14日号

北欧の同志　『日本経済新聞』「交遊抄」２００７年７月24日

山口剛彦局長の思い出　本書書下ろし

困難を極めた97年改正と高木局長　本書書下ろし

小泉総理からの「陳情」　本書書下ろし

初台リハビリテーション病院　本書書下ろし

第1次安倍内閣での中国在留邦人問題　本書書下ろし

仙谷先生の思い出　本書書下ろし

平成と令和の間

２０４０年の社会保障の姿と骨太２０１８　ＭＥＤＩＦＡＸ ｗｅｂ ２０１８年７月20日
許諾番号　２０１９１０２１－０３

厚生労働大臣の交替と社会保障の課題　『医療と介護ｎｅｘｔ』２０１７年Ｎｏ．５

総選挙とこれからの社会保障　『医療と介護ｎｅｘｔ』２０１７年Ｎｏ．６

介護報酬改定に思う（原題「２０１８介護報酬の改定に思う」）　『医療と介護ｎｅｘｔ』２０１８年Ｎｏ．２

医師の時間外労働規制と医療行政の課題　『医療と介護ｎｅｘｔ』２０１９年Ｎｏ．３

孤立の淵から救わなければ　『医療と介護ｎｅｘｔ』２０１９年Ｎｏ．４

福祉で街づくり―越前市の挑戦　『医療と介護ｎｅｘｔ』２０１８年Ｎｏ．５

ハノイで考えたこと　『医療と介護ｎｅｘｔ』２０１９年Ｎｏ．１

「文書改竄」は行政の自己否定　MEDIFAX web 2018年5月2日
許諾番号 20191029-02

官僚OBとして思うこと　MEDIFAX web 2017年6月8日
許諾番号 20191021-01

忘れえぬ人々

胸の中で生き続ける外山さん　『月刊介護保険』2003年1月号。
『個室・ユニットケアの老人病院』(法研2003年6月24日発行)に収録

岩田克夫氏への弔辞　2014年5月25日

池田省三さんを偲んで　2013年6月8日　ある追悼の集いのための原稿

小山剛さんと高齢者介護政策　萩野浩基編『小山剛の拓いた社会福祉』(2016年3月中央法規)収録

山下一平氏への弔辞　2013年8月17日

与謝野馨先生の思い出　MEDIFAX web 2017年8月2日
許諾番号 20191021-02

あとがき

筆者は厚生省、厚生労働省の官僚として社会保障政策の立案に携わってきた。スタートは1973年（昭和48年）であり、「福祉元年」と言われた年であった。管理職となり、担当分野の責任者となったのは1990年（平成2年）の老人福祉課長であり、内閣官房の社会保障改革担当室長を退任する2014年（平成26年）まで、幸いなことに医療、介護、年金、福祉の各分野で制度改革の最前線に従事することができた。

2016年8月に明仁天皇陛下が生前ご退位の希望を表明された。平成が終わりに近づくにつれ、振り返ってみると平成の社会保障の主要な改革の現場を経験していることに改めて思いをいたす機会が多くなった。そのような時期に、18年の秋に叙勲の栄に浴し、それとほぼ重なる時期に、菅沼隆立教大学教授を研究代表者とする科学研究費調査『厚生行政のオーラルヒストリー』でのインタビューを受けることとなった。

その報告書が19年7月にまとまった。この『厚生行政のオーラルヒストリー』を中心に、それを補完するいくつかの文章を集めたのが本書である。

＊

簡単に本書の構成と執筆経過を述べておきたい。

「はじめに」の「平成の社会保障――私的な回想――」は、筆者が連載していた「虎ノ門で考える医療の未来」の第32回として、MEDIFAX webに2019年1月9日に掲載されたものである。平成最後の年の新年を飾った連載であり、コンパクトではあるが平成の時期全体を振り返っており、本書全体のイントロダクションの役割を果たしている。

「平成の社会保障への証言」は、『厚生行政のオーラルヒストリー』としてのインタビューである。旧知の早稲田大学名誉教授の土田武史先生からのご依頼があり、2018年8月から10月にかけて、土田先生と若手の研究者の方々から4回のインタビューを受けた。毎回、幹事役の関東学院大学経済学部講師の田中聡一朗先生から詳細な質問票が届けられ、それに答える形で進められた。

第1回：厚生省入省から老人福祉課長まで（1973～92年）
第2回：年金課長から大臣官房政策課長まで（92～2001年）
第3回：大臣官房審議官（医療保険・医政担当）から老健局長まで（01年～05年）
第4回：社会・援護局長から内閣官房社会保障改革担当室長（05～14年）

報告書を読んだ方々から、入省年次など初歩的な誤りや自分の記憶と異なるという指摘などをいただいた。本書に再録するに当たり、明らかな誤りや文意が通りにくいところについては最小限の修正をしたが、その他は原文のままとした。「解釈の相違」としてご理解願いたい。また、登場される方々の所属などについては、インタビュー当時のものである。

なお、この部分にコラムをいくつか挿入したが、これは本書のために作成したものであり、報告書にはないものであることをお断りしておく。

「平成と令和の間」では2017年から19年にかけて書いた10本の文章を収録した。それぞれのタイトルに執筆時期を示している。

２０４０年の社会保障の姿と骨太２０１８（２０１７年7月）

厚生労働大臣の交替と社会保障の課題（２０１７年8月）

総選挙とこれからの社会保障（２０１７年10月）

の3本の文章は２０１７年以降の社会保障政策のマクロの動向について触れたものである。

「厚生労働大臣の交替と社会保障の課題」は、塩崎大臣から加藤大臣への交替を扱ったものであるが、19年9月の内閣改造で加藤大臣が厚生労働大臣に再登板したので、今日的意味もあるであろう。

2018年の介護報酬改定に思う（2018年2月）
医師の時間外労働規制と医療行政の課題（2019年4月）
孤立の淵から救わなければ（2019年6月）
福祉で街づくり—越前市の取組み（2018年8月）
ハノイで考えたこと（2019年1月）

の5本の文章は、介護保険、医療政策、8050問題、地域包括ケア、外国人の介護労働者という当面の課題を扱ったものである。

「文書改竄」は行政の自己否定（2018年5月）
官僚OBとして思うこと（2017年6月）

の2本は、近年の公務員に関連する事件をめぐって書かれたものである。「政官関係」や「天下り」問題など、官僚をめぐる議論は絶えない。この2本の文章は、「平成の社会保障への証言（オーラルヒストリー）」の補足として読んでいただけるのではないだろうか。

1973年以来の長い公務員生活で多くの方々に出会い、多くのことを教えられ、刺激を受けてきた。この出会いがなければ私の仕事はできなかった。誠に有難く、人生の宝だと思う。しかし、残念なことにもう会えなくなってしまった方も少なくない。「忘れえぬ人々」は、その思い出の記録である。

＊

２０１９年10月1日に消費税率が10％に引き上げられた。税率引き上げに伴う駆け込み需要に加え、今回は軽減税率が導入されたこともあり、この場合は８％なのか、10％なのかという話題も加わり「盛り上がった」。消費税率10％への引上げは、筆者が２０１０年10月から事務局を務めた、「社会保障と税の一体改革」での提案したものであるので、漸くそれが完結したことに深い感慨を覚えた。

いよいよ「社会保障と税の一体改革」の次のフレームの構築が求められる。政府は総理を議長として、関係閣僚６人と有識者９人で構成する「全世代型社会保障検討会議」を設置し、第1回会合が９月20日開催されている。令和の社会保障改革のキックオフである。

国民生活に社会保障は深く定着し、その規模も巨大である。どのような改革案も白地に描くことはできず、現在の制度からの移行を考えなければならない。制度・政策には背負ってきた歴史があり、それを踏まえた改革でなければ成功は覚束ない。

ささやかではあるが、本書が平成の社会保障改革の理解に役立てば、筆者としてこれに勝る喜びはない。

＊

本書の中核をなす「平成の社会保障への証言」（オーラルヒストリー）の聞き手を務められた

皆様に御礼申し上げたい。このような機会が与えられなければ、自分の仕事についての記録も整理できなかったと思う。

また、本書に収録させていただいた既発表の文章について執筆の機会を与えていただいた編集者諸氏に感謝したい。

最後に、本書の作成に当たって前2書と同様、尽力していただいた年友企画の前社長、森田茂生さんと、編集の労に当たられた阿部孝嗣さんに謝意を表したい。

２０１９年10月上野毛にて

中村秀一

中村　秀一（なかむら　しゅういち）

一般社団法人 医療介護福祉政策研究フォーラム 理事長／
国際医療福祉大学大学院　医療福祉学研究科教授

東京大学法学部卒業後、1973年に厚生省入省（社会局老人福祉課配属）。以後、在スウェーデン日本国大使館、北海道庁、厚生省老人福祉課長、年金課長、保険局企画課長、大臣官房政策課長などを経て、厚生労働省では大臣官房審議官、老健局長、社会・援護局長を歴任。2008年に退官後、社会保険診療報酬支払基金理事長に。2010年10月から2014年２月までは、内閣官房社会保険改革担当室長（2012年10月から13年８月まで社会保障制度改革国民会議事務局長兼任）として、社会保障と税の一体改革の事務局を務める。

平成の社会保障
——ある厚生官僚の証言——

２０１９年12月20日　初版第１刷発行
２０２２年３月18日　初版第２刷発行

著　者　中村　秀一
発行者　髙本　哲史
発行所　株式会社　社会保険出版社
　　東京都千代田区神田猿楽町１-５-18
　　ＴＥＬ　０３-３２９１-９８４１
　　ＦＡＸ　０３-３２９１-９８４７
印刷・製本　株式会社キタジマ
装　幀　工藤　強勝

ISBN978-4-7846-0330-5 C3036